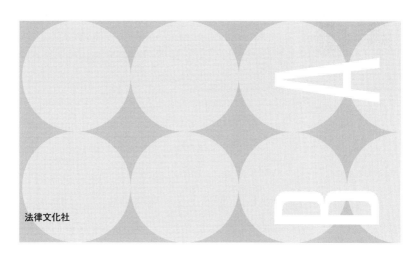

ベーシック
行政法

【第3版】

藤巻秀夫・小橋　昇
前津榮健・木村恒隆

法律文化社

第3版はしがき

　今回の改訂は、第2版刊行（2015年10月）以降の法令改正および重要判例に対応することを主眼としつつ、説明を補ったほうがよいと思われる記述、表現をわかりやすくした記述など多くの箇所で加筆修正をしている。これにより「大学大衆化時代における教科書に徹した教科書」という本書のねらい（初版はしがき参照）の達成に向けて、さらに一歩前進したのではないかと自負している。

　さらに今回の改訂では執筆者について大きな変更がある。これまで本書（さらには本書の前身でもある『教材行政法』初版・1995年、補正版・1998年、3訂版・2001年）をリードしてこられた三好充先生（元国士舘大学大学院教授・博士〔法学〕）と仲地博先生（沖縄大学名誉教授）が「引退」されたことである。両先生の執筆分担部分については、それを元に藤巻の責任で補訂したものであり、その意味ではなお共著者であるが、両先生の「教科書は日常学生に接している現役教員が作成するもの」とのお考えを尊重した結果である。

　三好先生と仲地先生のこれまでのご指導に対して、現役執筆者一同心から感謝申し上げます。両先生が今後もご健勝にてご活躍くださることをお祈りいたします。

　新型コロナウイルス感染症が猛威を振るう中、リモート授業などこれまで経験のない技法の習得に追われながらの改訂作業となったが、執筆者の全面的な協力と法律文化社の野田三納子さんの丁寧かつ適切な助言により刊行にこぎつけることができた。記して感謝する。

　2021年1月

執筆者を代表して

藤 巻 秀 夫

第2版はしがき

　今回の改訂においては、初版刊行後の新たな立法や裁判例の展開を取り込んでいる。これに加えて、学生にとっての読みやすさ、分かりやすさをより一層追求するために記述全体を見直している。

　本書は、「大学大衆化時代における、教科書に徹した教科書」を基本コンセプトとし、行政法を初めて学ぶ学生を念頭に基礎に重点を置いた教科書をめざして発刊されたものである。このような方針の下、増刷に際して最低限の補正をしてきたが、2014年6月に行政不服審査法関連三法が成立し、これを機会に改訂することとした。

　このため、第14章行政不服申立てを中心として、行政不服審査法の全面改正を受けて記述を大幅に見直している。また、同法改正に伴う行政手続法の改正も取り込んでいる。このほか、地方自治法の改正やいわゆるマイナンバー法・特定秘密保護法の制定などに関連して記述を改めている。

　改訂にあたっては、小橋昇先生と前津榮健先生に本書全体について点検作業をしていただいた。両氏の適切な助言に感謝する。また、今回も法律文化社の野田三納子さんの丁寧かつ適切な編集作業により、多くの点で本書の改善を図ることができた。ここに記して感謝の意を表したい。

　2015年9月

執筆者を代表して

藤 巻 秀 夫

は し が き

　行政法の優れた体系書や教科書は少なくない。にもかかわらず、あえて本書を世に出すのはなぜか。

　優れた教科書は、長年の研究に裏打ちされ奥行きが深く、我われ教員が読んでも、そのつど新しい発見があり、あるいは示唆されるところがあり、益するところが大きい。行政法のゼミに参加する学生諸君には、そのような教科書に正面から取り組んで欲しいが、多くの学生にとっては、決してとっつきやすいものではない。

　本書は、大学大衆化の時代（大学進学率が50パーセントを超えるとユニバーサル段階と表現される。日本では、2009年に4年制大学への進学率が50パーセントを超えた）において、行政法を初めて学ぶ学生を念頭に、基礎に重点を置いた教科書として企画した。すなわち、

1）　本書が主として対象とするのは、大学の法学部や経済学部の専門科目として行政法を学ぶが、特に行政法が得意であるとか好きというわけではない普通の学生である。

2）　従来の教科書は、概して学生に習得して欲しいマキシムを盛り込んだものである。多くの学生にとって予習をするのにともすれば難解であり、期末試験の際、教科書を読んで準備する意欲を失わせるきらいがあった。本書では、学生が習得すべきミニマムの水準を維持することにした。

3）　そのため、行政法の全分野を網羅しつつも300頁の分量に納めることにした。行政法のいわゆる総論、作用法、救済法はもとより、行政法各論のうち、特に重要な公務員法、警察法、公物法を取り込んだ。これらの分野は、公務員試験に出題される分野である。本書はこれ1冊で公務員試験、行政書士試験の範囲をカバーし、行政法の8単位ないし12単位の教科書として対応可能となった。

4）　叙述は平易明快を心がけ、内容的にはいたずらに学説や判例の羅列にならないようにした。判決文は、しばしば読みづらいが、本書では、適切に要約し、あるいは箇条書きにするなど分かりやすさを旨とした。また、図表化することにより、視覚面からの理解をうながした。

5）　各節の冒頭に、「本節のポイント」を置き、自習する際の道しるべとした。各節の末尾の「さらに調べてみよう」は、本書で直接言及はしていないが望むらくはマスターして欲しいテーマを示し、自主的学習を期待した。教室で教科書として使用する場合は、「本節のポイント」は、講義最初にその時間の課題意識を明確にさせることを狙いとし、「さらに調べてみよう」では、本文との関係を示しながら、学生に考えさせる手がかりにすることを狙いとした。

　本書を企画するに際して、著者一同は数回の編集会議を持ち、「大学大衆化時代における、教科書に徹した教科書」作りを話しあった。しかし、近年の大学教師の多忙さのなかでの執筆であり、どの程度目標を達成できたか、今後検証することになる。

　本書の公刊にあたっては、法律文化社の野田三納子さんの極めて丁寧な御助力があった。記して感謝の意を表したい。

　2010年10月

執筆者を代表して

仲 地　　博

も　く　じ

第*1*章　行政と行政法

I　行政法の全体像

1　多数の行政法

現在、わが国には1900本を超える法律がある。ここ数年は1年間で80〜100本の法律の制定や改正が行われている。実は、このようにたくさんの法律の大部分（7割とも8割ともいわれる）が行政関係の法律である。

さらにこれらの法律には、「政令」（内閣という行政機関が定める法）や「府省令」（内閣府や各省の大臣が定める法）が付随して制定されているほか、自治体（都道府県や市区町村）の条例や規則もあり、これらをあわせると膨大な数の行政関係の法令が存在している。

思いつくままに行政関係の法律名を挙げてみよう。戸籍法、住民基本台帳法、出入国管理及び難民認定法、児童福祉法、学校教育法、水道法、下水道法、電気事業法、建築基準法、都市計画法、道路法、河川法、自然公園法、都市公園法、農地法、食品衛生法、薬事法、風俗営業法、旅行業法、銀行法、証券取引法、生活保護法、国民年金法、厚生年金法、国民健康保険法、児童手当法など、いずれも市民の生活に直結する法律である。

これらの法令の多くは、個人や社会では解決できない諸問題に対して、行政の手を通して解決する必要があることを表わしている。すなわち、人の社会生活のルールを定める民事法と犯罪と刑罰のルールを定める刑事法は、社会秩序

の維持にとって重要な役割を果たしているが、いずれも基本的には紛争（犯罪）が起きた後の事後的な処置のための法という性格が強い。これに対して行政法は社会における危険・被害の発生や紛争を未然に防止し、社会生活に必要なサービスを提供するための法である。多数の行政関係法令があるということは、それだけ多種多様な行政の活動が求められていることを意味している。

2　法典がない行政法

　行政法の分野においては、憲法、民法、刑法などの分野と異なり、「行政法」という名称の法律または法典（これを形式的意味の行政法という）がないという特徴がある。これはわが国だけの問題ではなく、世界各国も同様の事情にある。

　行政法典が存在しない理由としては、行政活動が多種多様であるため、これらに共通するルールを形成するのは容易ではないことが挙げられる。

　しかし、手元にある六法書を開くと、「行政」という名前の付いた法律を見つけることができる。国家行政組織法、行政手続法、行政代執行法、行政不服審査法、行政事件訴訟法、行政機関の保有する情報の公開に関する法律などである。これらの法律は、多くは個別的な法律に共通する事項を定めており、行政法学習の中心となるものである。

　結局のところ、行政法においては、行政法典はないものの、個別行政分野に関して定める法律と行政関係に広い範囲において適用される「通則的法律」があり、これらの集合体が実質的意味の行政法である。

3　行政法の3本柱

　行政に関連する多数の法律を認識し、また理論的に整理するために、行政法を3つの分野に分けるのが通例である。①「行政組織に関する法（行政組織法）」、②「行政作用に関する法（行政作用法）」そして③「行政活動によって権利や利益を損なわれる国民の救済に関する法（行政救済法）」の3つである。

　行政組織法は、行政活動を行う側（担い手）の組織や任務に関する法であり、「行政内部の法」である。行政活動は、主として国（内閣および府省庁）と自治体とによって行われるが、これらに関する具体的な法律として、内閣法、国家行政組織法、府や各省の設置法、地方自治法などがあるほか、個別法律の中に

おいて行政の組織が定められているものも多い（第4章〜第6章参照）。

　行政作用法は、行政機関による行政活動を具体的に根拠づけ、行政活動を統制する法のことであり、「行政外部の法」ともいわれる。国民の権利利益に最も関係する分野である。実際に制定されている行政関係法律の大部分は行政作用法であり、個別行政分野の多数の法律のほか、これらに共通して適用される共通法ないし通則的法律として、行政手続法、行政代執行法、土地収用法などがある（第7章〜第11章参照）。

　行政救済法は、行政の活動によって、自己の権利利益が損なわれた私人、または損なわれようとした私人を救済するための法である。私人の救済をとおして行政を統制するねらいがある。行政不服審査法、行政事件訴訟法、国家賠償法などがその仕組みを定めている（第13章〜第18章参照）。

> ▶さらに調べてみよう◀
> ・行政をどのように定義するかは難問のひとつである。形式的意味の行政と実質的意味の行政の区別、行政の定義に関する積極説と控除説ないし消極説について、どのような違いがあるだろうか。📖 塩野宏『行政法Ⅰ〔第6版〕』（有斐閣、2015年）2頁以下

Ⅱ　行政の役割と内容

> ▶本節のポイント◀
> ・法的にみた場合、行政はどのようなことをしているのか、またその必要性は何なのかについて考えてみよう。

1　法律の執行としての行政

　日本国憲法は、国家の作用（権力）を立法、行政そして司法の3つに分け、国の行政作用（行政権）は内閣という国家機関に振り分けている（憲65条）。そして地域の行政については自治体（都道府県と市町村。法律上総称して地方公共団体という）が担うべきものと規定している（憲94条）。

　組織的（形式的）にみると、内閣や各省庁の役所、都道府県庁、市役所そして町村の役場が、日常業務として行っていることが行政であるといって間違い

ではない。これらの役所の業務は多種多様であるが、その多くは法的に捉えると「法律の執行」である。憲法73条は、内閣の職務として「法律の誠実な執行」（1号）を規定している。

そして行政が遵守すべき行動準則をあらかじめ示すことが「唯一の立法機関」（憲41条）である国会の役割であり、地方議会の役割である。行政は具体的な事案に対してこれらの準則（法律や条例）を解釈し適用すること、すなわち法律の執行がその役割ということになる。

2　規制行政と給付行政

そもそも行政はどのようなことをしているのだろうか、そして行政は何のためにあるのだろうか。行政活動は、例えば経済行政、教育行政、環境行政など国の省庁ごとに分類することも可能である。

しかし法律学である行政法学においては、規制行政と給付行政という分類が重要である。これは行政活動を、その目的の観点から区別するものである。

なお、規制と給付という区別に加えて、これらの行政を行うための手段の調達（租税の徴収、土地の取得等）に着目して、これを調達行政ということがある。

(1)　規　制　行　政

規制行政は、国民の権利や自由を制限する行政活動を指す。建築規制、交通規制、営業規制などの行政活動が典型的である。これは社会の安全を確保し、公共の秩序を維持するという目的のための行政活動である。

例えば、国民が自分の土地であれば自由に建造物を建築できるとしたら、また誰もが免許証なしで車を運転できるとしたら、また飲食店などの営業が自由にできるとしたらどのような問題が生じるだろうか。隣人の迷惑を顧みず高層マンションを建て、何度も事故を起こす運転者も勝手気ままに運転を続けるだろうし、儲ければよいという発想から衛生に気をつけない飲食店など、困ったことが多発するだろう。これは国民からみると危険な状態であろうし、国家・社会からみても好ましくない状態である。このような状態を防止し、公共性を確保するために個人の権利や自由を制限する規制行政の存在理由がある。

(2)　給　付　行　政

給付行政は、国民へのサービス（財や物）を提供する行政活動をいう。道路

や公園を整備し、学校を建設して教育活動を行うなど国民に便益を提供したり、より直截的に生活保護費を給付したり、補助金を交付する行政である。

　この区別は行政活動の重点の変遷に対応している。すなわち、19世紀における市民革命後の近代国家では、国家は社会の自律を信頼し、社会に対する自由放任が予定調和を導くという市場原理（資本主義）が重視され、国家（行政）は、社会の安全を確保し、公共の秩序を維持するという目的のための行政活動（規制行政）が主として求められた。20世紀になると「市場の失敗」による貧富の格差拡大や過酷な労働環境の出現に対して、国家が積極的に市場に干渉したり、弱者を保護することが重視されるようになった。給付行政は、福祉国家・給付国家の登場と結びついている。

　いずれの行政を重視するかは、その国によって、また時代環境や経済環境によって異なるが、今日ではいずれも、比重の差こそあれ、重視されている行政活動である。

3　権力行政と非権力行政

　行政活動を法的にみる場合に、権力行政と非権力行政の区別も重要である。これは、行政活動において用いられる手段の法的性質に着目する区別である。

(1)　権 力 行 政

　権力行政とは、行政機関が、相手方である国民の同意を得ずに一方的に、義務を課したり、権利を制限したり、あるいは国民の身体や財産に強制を加えるような行政活動をいう。税の徴収（課税処分や滞納処分）、各種の許可制の仕組み、改善命令や使用停止処分などの監督処分、代執行など強制執行などは、規制行政に特徴的な権力行政である。さらに社会保障などの給付行政の分野でも、生活保護の決定、受給資格喪失処分などのように、行政機関が一方的に国民の権利義務を変動させる仕組みが用いられている。

(2)　非権力行政

　非権力行政とは、権力的ではない行政、すなわち一方的に行政機関が国民の権利義務を決定するのではない行政活動をいう。

　代表的な手法は契約行為であり、相手方との協議を経てその同意を得て行う行政活動である。例えば、道路や学校を住民に提供するために土木会社や建設

会社との間の請負契約や物品購入のための売買契約のほか、環境行政やまちづくり行政の分野で活用されている公害防止協定や建築協定などが代表的な例である。また行政指導も非権力行政における典型的な手法である（第*10*章参照）。

　権力行政は、一方的に国民の権利義務に影響を及ぼす行政活動であるから、法的な統制がより強く要請されるのに対して、非権力行政は行政の自由度が高いことが認められる。

> ┃さらに調べてみよう┃
> ・行政活動については様々な観点から分類されているが、「公行政と私行政」の区別、「対外的行政と内部的行政」の区別、「法行為と事実行為」の区別について調べてみよう。
> 📖 芝池義一『行政法読本〔第4版〕』（有斐閣、2016年）16頁以下

Ⅲ　行政法の役割（行政法の二面拘束性）

> ┃本節のポイント┃
> ・行政法は、行政機関に権限を付与する役割だけではなく、行政機関の権限行使を統制する法である、ということを理解しよう。

1　行政機関への授権

　以上のように、行政は、公共のために、国民の自由や財産を制限したり、国民から税金を集め、そしてこれを再配分（社会保障として給付したり、道路や学校の建設や維持管理・運営に充てるなど）している。

　これらの活動が、行政の「勝手気まま」になされてよいだろうか。近代国家（近代憲法）は、行政が、どのような場合に国民の自由や財産を制限できるか、あるいは誰に、そしてどのように再配分するかの基準定立を、国民が選出した代表者で構成される議会の権限とした。議会の制定する法律の多くが、行政に関係する法律（行政法）となることは必然である。

　今日、行政は種々雑多な活動を行っているが、その多くについて法律が定められている。法律がないと基本的には行政は活動をすることができない。この意味において、行政法の第1の役割は、「行政機関に対して権限を付与するこ

と」（授権）である。

　例えば、土地収用法は、道路やダムを建設する際に必要な土地の取得方法として、土地所有者等が任意に買収に応じないときは、「事業認定」と「収用裁決」によって土地の所有権を国や自治体その他の起業者に強制的に移転することを認めている。土地収用法は、事業認定の権限を国土交通大臣または都道府県知事に付与し（土収16条・17条）、収用裁決の権限を都道府県収用委員会に付与している（土収47条の2・48条・49条）。このように公益のために私人の財産権を強制的に取得できる権限を行政機関に付与し、その仕組みを定めている。

2　行政機関に対する統制

　行政機関に権限を付与する法律には、同時に、行政機関の権限行使を制約（統制）する役割がある。

　絶対主義時代の法は、君主の人民に対する命令であって、君主を、ひいては君主が行使する行政権を統制するものではなかったが、近代国家においては、議会は国民の代表者から構成され、その議会が行使する立法権は、行政権を統制する役割を持つようになる。つまり法律の意義が根本的に転換し、人民を拘束するだけの法から行政権をも拘束する法となったのである。これを「行政法の二面拘束性」（または「両面拘束性」）という。

　前述の土地収用法は、当該事業が収用適格事業であるかどうかを判断する「事業認定」について、次のように要件を定めている。

　第20条　国土交通大臣又は都道府県知事は、申請に係る事業が左の各号のすべてに該当するときは、事業の認定をすることができる。
　　一、二　（略）
　　三　事業計画が土地の適正且つ合理的な利用に寄与するものであること。
　　四　土地を収用し、又は使用する公益上の必要があるものであること。

　事業認定の要件は極めて抽象的である。しかし、それでも事業認定をするかどうかの判断に際して考慮すべきことがらを示すことで、国土交通大臣等の考え方次第で事業認定が行われる事態を防ぎ、法的に縛っているのである。

　例えば、日光太郎杉が伐採されることになる道路建設のための土地収用や、アイヌ民族の聖地が埋没することになるダム建設のための土地収用が、土地の

適正かつ合理的な利用に寄与するものではなく、土地を収用する公益上の必要がないとして違法とされた例がある（東京高判昭和48年7月13日：日光太郎杉事件〔94頁**判例**参照〕、札幌地判平成9年3月27日：二風谷ダム事件）。

　このような「行政を拘束する法」としての行政法の役割は、「法治主義」とか「法律による行政の原理」という言葉に象徴的に表現されている（その内容は、第2章で詳述する）。

> ──さらに調べてみよう──
> ・わが国の行政法は、ドイツやフランスといった大陸法をベースに、戦後、アメリカ法の影響を強く受け、近年ではイギリス法をモデルとする諸制度（独立行政法人の制度など）をも取り入れている。日本の行政法の歴史や諸外国の行政法の特徴を調べてみよう。📖塩野宏『行政法Ⅰ〔第6版〕』（有斐閣、2015年）14頁以下

Ⅳ　行政法の重要性と学習

1　行政法の重要性

　行政法は、国の基本法であり最高法規である憲法を直接的に具体化している（具体化された憲法としての行政法：F・ヴェルナー）。例えば、憲法は各種の人権（自由権や生存権など）を保障しているが、その具体的な姿は個別の行政法規に映しだされている。行政法をみなければ憲法による人権保障の内容を正確につかむことができない。

　また、他の法分野との対比においては、民法や商法は基本的に国民相互の関係を規律しているのに対して、行政法は、行政を担う国や自治体などと国民との関係を規律する法分野である。また、犯罪と刑罰に関する刑法分野は国家との関係を規律するものであるが、行政法は、いわば出生から死亡まで、幅広く日常的に私たちの社会生活にかかわっている。

　このような意味において、行政法は、憲法の下で、民商法および刑法とならぶ基本の法分野であると位置づけられるべきものである。

2　行政法の学習

　このように行政法は、法秩序全体において重要な位置を占めているのであるが、行政法を学習すること、そして理解することは容易ではない。

　その理由は、第1に、他の法分野では基本となる法典があるため、条文の内容や意味を学ぶことで、ある程度までその法を理解することが可能である。しかし、行政法には法典がないため、行政法のイメージをつかむのは、特に学生にとっては困難な作業であろう。

　第2に、行政法の総論あるいは行政作用法の総論的部分については、通則的な法律が少ないため、結果として抽象化された理論（学説や判例を体系化したもの）を学ぶことが行政法の学習にならざるをえない。

　将来公務員として行政の実務に携わるとき、あるいは市民として行政をめぐる法律問題に直面したとき、関係する法律について正確に理解できるようになり、あるいは自己の権利を主張するための法的な知識を備えることが、行政法学習の目標である。

　他方、このような目標は、前述のような多数の行政に関する個別の法律をひとつずつ学ぶことによっては達成できるものではない。これらの法律を理解するためには、そのベースにある行政法の考え方と基礎的な知識や制度を体系的に学習しておく必要がある。この意味における行政法の学習は、それぞれの法律や法制度に共通する考え方や基本的な仕組みを学ぶ、ということになる。

　すなわち、法律として制度化されている「通則的な法律」の具体的な内容を理解すること、そして、通則的な法律が少ない行政法の総論あるいは行政作用法の総論的部分については、抽象化された理論（学説や判例を体系化したもの）を学ぶことが行政法の学習である。

V　行政法の法源

本節のポイント

・行政法は、多くは法律の形で存在しているが、他にはどのような法形式があるだろうか。
・行政法関係における多様な規範の中には、法としての効力を持つものと、そうでないものがある。これをどのように区別するか。

1　行政法の法源とは

「法源」とは、「法の存在形式」である。すなわち、国民や行政機関を拘束する「法」や裁判において「判断基準」として適用される「法」はどのような形式のものを指すかという問題である。

行政法における法源は、行政機関や国民を拘束し、行政機関と国民との間の法的紛争において裁判所が判断基準として適用できる法とは、どのような形で存在しているかということになる。行政法の法源としては、成文法源と不文法源とに区別され、成文法源は国法と自主法とに区別される。

行政法の法源の特色としては、政令・府省令などの命令が多数あること、条例などの自主法が重要な役割を果たしていること、他方で、不文法の役割は民法と比較すると相対的に低いということが挙げられる。

2　成文法源
(1)　憲　　法

一国の基本法である憲法が行政法の法源であることに違和感を持つかもしれないが、日本国憲法が規定している事項のうち、行政権に関する規定（憲73条）、財政に関する規定（憲84条）、地方自治に関する規定（憲94条）などは、抽象的な規定ではあるが「行政に関する規範」である。

また、基本的人権に関する規定も行政法にとって重要である。例えば、憲法29条3項（財産権の保障）に基づいて損失補償を請求できるとした例（最大判昭和43年11月27日、191頁参照）、憲法31条（法定手続の保障）・憲法35条（令状主義）

図表 1 - 1　　行政法の法源

等が行政手続にも適用される場合があることを認めた例（最大判平成 4 年 7 月 1
日〔145頁**判例**参照〕、最大判昭和47年11月22日〔117頁**判例**参照〕）がある。

(2) 条　約

条約は、国家間の法であり、国際法上の法形式であるが、これらのうち国内
法としての効力を認められるものは、行政法の法源である（例えば、拷問が行わ
れるおそれのある国への送還を禁止する拷問等禁止条約 3 条 1 項）。

(3) 法　律

法律は、立法機関が制定する法規範である。行政法の法源のうちで最も重要
なのが法律である。数多くの個別行政分野について法律があるほか、通則的法
律も若干ある。

「基本法」という名称の法律も多く制定されている。災害対策基本法（1961
年）、環境基本法（1993年）、食料・農業・農村基本法（1999年）などのほか、最
近では、生物多様性基本法（2008年）、スポーツ基本法（2011年）、水循環基本法
（2014年）、ギャンブル等依存症対策基本法（2018年）などが制定されている。

基本法は政策の基本理念や方向性を定めるものであり、これに基づいて具体
的な法律が制定され、あるいは各種政策が実施されることになるが、効力とし
ては通常の法律と異なるものではない。

(4) 命令（政令・府省令など）

行政機関が定める一般的法規範を総称して、「命令」という（憲81条・98条、
行手 2 条 8 号・38条以下）。抽象的な法律規定を具体化したり、補充する役割が
ある（命令については第 **7** 章Ⅱ参照）。内閣が定める「政令」、内閣府の主任大臣

として内閣総理大臣が定める「府令」（内閣府7条3号・4号）、各省の大臣（厚生労働大臣や文部科学大臣など）が定める「省令」（行組12条1項）などがある。

　多くの場合、1つの法律について1つ以上の政令と省令が制定されている。例えば、生活保護法には、「生活保護法施行令」という政令と「生活保護法施行規則」という省令がある。そのほか、「生活保護の基準」という名称の規範（厚生労働省告示）も生活保護に関する重要な内容を規定している。

　(5)　自主法（条例・規則）

　自治体（都道府県や市区町村）が定める一般的法規範を総称して「自主法」という。自主法という言葉は法令用語ではないが、法律や命令などの「国法」に対する言葉である。自主法には、地方議会が定める「条例」、自治体の長（知事や市町村長）などが定める「規則」などがある（憲94条、地自14条1項・15条1項。条例については第**6**章IV参照）。

3　不 文 法 源

　以上のような「成文法源」のほかに、例外的ではあるが「不文法」も行政法の法源となりうる。不文法とは、成文の形式を採用していない法を指す。

　法律による行政が重視される行政法においては、不文法源は、原則として補充的な法源であり、法令に具体的な規定がない場合に適用される。ただし、法令を形式的に適用することが正義に反する結果をもたらす場合に不文法が適用される場合がある（最判平成19年2月6日〔21頁 **判例** 参照〕は、被爆者健康管理手当請求権について自治体が消滅時効を主張することは信義則に反して許されないとした）。

　(1)　慣　習　法

　慣習法とは、慣習が法として認められるに至ったものをいう。行政法においては、例えば、法令の公布の方法として官報に登載して行う慣習や閣議決定は全会一致による、という慣習は法としての効力がある（最大判昭和32年12月28日）。ただし、法律による行政を重視する行政法においては、慣習法の成立する余地は広くはない。

　(2)　法の一般原則（条理）

　法の一般原則または条理とは社会通念あるいは物事の道理のことである。例

えば、行政権の裁量の行使は、社会通念に照らして著しく不合理であるかどうかが審査されるが、このことは法令に具体的な規定がなくても、法としての効力があることを意味する。このような法としては、法律による行政の原理のほか、信義誠実の原則、比例原則、平等原則などがある（これらの内容については第**2**章参照）。

(3) 判　例　法

　裁判所、特に最高裁判所が繰り返し判断している内容（判例）を判例法という。判例が行政法の法源となるかについては争いがあるが、実質的には行政法の解釈適用に際して重要な機能を果たしている。

4　法源の課題

　行政法関係において用いられる多様な規範の中で、法としての効力を持つか（すなわち行政法の法源となるかどうか）について議論があるものとして、通達、告示、審査基準・処分基準がある（以下については、第**7**章Ⅱ3、第**11**章Ⅱ参照）。

(1) 通　　達

　通達は、上級行政機関から下級行政機関に対する様々な指示、法令の解釈指針、制度の運用指針として示されるものである（行組14条2項）。通達は事実上国民の権利義務に重大な影響を与えることが多いが、通達は法としての効力がなく、一般の国民は直接これに拘束されるものではない（最判昭和43年12月24日：墓地埋葬通達事件）。

(2) 告　　示

　告示は、行政機関が意思決定や事実を公式に国民に知らせるための形式である（行組14条1項）。例えば、学習指導要領の告示（学教33条・48条・52条）、教科用図書検定基準の告示（学教34条1項など）、生活保護の基準の告示（生保8条1項）、環境基準の告示（環基16条）、などがある。

　告示の内容や性質は多様であり、法規範性の有無が問題となるものがあるが、多くの場合については法としての効力はないといってよい。

　ただし、学習指導要領の告示については、「教育の内容及び方法についての必要かつ合理的な大綱的基準を定めたものと認められ、法的拘束力を有するものということができる」とする最高裁判例がある（最判平成2年1月18日：伝習

館高校事件）。

(3)　審査基準、処分基準および行政指導指針

　これらの基準や指針は、行政手続法が行政活動（利益付与処分・不利益処分・行政指導）の基準として策定し公表することを求めているものである（行手5条・12条・36条）。これらは行政内部で定められる基準であって、法としての効力がないものと位置づけられる。ただし、行政手続法は、これらの基準の策定について、政令や省令などと同一の意見公募手続を規定しており、その意味では、これらの基準について事実上の法としての効力を認めたという評価も可能であろう（「内部法の外部化」）。

判例　**最判平成27年3月3日：パチンコ営業停止処分事件**

（事件の概要と判決内容については151頁 **判例** を参照）

　行政手続法12条1項に基づいて定められ公にされている処分基準について、これは不利益処分に係る判断過程の公正と透明性を確保し、処分の相手方の権利利益の保護に資するためのものであるから、当該処分基準と異なる取扱いをする特段の事情がない限り、処分基準と異なる取扱いは裁量権の逸脱または濫用に当たる。

さらに調べてみよう

・行政に関する法律、命令、条例などは、どのような手続を経て、いつの時点で、法としての効力を有するかについて、特に法律と条例とでどのような点が異なるか注意しつつ、調べてみよう。📖宇賀克也『行政法概説Ⅰ〔第7版〕』（有斐閣、2020年）16頁以下

第 *2* 章　行政法の基本原理

I　法律による行政の原理

本節のポイント

・「法律による行政の原理」は、具体的にどのような内容なのだろうか。特に、法律
優位の原則、法律留保の原則についてしっかり理解しよう。
・「法律留保の原則」をめぐってどのような法解釈上の議論があるのかを学び、その
意義を再確認しよう。

　行政法の基本的な骨格を形づくっている考え方（原理原則）が、「法律による
行政の原理」である。

　法律による行政の原理とは、行政の組織と活動は法律に基づかなければなら
ず、そして行政活動は法律に従って行われなければならないというものであ
る。なお、ここにいう法律とは、今日では、国会が制定する法（法律）に限定
されるものではなく、憲法に適合した法としての効力を有するすべての規範を
指す（第 *1* 章V参照）。

　「法律による行政の原理」の具体的内容としては、①法律優位の原則、②法
律留保の原則、そして③法律の法規創造力の原則がある。

1　法律優位の原則

　法律優位の原則とは、法律は行政の判断・決定に優位（優先）することを意
味する。すなわち、現に存在している法律の規定は、すべての行政活動を法的
に拘束し、これに違反する行政活動は違法と評価される考え方である。この原
則から、違法な行政を是正するための諸制度（とりわけ司法審査制度）を整備し
なければならないことになる。

　この原則の第1のポイントは、「すべての行政活動」が法律に服するという点である。すなわち、国民の権利利益を直接侵害するような効果を伴う行政活動だけではなく、行政立法や行政計画などの行政の活動基準も、行政指導や強制執行のような事実行為も、行政組織の内部的な活動も含めてすべての行政活動は、現存する法律の規定に反してはならない。

　例えば、事実上国民を強制するような行政指導を継続したことについて、これを違法とし、国家賠償を認めた例がある（最判昭和60年7月16日：品川マンション事件〔129頁 **判例** 参照〕、最判平成5年2月18日：武蔵野市宅地開発指導要綱事件）。

　第2のポイントは、行政活動は「すべての法律規定」に違反してはならないという点である。すなわち、国民の権利利益を侵害する行政活動を根拠づける規定（根拠規範）だけではなく、行政活動の目的を定める規定（目的規定）や行政活動の手続を定める規定（規制規範）も、また行政機関への事務配分や組織を定める規定（組織規範）も、行政活動の違法性を判断する基準となる。

　第3のポイントは、ここでいう「法律規定」は、法律や条例といった議会制定法に限られないことである。憲法が保障する基本的人権（平等権、自由権、社会権など）や不文法（法律による行政の原理、信義誠実の原則などの法の一般原則）も、行政活動を拘束（制約）する法規範である。

2　法律留保の原則

　法律留保の原則とは、行政機関が活動できるかどうかは、法律に留保されている（国民代表議会が判断すべき事項である）ことを意味する。すなわち、行政機関が行政活動をするには議会による事前の承認が必要であり、そのような法律の根拠がなければ、行政機関は活動してはならない。

(1)　どのような行政活動について法律の根拠が必要か

　法律留保の原則が及ぶ範囲をめぐって多様な議論がある。すなわち、行政が具体的に活動するにあたって、法律の根拠がなければ一切活動できないのか、それともどのような行政活動について法律の根拠が必要とされるのだろうか。

　(イ)　全部留保説　　これは「すべての（公）行政活動について法律の根拠が必要である」とする考え方である。法律の留保の原則が立法権優位の思想に立脚したものであり、行政に対する民主主義的コントロールの必要性を踏まえる

と、全部留保説が最も適合的である。しかし、現実的には困難が多い。

　㈠　侵害留保説　　これは、国民の権利を制限しまたは国民に義務を課すような個別具体的な行政活動（侵害行政。例えば、課税処分、営業許可制、土地収用など）については法律の根拠を必要とし、それ以外の行政活動は、法律の根拠なしに行政が自由になしうる、という考え方である。法律の留保が及ぶ範囲を最も狭く捉える立場である。

　立憲君主制の下で行政法が成立したという歴史的制約から、「侵害留保説」が、伝統的に通説的な地位を得てきた。

　㈢　その他の考え方　　両極に位置する「全部留保説」と「侵害留保説」との中間的な考え方として、侵害行政だけではなく社会保障行政のような授益的活動（給付行政）についても法律の根拠が必要であるとする「社会留保説」、侵害的であれ授益的であれ行政の一方的決定により国民の法的地位が変動するような行政活動について法律の根拠を求める「権力留保説」、これらの説とは視点が異なり、重要な事項については議会が決定すべきであって、国土開発計画の策定のような国の基本政策にかかわる行政活動についても法律の根拠が必要であるとする「重要事項留保説」（「本質性理論」ともいう）がある。

　実際には、社会保険や社会福祉に関する行政活動についても法律で定めている場合がほとんどであり、その意味では社会留保説または権力留保説が妥当しているともいえるが、しかし要綱に基づいて補助金が交付される例も多く、徹底されていない。

⑵　どのような法律規定が法律の根拠といいうるか（「根拠規範」）

　前述のように法律には複数の類型が存在し、根拠規範、規制規範、組織規範に分けられる。このうち「法律留保の原則」でいう「法律」とは、「根拠規範」でなければならず、それ以外の「組織規範」や「規制規範」は、具体的な行政活動（侵害的な行政活動）を根拠づけるものではない。

　「根拠規範」とは、行政活動の要件と効果を定めた規定のことである。すなわち、法律の規定において、行政機関が誰に対して、どのような要件の下で、いかなる行為ができるのかを定めた根拠規範がある場合に限り、行政機関は国民の権利を制限し、義務を課すことができる。

　例えば、警察法2条は「交通の取締」を警察の任務のひとつに挙げている。

これは組織規範である。一方、交通の取締りについて警察組織はどのような活動ができるかその要件と効果を具体的に定めているのが道路交通法の諸規定であり、これを根拠規範という。また、警察一般の権限行使の要件と効果を定めている警察官職務執行法の各規定も根拠規範である。

　自動車一斉検問事件（下記**判例**参照）で最高裁は、組織規範に基づく公権力の行使を戒め、行政機関が公権力を行使するには、明確な作用法上の根拠規範が必要であるとしている。

> **判例**　最決昭和55年9月22日：自動車一斉検問事件
>
> 　この事件は、飲酒運転等の交通違反が多発する地点で、警察が走行上の外観につき不審の点もない車両を含めてすべての車両を停止させて質問（自動車一斉検問）を行った際に、停止させた車の運転手にアルコール臭があったため、派出所に移動して呼気検査をしたところ基準値を超えるアルコールが検出され、酒気帯び運転違反として起訴した刑事事件である。被告人は、本件検問は具体的な法的根拠がなく行われた違法なものであり、無罪を主張した。
>
> 　（なお、警察官職務執行法2条1項および道路交通法61条・63条は、事件性があるときの一斉検問を根拠づける規定である。）
>
> 　最高裁は次のように判示している。
>
> 　①警察法2条は、警察の責務を定めた「組織規範」であるから、これに基づいて運転者に対する強制的な質問（公権力の行使）をすることはできない。したがって、強制力を伴わない任意手段（相手の任意の協力を求める形の質問〔任意調査〕）でなければならない。
>
> 　②さらに、任意調査だからといって無制限に許されるべきではなく、相手の自由を不当に制約することにならない方法、態様（例えば短時分の停止、交通違反多発地域での検問など）で行われるべきである。
>
> 　最高裁は、以上のように述べて、本件一斉検問は、一定の限度内でなされた節度のある検問であり違法な証拠収集にはあたらないとして、被告人の無罪の主張を退けた。

(3)　緊急事態のときはどうするか

　国民の生命、健康など重大な法益を保護するために行政が緊急の措置をとる必要があるときでも、法律の根拠（根拠規範）がなければ国民の権利や利益を制約するような行政活動はできないのだろうか。

　難しい問題ではあるが、「法律による行政の原理」からは、緊急事態かどう

かの判断、何が公益に適合するかの判断を、行政機関に一任するような考え方は妥当ではなく、法律の根拠なしに国民の権利を制限する行政活動を認めることはできない。規制権限の行使を根拠づける規定がないときは、行政機関は、行政指導その他の措置を総合的に用いて国民の生命や健康などへの被害発生を可能な限り防止する努力が必要であろう。

最高裁は、住民の安全を確保するために行政による緊急的な対応が求められている場合であっても、その権限行使を根拠づける規範がないにもかかわらず強制措置をとった町長の行為は違法であるとしている（下記**判例**参照）。

> **判例** 最判平成3年3月8日：浦安町ヨット係留用鉄杭強制撤去事件
>
> この事件は、あるヨットクラブが、ヨット等を係留するための鉄杭を無許可で二級河川に打ち込んだため、浦安町がこの鉄杭が漁船の航行に危険であるという理由で、河川管理者である千葉県知事による代執行を待たずに、鉄杭を強制的に撤去した事案である。
>
> 最高裁は、町長が強制撤去を強行したことは、漁港法上および行政代執行法上適法と認めることはできないと判示している。ただし、町長による撤去費用の支出それ自体は、緊急事態に対処するためにとられたやむをえない措置（民720条参照）であるとして、損害賠償に関する違法性を否定している。
>
> 本件程度の緊急事態の状況であれば、法律留保の原則の例外とすることはできず、町長は他の安全確保の措置をとるべきであったという判断であろう。

3 法律の法規創造力の原則

法律の法規創造力の原則とは、議会が制定した（形式的意味における）法律だけが「法規」を定めることができるというものである。この原則から、行政機関が単独で「法規」を定めることは禁止される。

「法規」とは、国民の権利義務を定める規範や一般的抽象的規範のことをいう。このような規範の定立は、議会の専権事項であり、内閣といえども行政機関は単独で、法規の性質を持つ規範を定立することはできない。

憲法41条は「国会は、…国の唯一の立法機関である」と規定し、この原則を明示的に認めている。ただし、法律の授権（委任）があれば、行政機関も法規を制定することができる（第**7**章Ⅱ参照）。

さらに調べてみよう

・法律の留保の範囲をめぐる学説を図式化するなどして、それぞれの学説の違いを整理してみよう。📖 芝池義一『行政法読本〔第4版〕』（有斐閣、2016年）51頁以下
・法律の留保事項の拡大化に対して疑問が提示されている。その考え方と理由を調べてみよう。📖 原田尚彦『行政法要論〔全訂第7版［補訂二版]〕』（学陽書房、2012年）85頁以下

Ⅱ　法の一般原則

本節のポイント

・「法の一般原則」も、行政活動を規律する法規範であり、行政機関を拘束する。「法の一般原則」にはどのようなものがあるか理解しよう。

1　法の一般原則の意義

　法の一般原則とは、すべての法律関係に通ずる普遍的原理という意味であり、これは行政上の法律関係をも規律し、行政活動を制約する法規範（不文法）としての効力を有するものである（第1章Ⅴ3参照）。

　「法律による行政の原理」からすると、法律や条例などの成文法が重要な役割を果たしている。しかし、個々の法律や条例に具体的な規定がない場合や、明文規定があってもそれを形式的に適用するだけでは正義・衡平に反するような場合に、法の一般原則の適用を検討する必要性がでてくる。

　法の一般原則として承認されているものとしては、民法が定める「信義誠実の原則」や「権利濫用の禁止」のほか、「比例原則」や「平等原則」などの憲法原則がある。これらの法の一般原則は、行政裁量を統制するための法理としても援用されている（第8章Ⅱ3参照）。

2　信頼保護の原則

(1)　意　　義

　民法1条2項は、いわゆる信義誠実の原則（信義則）を規定する。この原則は、市民社会における法的安定性と正義・衡平に基づく法律関係を重視するものであり、このことは行政上の法律関係においても無視できない価値である。

　信義誠実の原則は、行政法においては行政機関の言動を信頼して行動した国民を保護するという場面で問題となることから、「信頼保護の原則」として議論されている。また、正義・衡平にかなう問題の解決を志向する観点からこの原則が援用されることもある。

⑵　判　　例

　信頼保護の原則がキーワードになっている最高裁判決としては以下のようなものがある（なお、判決においては信義則、信義衡平の原則といった表現も用いられている）。

　①工場誘致政策を変更したことに対して、「信義衡平の原則」を根拠に自治体の損害賠償責任を認めた事例（最判昭和56年1月27日、次頁 **判例** 参照）。

　②課税処分という権力的作用においても、信頼保護の原則が行政活動の統制原理として機能する局面がありうることを示す事例（最判昭和62年10月30日、23頁 **判例** 参照）。

　③法務大臣が外国人の在留資格を不利益に変更したことが争われた事件で、裁量処分であっても信義則に反し違法であるとした事例（最判平成8年7月2日）。

　④在ブラジル被爆者に対する健康管理手当の申請を違法な通達に基づいて妨げておきながら、当該手当の申請に対し消滅時効を主張することは、信義則に反し許されないとした事例（最判平成19年2月6日、下記 **判例** 参照）。

判例　最判平成19年2月6日：在ブラジル被爆者健康管理手当事件

　原爆による被爆者に対しては法律に基づいて健康管理手当を支給してきたが、国は被爆者が国外に居住地を移した場合には手当受給権が失権する旨の通達を発し、これに基づいて自治体は支給事務を行ってきた。原告らは戦後ブラジルに移住した者たちであるが、一時帰国して健康管理手当を受給してきたものの、ブラジルに出国したため広島県知事は前記通達に基づいて同手当の支給を打ち切った。

　しかし、多くの裁判で前記通達は法に基づかない違法なものであるとされたため当該通達は廃止された。これを受けて広島県知事は原告らに手当の支給を再開したが、支給の末日から起算して5年を経過した分については、地方自治法236条1項により時効消滅しているとして支給しなかった。

　最高裁は、広島県知事が消滅時効を主張することは、違法な通達を定めて受給権者の権利行使を困難にしてきたにもかかわらず、受給権者による権利の不行使を理由に支払義務を免れようとするものであり、信義則に反し許されないとした。

(3)　政策変更と信頼保護

　新幹線建設やダム建設などの公共事業や工場や迷惑施設の誘致など、その実現まで長期間を要する行政活動は、その時々の経済・社会情勢や住民の意向によっては中途で中止したり変更することが起こりうる。この場合、関係者の中には、期待や信頼を裏切られたと感じる者もでてくる。このような場合において行政は、相手方に発生する損害や損失を賠償ないし補償しなければならないのだろうか、あるいはそもそも政策を変更することは違法となるのだろうか。

　これについて、原則的には、政策を変更することは違法ではなく、したがってそれに伴う損害や損失を賠償ないし補償する責任はないと考えるべきである。行政が状況によって政策を変更することは当然だからである。ただし、例外的な場合には、相手方の信頼や期待が法的に保護されるべき場合がある。

判例　最判昭和56年1月27日：宜野座村工場誘致政策変更事件

　村による工場誘致の働きかけを受けた企業が、工場建設のために具体的な準備を進めていたところ、村長選挙の結果、工場誘致に反対する者が新しい村長となり、工場誘致政策を中止した事件。

　最高裁は、①政策変更は原則として違法ではない。②しかし、企業側が長期の施策継続を期待して資金・労力を投入するほどの行政から個別的・具体的な勧告・勧誘があったなど一定の場合には、信頼保護の原則に基づいて例外的に法的責任が生じ、賠償その他の何らかの「代償措置」を講じなければならない。③ただし、賠償の内容は、原則として現実の損害（積極的損害）に限られ、「得べかりし利益」についてまで賠償する必要はない、としている。

---

(4)　信頼保護の原則と法律による行政の原理

　次に、「法律による行政の原理」が厳格に適用されるべき租税行政の分野（租税法律主義：憲84条）において、信頼保護の原則が適用されるかどうかが問題となる。例えば、ある経済取引に伴う納税について税務署に相談したところ、課税されないとの回答を受けたため、経済取引をしたところ、税務署の解釈が間違っていたとして後になって課税処分がなされたような場合、法律による行政の原理と信頼保護の原則が衝突する場面が生じる。

　このようなケースについて、相手方の信頼保護を優先して課税処分を違法と

したケースがある（東京地判昭和40年 5 月26日：文化服装学院課税事件）。

　最高裁は一般論としては、特別な事情がある例外的な場合に限り、極めて厳格な要件の下に相手方の信頼の保護を優先させる場合があることを認めている。

判例　最判昭和62年10月30日：租税関係における信頼保護の原則

　実兄が店主である酒店では従前から青色申告の承認を受けて納税をしていたが、実兄の死後に酒店を引き継いだ原告は、自己名義でその後 4 年間にわたり青色申告による納税を継続していた。 5 年目になり、税務署から、原告自身が青色申告の承認を受けていないとして、過年度に遡って更正処分および過少申告加算税の賦課決定処分を受けたという事案である（なお、青色申告の承認を受けると、税法上白色申告より優遇される）。

　最高裁は、法律による行政の原理なかんずく租税法律主義の原則が貫かれるべき租税法律関係においては、信義則の法理の適用には慎重であるべきであり、租税法規の適用における納税者間の平等、公平という要請を犠牲にしてもなお当該課税処分に係る課税を免れしめて納税者の信頼を保護しなければ正義に反するといえるような特別な事情が必要であるとした。そして、特別な事情とは、①信頼の対象となる行政庁の公的見解が表示され、②納税者がそれを信頼して行動したこと、③後に当該見解に反する課税処分がなされて納税者が経済的不利益を受けたこと、④納税者が当該表示を信頼し、かつ行動したことについて納税者の責めに帰すべき事由がないこと、が不可欠であるとする。

　なお、本事案では①の「公的見解の表示」がなかったとして、更正処分は適法とされた。

3　権利濫用の禁止原則

　民法 1 条 3 項は、いわゆる権利濫用の禁止原則を規定する。この原則も、すべての法律関係に妥当する一般原則として、行政上の法律関係においてもその法規範性が承認されている。

　特に、行政機関が法律上権限を行使できる場合、単に形式的に法令の定める要件に適合していればよいのではなく、法令の趣旨や目的に反するような権限行使を防止する機能を果たしている。

判例　最判昭和53年 5 月26日：余目町個室付浴場事件

　風俗営業施設である「個室付浴場」の営業を阻止するために、児童福祉施設の周

辺200メートル以内では営業が禁止されることに目を付けた町と県は協議の上、急きょ遊び場を児童福祉施設とするための申請を行うこととし、県知事から設置認可を受けた。しかし、原告が無許可で個室付浴場の営業を行ったため、営業停止処分としたところ、国家賠償を求める訴訟が提起された。

　最高裁は、本件児童遊園設置認可処分は、「行政権の著しい濫用」によるものとして違法であるとして、国家賠償責任を認めた。すなわち、児童遊園設置認可処分は、それ自体は根拠法である児童福祉法に適合した処分ではあるが、風俗営業の規制を主たる動機、目的とするものであり、児童福祉法の趣旨、目的に違背する違法な処分であるとした。

4　比 例 原 則

　比例原則とは、行政活動の目的と手段との間で「釣り合い（比例）」がとれていることを求める考え方である。特に、国民の権利や自由を制限する規制行政について重要な役割を果たしている。比例原則は、もともとは警察権の限界にかかわる法理として形成されてきたものである（警察比例の原則）が、今日では権力的行政全体に通用する原則と理解されている。

　比例原則は、第1に、行政権限を発動するにはそれを正当化する十分な必要性がなければならないこと（必要性の原則）、第2に、行政権限を発動できるとしても、行政目的達成のために複数の手段が存在するときは、当該目的達成のために必要かつ妥当な手段を選択しなければならず、過大な手段を選択することを禁止すること（過剰規制の禁止原則）、を内容としている。

　なお、目的達成のために必要な手段が何であるかは一義的に明確ではないので、行政に裁量が認められるが、比例原則に反する選択は、社会観念上著しく妥当を欠き、裁量権の濫用・逸脱に当たる（下記 判例 参照）。

　「警察官職務執行法」は、この法律に規定する手段は、国民の生命・身体等の保護という「目的のため必要な最小の限度において用いるべきもの」（警職1条2項）と規定し、警察行政における比例原則を明文化している。

　比例原則の根拠は、憲法13条に求められる。

判例　**最判平成24年1月16日：国旗国歌職務命令拒否事件**
　都立学校の教職員が、卒業式において国歌斉唱の際に国旗に向かって起立して斉

唱することまたはピアノ伴奏をすることを命ずる校長の職務命令に従わなかったことを理由とする停職処分と減給処分について、学校の規律や秩序の保持等の必要性と処分による不利益の内容との権衡の観点から当該処分を選択することの相当性を基礎づける具体的な事情が認められる場合であることを要するとした上で、減給以上の処分を選択することは重きに失しており違法とした（しかし、戒告処分については違法とはいえないとする）。

5　平 等 原 則

　平等原則は、憲法14条１項に由来する法の一般原則である。すなわち、すべての行政活動において、合理的な理由なく、人種、信条、性別、社会的な地位や出身等によって差別的に扱うことを禁止する考え方である。規制行政だけではなく、特に給付行政において重要な役割を果たしている一般原則である。

　例えば、公の施設の利用関係について、「普通地方公共団体は、住民が公の施設を利用することについて、不当な差別的取扱いをしてはならない」と平等原則を明文で規定する例がある（地自244条３項。同10条も参照）。

> **判例**　**最判平成18年７月14日：簡易水道事業給水条例事件**
> 　山梨県旧高根町が、簡易水道事業の赤字状況に対して基本料金を値上げするに際して、別荘所有者と一般住民との間で大幅な差をつけた条例を制定したことについて、地方自治法244条３項が禁止する「不当な差別的取扱い」に当たるとして、条例を無効とした。

> ─**さらに調べてみよう**─
> ・近年、行政法の一般原則として、適正手続の原則、説明責任の原則、公正・透明性の原則、国民参加の原則、補完性の原則などについて言及する教科書が登場している。それぞれどのような内容を持つのか調べてみよう。📖　櫻井敬子・橋本博之『行政法〔第６版〕』（弘文堂、2019年）21頁以下

第**3**章　行政上の法律関係

I　行政に特有な仕組み

本節のポイント

・行政法においては、多くの点で民法と異なる仕組みを採用している。行政に特有な仕組みにはどのようなものがあるかを理解しよう。

1　2つの行政

　行政は、国民の権利に様々に働きかけることによって、法律が目指す公共目的を達成するのが通例である。例えば、行政サービスの向上をねらいとして道路や学校などの公共的施設を建設しようとする場合、必要な土地を取得しなければならない。そのための法的な手段としては、土地所有者から購入する手法（売買契約による権利義務の変動）と強制的に土地を取得する手段（土地収用法に基づく土地収用による権利義務の変動）とがある。

　結果においてはいずれも、行政が国民から土地を取得することになるが、国民に対する働きかけの手段には大きな相違点がある。すなわち、前者（売買契約）は、土地所有者の同意があってはじめて成立するものであり、このような仕組みは基本的には私たち国民個人の場合と異ならないのに対して、後者（土地収用）は、土地所有者が買収に同意しないときであっても、行政は一方的に必要な土地を取得できる仕組みが法律に定められている。このような一方的な権限は私人にはみられない行政に特有の権限である。

2　行政に特有な仕組み

　このように民事法的な仕組みとは異なる行政法的な仕組み（行政に特有な手段や制度）が、様々な法律において定められている。

　①年金の給付を受ける権利は、譲り渡すこと、担保に供すること、または差し押さえできない（厚年41条、国年24条、国公共済49条、など）。

　②債権の消滅時効について、民法上の金銭債権は、2020年施行の改正民法により原則として５年で消滅時効にかかることになったが（民166条）、時効の援用を必要とし、また時効完成後であれば時効の利益を放棄できる（民145条・146条）のに対して、行政上の金銭債権は、５年で消滅時効にかかること、時効の援用は不要であること、時効の利益を放棄できない（会計30条、地自236条）。

　③道路や河川などの「公物」（地方自治法では「行政財産」という）については、私権を設定できない（道路４条、河川２条、地自238条の４。第 **20** 章参照）。

　④民法においては権利義務を変動する基本の法形式は「契約」であるが、行政上の権利義務を変動する基本の法形式は、行政庁による一方的な意思表示である「行政行為」（処分）である。

　⑤民法においては、契約を守らない相手方に対しても「自力救済」が禁止され、司法的執行制度を利用しなければならないのに対して、行政行為（処分）については「自力執行」が可能であり、行政的執行制度が用意されている。

　⑥民法上の紛争は民事訴訟法の定める手続によるのに対して、行政行為（処分）に対する争いは行政事件訴訟法が定める特別な手続によらなければならない（取消訴訟の排他的管轄。第 **8** 章Ⅰ２参照）。

　⑦民法（特に債権法）は原則として任意法規であり、当事者の意思が優先されるのに対して、行政法規は強行法規（行政に対する行為規範）である。

　行政法の分野においては、法律によりこのような特別な仕組みが用意されている。その理由は、わが国の行政法が大陸型の行政法の影響を受けて、行政に強い地位を認めることにより（これを権力性という）、公益の実現を図ろうとしているからである。

Ⅱ　行政上の法律関係

本節のポイント

・行政と国民（私人）との間の法律関係には、性質の異なるものがある。それに伴い適用される法も異なる。基本的な性質の違いを正確に理解しよう。

1　権力関係と非権力関係

　以上のように、行政と国民（私人）との間の法的な関係（これを行政上の法律関係という）には、国民と国民の関係、あるいは国民と企業その他団体との関係（本章においては、私人同士の関係という意味から私人間関係という）とは、多くの点で異なる仕組みが採用されている。

　行政の活動を類型化して権力行政と非権力行政があることは前述したが（第1章Ⅱ）、これと同様の観点から、行政上の法律関係を整理することができる。すなわち行政と私人との間には、大別すると、「権力関係」と「非権力関係」という性質の異なるものがあることを認識することが重要である。

　権力関係とは、法的な仕組みにおいて行政が私人に対して優越した立場にあり、一方的に私人に命令・強制し、支配するような法律関係を指す。例えば、土地収用による土地の強制取得、課税処分、運転免許の交付・取消し、風俗営業の許可・取消しなどにより生ずる法律関係である。

　このような権力関係は、行政に特有なものであり、私人間の関係にはみられない点に特徴がある。それゆえに、法律の根拠がある場合に限り成立する法的な関係である。

　一方、非権力関係とは、基本的に、行政と私人とが法的に対等な立場に立つ関係である。

　この非権力関係の中には、第1に、売買や請負などの契約を媒介として成立するような法律関係がある。例えば行政が公共施設を設置するための土地を土地所有者から任意に買収することや、行政運営に必要な備品の購入、公共施設の建築、不要となった国有地などの売却などは「契約」を媒介してなされる。

　第2に、国民や住民の公共の福祉を増進するために、行政が行う公的な事業（交通事業、水道事業、病院事業、学校教育など）や各種の財産や施設を設置し、これを維持管理することにより成立する法律関係がある（例えば、道路や河川などの設置や管理、学校や市民会館の設置や管理など）。

　このような非権力関係の特徴は、私人間においても類似の関係が成立している点である。すなわち、私人も契約によって土地等の売買を行い、また民間企業による事業経営や私的財産の管理などが行われている。他方で、純粋な私的活動と異なるのは、非権力関係は公共の福祉の増進という行政目的と密接に関

図表 3 - 1　行政上の法律関係

連しており、その活動の大部分は税金で賄われている点である。

2　適用法規の原則的考え方

図表 3 - 1の行政上の法律関係について、それぞれどのような法が適用されるのかという問題である。ある問題について行政法規に具体的な規定があるときはそれを適用すればよいが、具体的な規定がないときは、どうすべきだろうか。以下では、原則的な考え方を説明する。

①非権力関係は、行政と私人との間の関係であるといっても、行政と私人とが対等な関係に立つのであるから、私人相互の関係と法的には同じとみなされ、民法（私法規範）が適用される。

ただし、行政が契約の当事者となる場合には、契約の自由が修正されることがある。例えば、行政による契約においては一般競争入札が原則であり、随意契約は政令で定める場合に限られている（会計29条の 3 、地自234条 2 項）。

②公企業の経営や公物の管理などの非権力関係においては、公共の福祉を確保するために、法律で各種の特別な規定が置かれていることが多い。道路法、河川法、水道法などが特別な規定を定めている。公物の設置管理にかかわる国家賠償法 2 条もその例である。また、特別な規定がない場合でも、公共性がある問題については民法（私法規範）の適用が否定されることがある。

③これに対して権力関係は、私人相互の関係にはみられない行政に特有の関係であるから、民法（私法規範）は原則として適用されない。

ただし、権力関係においても、民法が規定する信義誠実の原則、権利濫用の禁止原則などの「法の一般原則」、また期間計算に関する規定（民138条以下）などについては適用されることがある。

3　公法と私法の二元論

　かつて、行政法を定義して「行政に関する国内公法」である（田中二郎）と
された。この定義は、法体系の中には公法と私法という本質が異なる2つの法
領域があり、公法と私法とでは妥当する原理原則も異なるという考え方がベー
スとなっている。いわば、私法に対する関係において公法の特色を強調し、公
法関係においては私法の適用を排除する解釈論が展開された。

　このような考え方によれば、行政に関係する法すべてを指して行政法とする
ものではなく、その中の「公法」に限るとされる。すなわち行政上の法律関係
において、民法（私法の一般法）が適用される関係を除いて、その他の法律関
係（公法関係）には行政に特有な法（公法）が適用されるべきであり、ここにお
いては民法の適用を否定し、公法の原理原則により法律問題を判断すべきとさ
れたのである。

　戦後の行政法学は、公法・私法の二元論を克服すべく、公法と私法の異質性
よりも同質性を探求し、公法関係とみられる法律関係についても可能な限り私
法を適用しようとしてきた。

　今日では、公法と私法との質的な差異、本質的な違いがあることを前提とし
て公法領域の諸問題を解釈する姿勢はほとんど否定されたといってよいであろ
う。しかし一方で、私法の適用領域を無原則に拡大することに対しては注意が
必要である。それは、私的な諸利害の調整では済まない諸課題について行政が
果たすべき公益の実現が弱体化してしまうおそれがあるからである。

　いずれにせよ、行政法と民法との間には、それぞれ特有な仕組みや制度が形
成されていることは否定できない。その限りにおいて、両者の違いや特徴を正
確に認識することは重要である。その上で、行政をめぐる法律関係においてい
ずれの法を適用すべきか、実定法の趣旨・目的、全体の仕組み、そして達成す
べき価値等を総合考慮しつつ、判断することになろう。

　さらに調べてみよう

・行政法と民法の関係および公法と私法の問題は、行政法学における最も難解な論点のひ
とつである。次の文献を手がかりに研究してみよう。📖 大橋洋一「行政法の対象と範
囲」、石井昇「公法と私法」『行政法の争点』（ジュリスト増刊、2014年）4頁以下、8頁以下

Ⅲ　行政上の法律関係における民事法の適用

> **本節のポイント**
>
> ・具体的な行政上の法律関係についてどのような法が適用されるか。最高裁の考え
> を整理しよう。

　前述のように、古典的な公法・私法二元論は、もはや行政上の法律関係に関する解釈の手がかりを与えるものではなくなっている。今日では、第1に、ある法的問題について行政法規に具体的な規定があるときはそれを適用する、第2に、具体的な規定ないし手がかりがないときは、法律の趣旨、目的および問題となっている法律関係の実質に即して、どのような法を適用すべきかを判断することが必要となっている。

　以下では、最高裁の重要判例をとおして、行政上の法律関係にどのような法が適用されるのかを整理することにする。

　第1は、関係行政法規に明文規定がないときに、私法規定が適用されるかという問題である。民法177条の適用をめぐって争われてきた。

判例　最大判昭和28年2月18日：自作農創設特別措置法事件、農地買収処分と民法177条

　農地買収処分は、戦後の農地改革のために不在地主や大規模地主から農地を強制的に取得する行為である。自作農創設特別措置法には、農地買収処分について民法177条が適用されるか否か明文の規定はなかった。公法・私法二元論からすれば、権力的活動に基づく行政上の法律関係（公法関係）には私法規定は適用されないことになる。

　最高裁は、結論において農地買収処分について民法177条の適用を否定した。

　しかし、最高裁は公法・私法二元論に立ってその理由を述べたものではなく、地主・小作関係を解消し、自作農化するという自作農創設特別措置法の目的からすれば、農地買収処分の対象となった農地が登記簿上は地主の所有地であったとしても、すでにそれが売却され実態は農地買収処分の対象農地ではなくなっている以上、当該農地に対して農地買収処分をしたことは無効であるとした。すなわち、行政が、民法177条を適用して農地買収処分を登記簿上の所有者に対して行ったこと

を違法として、当該農地の真実の所有者から不服申立てがあった場合には、民法177条の適用を否定して真実の所有者から農地を強制取得すべきであるとした。

　なお国が、買収処分により所有権を取得したような場合には、民法177条が適用され、移転登記を経ないと第三者に対抗できない（最判昭和41年12月23日）。

判例　最判昭和35年3月31日：租税滞納処分と民法177条

　国が租税滞納処分により差し押さえた土地は、滞納者がそれ以前に第三者に売却したものであったが、登記簿上はなお滞納者の名義のままになっており、これについて民法177条が適用されるか否かが争われた事件である。

　租税滞納処分は行政の権力的行為であるが、最高裁は、滞納処分であっても民事法における強制執行手続（民事執行）と同じ扱いをすべきであるとして、民法177条の適用を肯定した。すなわち租税滞納処分は実質的に民事執行と同じ機能を有していること、それにもかかわらず両者の扱いを異にすると、租税滞納処分の対象となる財産の範囲と、民事執行の対象となる財産の範囲が異なることになり、正当化できないとした。

　以上の判決は、ある行政上の法律関係が権力的関係であるか否かによって、そのことから直ちに民法規定を適用する・しないという結論を導いているわけではなく、それぞれの法律関係を形成する行政処分の根拠法の趣旨や、その法律の定める仕組みに即して、適用されるべき法を判断していると整理することができる。

　第2は、行政法規と私法規定に異なる仕組みが用意されている場合に、そのいずれが適用されるのかという問題である。最高裁判例は、行政上の法律関係の性質からのみ判断するのではなく、それぞれの法律の趣旨や仕組みに照らして個々の法律関係に適用されるべき法を導き出している。

判例　最判昭和50年2月25日：損害賠償請求権の消滅時効

　自衛隊員が勤務中に、同僚の隊員の運転する車両により轢かれて死亡したことに対して、その遺族が事故から4年以上経過してから国に損害賠償を請求した事件である。関連する時効制度としては、(i)会計法30条が規定する5年の消滅時効期間、(ii)加害者自衛隊員の使用者としての国の不法行為責任に基づく3年の消滅時効期間（2017年法律第44号による改正前の民724条。以下、旧民法と表記する）、(iii)自衛隊員と使用者である国との間に安全に配慮する契約関係があることを前提として、安

全配慮義務を国が履行しなかったこと（債務不履行責任）に基づく10年の消滅時効期間（旧民167条１項）がある。

　最高裁は、会計法30条は、国の権利を早期に決済する必要があるなど主として行政上の便宜を考慮したことに基づくものであり、したがって同条の５年の消滅時効期間の定めは、このような行政上の便宜を考慮する必要がある金銭債権について適用されるとした。

　そして、最高裁は、この隊員と国の関係は契約関係であり、(旧)民法167条１項により10年の消滅時効期間が適用されるとした。

判例　最判昭和59年12月13日：公営住宅明渡請求事件

　公営住宅の利用関係は公法関係であるかそれとも私法関係であるかについて、従来抽象的な議論がなされていたが、最高裁は、無断増改築をしたことにより公営住宅からの明渡しを求められた事例について、民法（および旧借家法）が適用されることを肯定した。

　すなわち、公営住宅の利用については、公営住宅法や条例に特別の定めがない限り、原則として一般法である民法および借家法（現在は、借地借家法）が適用され、公営住宅の利用関係については、「信頼関係の法理」が適用されるとした。

判例　最判平成元年９月19日：建築基準法65条と民法234条

　いわゆる「接境建築」の問題であり、民法234条１項は、建築物は隣地境界線から50センチメートル以上離れていることを規定し、他方、建築基準法65条は、防火地域等においては外壁が耐火構造の建築物について隣地境界線に接して建築することを認めている。両者の関係につき、特則説と非特則説とが対立していたが、最高裁は、建築基準法65条は、相隣関係を定める民法の特則であって、建築基準法が優先的に適用されるとした。

　これにより、防火地域等においては、建築基準法65条に適合する建築物にあっては、相隣者の同意や接境建築を許す慣習（民236条）がなくても、民法上も接境建築が許されることになる。

さらに調べてみよう

・わが国の戦後行政法学の指導的立場にあった田中二郎博士（東京大学教授・最高裁判所判事を歴任）は行政上の法律関係を「権力関係」、「管理関係」、「私法関係」に分類し、そして前二者が「公法が適用される法律関係＝公法関係」であるとしたが、その内容をまとめてみよう。📖田中二郎『新版行政法上〔全訂第２版〕』（弘文堂、1974年）78頁以下
・行政法と民法の関係にかかわるテーマとして「行政法規違反の法律行為の効力」の問題がある。📖『行政判例百選Ⅰ〔第７版〕』13事件（28頁以下）

Ⅳ　行政法の基本思想と課題

本節のポイント

・近代行政法は何を重視してきたか、その結果、今日どのような問題が生じている
　かを学習する。いずれも簡単には解決できない課題ではあるが、行政法の発展学
　習のテーマとして重要である。

1　近代行政法の基本思想

　行政法は、国家の行政活動を法的に統制する役割を持つ法分野であるが、こ
のような行政法が誕生したのは、約200年前である。各国によりその成立事情
は異なるが、その基本思想は、行政権の濫用から市民の自由や財産を守るとい
う点にある。

　近代法は、国家と市民社会を区別し、市民社会における市民の自由（自己の
自由な意思で契約を締結しうることなど）を保障することを目的として、国家が市民
の自由に対して規制することを抑制しようとする仕組みを構築してきた。国家
の役割は、警察、防衛、外交など、公共の秩序と安全の確保およびそのための
資源の取得に限られ、市民社会の自由な活動領域にはできる限り介入しないこ
とが理想と考えられた（このような国家像を「夜警国家」とか「消極国家」という）。

2　二面的行政法関係

　他方で、社会公共の秩序と安全を損なうような活動や行動に対しては、行政
権が強制的に権力を行使して、このような活動や行動を予防し、障害を除去す
る仕組み、すなわち市民社会に行政が介入する仕組みが必要であるとし、これ
を国民代表議会が制定する法律に委ねたのである（法律による行政の原理）。

　このような法律は必然的に、規制する側の行政と規制される相手方との関係
を規律することになる。例えば工場が有害な物質を排出しているような事態が
あったとき、法律が付与している監督権限や処分権限を行政が行使すること
は、工場経営者にとっては経済活動の自由という基本的人権に対する制約にな
る。強大な権限を持つ行政と他方で相対的に弱い相手方との間の法律関係（二

面関係）の中で、行政法学は、行政の権限行使は法律を遵守していること、目的に照らして必要最小限であるべきことなどの解釈論を構築してきた。いわば、行政による過剰規制から規制の相手方を保護することに主眼を置いてきた。

3　三面的行政法関係

このように近代行政法は、規制の相手方の権利利益の保護を重視し、そのための救済手段の整備（行政上の不服申立てや行政訴訟の制度）および救済手段の適切な運用に力点を置いてきた。

絶対主義時代の国家（行政）運営に対する対抗軸として、近代行政法が果たしてきた役割は大きいものがある。しかし、時代が下るにつれて、このような二面関係のみを重視する近代行政法の限界が明らかになってきた。公害問題、消費者問題や薬害問題に典型的にみられるように、本来、行政が積極的に規制権限を発動すべき事態が生じても、規制の相手方の財産権や営業の自由を過度に重視する結果、規制権限の発動に抑制的となることが多かったのである。

例えば1950年代に発生したスモン事件や水俣病事件、また1970年代からクロロキン事件、サリドマイド事件、エイズ事件、Ｃ型肝炎事件など相次いで発生した薬害事件に対する行政の対応などにみられるように、規制者—被規制者という「当事者」の枠外にある住民、消費者、患者（総称してこれらを「第三者」ということがある）の生命や健康等が過度に軽視されてきた経験がある。

多くの法律が規制する行政と被規制者である相手方のみを登場人物としているのは、行政が適正かつ適切に規制することによって第三者の生命、健康、安全等が反射的に守られると考えてきたからである。これら第三者の利益については、行政が代弁し、その公益判断に委ねられる問題であるとされてきた。

このような状況にあって、徐々にではあるが、当事者（行政・被規制者）以外の住民等の立場に配慮する立法例が増加しつつある（例えば、廃棄物処理法の改正による産廃処分場の付近住民の意見提出権の追加。同法15条6項）。立法的な対応がなされていないとき、あるいは不十分なときに、解釈によりこれをどのように克服するかが重要な課題となっている。

4　新しい動き

　今日の行政法は、近代行政法の側面からみてもなお不十分な点が残っている問題を克服しつつ、現代行政法の課題にも取り組まなければならない状況にある。このような課題に対して、近年、立法・判例において注目すべき動きが現れつつある。以下、この動きを概観しておこう。

(1)　行政事件訴訟法・行政不服審査法等の改正

　行政事件訴訟法は、同法制定以来、2004年にはじめて本格的な改正がなされ、出訴期間の延長、義務付け訴訟や差止め訴訟の法定化、仮の救済制度の充実など行政規制の相手方の救済システムについて重要な改善がなされた。

　さらに、行政規制の相手方以外の住民、消費者、患者等の法的地位を高めるために、取消訴訟の原告適格について改正され、従前と比べて行政規制の相手方以外の者が取消訴訟を提起することが容易になった（第 **15** 章 I 3 参照）。

　2014年には行政不服審査法が全面的に改正された。審査請求への一元化、審理員制度の導入、行政不服審査会への諮問、審査請求期間の延長など、より公正な、そして利便性の高い行政不服審査制度の確立に向けて、懸案の課題について立法的に対応している（第 **14** 章参照）。

　また同年には行政手続法も改正され、法律に根拠を有する行政指導に限られるが、法令違反の行政指導について中止等を求めること、また何人も法令違反の事実の是正に向けて行政指導の発動を求めることができるようになった（第 **11** 章 II 5、第 **10** 章 I 参照）。

(2)　行政の規制権限の不行使に対する救済

　行政が規制権限を適切に行使していれば被害の発生が防げたような事案について、裁判所は、規制権限を行使しなかったことについて行政の不法行為責任を認めることに消極的であった（行政便宜主義・反射的利益論）。

　しかし、その後、水俣病関西訴訟（最判平成16年10月15日：通産大臣（当時）が水質保全のための規制権限を行使しなかったことにより水俣病に罹患したとする患者が損害賠償を請求した事件）や筑豊じん肺訴訟（最判平成16年4月27日：通産大臣（当時）が鉱山に対して規制権限を行使しなかったことにより粉じんによるじん肺に罹患したとする患者が損害賠償を請求した事件）などの国家賠償請求訴訟事件において、行政の規制権限の不行使が著しく不合理であるとして、賠償責任を認める変化

が現れている（第 *13* 章Ⅱ3参照）。

(3) 「民による行政」の動き

　1990年代になってから特に、行政（公務員）は何をどこまで担うべきか、民間との協働はどうあるべきかなど、行政の守備範囲に関するこれまでの考え方や制度に変化が現われている（1997年の行政改革会議最終報告を参照）。このような動きは、80年代のイギリス行政改革の影響を受けたものといわれているが、行政法においても、この動きをどのように位置づけるか、従来の行政法理論との整合性をどのように考えるか、大きな課題となっている。

　①例えば、1998年の建築基準法の改正により、従来行政（建築主事）が独占していた建築確認と工事完了検査の業務を民間の機関（国土交通大臣または知事の指定を受けた指定確認検査機関）が行うことができるようになった。

　②1999年には「民間資金等の活用による公共施設等の整備等の促進に関する法律」（いわゆる PFI 法）が制定された。これは公共施設等の建設、維持管理、運営などを一括して民間団体に委託することで、民間の資金、経営能力と技術的能力を活用して行政サービスを提供する手法である。

　③2003年には、自治体行政における民間委託の一般的仕組みとして、「指定管理者制度」が地方自治法改正により導入された。これは公共施設の管理運営を、指定管理者（自治体が指定した民間の機関）に委ねる仕組みである。

　④2006年には「競争の導入による公共サービスの改革に関する法律」（公共サービス改革法とか市場化テスト法とも呼ばれる）が制定された。これまで行政（公務員）が担ってきた業務を官と民との間で競争入札にかけ、価格・質において優れたものが業務を担当する仕組みである。

　なお、自治体の中には、地方税の滞納者に対して電話等により納税を促す業務や自動車税の申告の受付業務を民間業者に委託するところもある。ただし、行政の業務を民間委託したからといって、行政の公的責任が免れるわけではないことに注意する必要がある（下記 **判例** 参照）。

判例 **最決平成17年 6 月24日：指定確認検査機関と国家賠償責任**
　指定確認検査機関（指定法人）が行った建築確認について、当該地域で建築確認権限を有する建築主事を置く地方公共団体が国家賠償訴訟の被告であるとした。

判例 最判平成19年1月25日：児童養護施設入所児童暴行事件

　県が行った入所措置（児童福祉法27条1項3号）により、社会福祉法人が設置運営する児童養護施設に入所した児童が死亡した事件について、施設の長は、当該児童との関係においては、本来都道府県が有する公的な権限を委譲されたものであるから、施設職員等による養育監護行為は都道府県の公権力の行使に当たる公務員の職務行為であるとして、民法の適用を否定して国家賠償法1条1項を適用した。

―さらに調べてみよう―

・「水俣病裁判」を徹底的に学習してみよう。全国各地で提起された水俣病裁判は、下級審では熊本地裁と福岡高裁を除いて、いずれも原告敗訴という結果であったが、平成16年に最高裁は国家賠償責任を認めた。下級審判決と最高裁判決との判断の違いを分析してみよう。📖『行政判例百選Ⅱ〔第7版〕』225事件（462頁以下）

第4章　行政主体と行政機関

I　行政主体

本節のポイント

・行政は誰が行っているか。この問いに対する解答は、①公務員、②大臣・知事・市長、③国・県・市等が考えられる。このうち、国・県・市などを行政主体という。この3つの答の関係が重要である。
・行政主体とは何か、行政主体にはどのようなものがあるのだろうか。

1　行政を担う組織──行政主体

　法的にみて行政の活動がどのように行われるかについては第7章以下で述べる。第4章～第6章では、行政を担う組織について取り扱う。

　行政法学は、政治学ではなく、法学である。すなわち、行政を権利・義務の側面から考察する学問である。それでは、行政上の権利・義務が帰属する法主体となるものは何か。もとより、国民も行政上の法主体としての地位を持ちえる（例えば、国民は納税の義務を負い、情報公開の請求権を持つ）。

　行政を行う側をみると、もちろん国や自治体は行政主体である。それ以外にも、独立行政法人や公共組合も行政を行っており行政主体である。

　「行政上の権利・義務が帰属する法主体」をわかりやすく説明しよう。市長が市民税を賦課処分すると、租税債権が確定するが、この租税債権は市長にではなく、市に帰属するのである。このように権利・義務が帰属する団体（法人）のことを伝統的に行政主体と呼んでいる。本書でも、国民の福祉増進に必要な仕事を処理するため、自己の名と責任で行政を行う法人という意味で、行政主体という用語を用いる。以下行政主体の種類を挙げる。

2　国と自治体

　国は、道路や公園などの施設を作り、また、調和の取れた経済発展のため業界の規制や誘導を行うなど、国民が必要とする仕事（事務）を行っている。もとより行政主体である。

　都道府県・市町村も同様であり、行政主体である（地方自治体が法人格を持つことは地方自治法2条1項に明示されている）。これらの地方自治体は、法律用語としては地方公共団体と呼ばれている。公共団体とは何か。伝統的に「公共団体とは、国の下に、国からその存立の目的を与えられた団体（法人）」（田中二郎『行政法中巻』有斐閣、1955年、110頁、傍点筆者）とされる。統治権が国に帰属し、公共団体はその統治権の一部が伝来したものとの理解に立っている（地方自治権については、第6章で述べる）。したがって、憲法上自治権を有し、統治団体として位置づけられる今日の都道府県・市町村を「地方公共団体」と称することは、適切ではない。本書では、原則として（地方）自治体という言葉を用いるが、法律用語として地方公共団体を用いる場合もある。

3　その他の行政主体

　包括的な事務（仕事）を行う行政主体は、国と自治体であるが、行政の一部を分担する目的で設立される独立した法人も行政主体といえる。

　その代表的なものが独立行政法人である（例、大学入試センター、駐留軍等労働者労務管理機構）。独立行政法人とは、公共の見地から確実に実施されるべき仕事であるが、国が直接に実施する必要はなく、かといって民間に委ねた場合には実施されないおそれがあるもの、または1つの事業体に独占して行わせることが必要な仕事を効果的に行わせることを目的として、法律により設立される法人をいう（独立行政法人通則2条1項）。国が交付金等で財源措置を行う一方、組織人事等のコントロールを行っている（各独立行政法人について定める個別法）。また、監督にあたる大臣が、業務運営について3〜5年の期間の中期計画を定め指示する（独立行政法人通則29条）。

　さらに独立行政法人とは別に、従来から特殊法人と呼ばれている一連の法人がある。特殊法人とは、法律によって設立される法人であるが、その内容は様々であり、公庫、金庫、事業団、機構などの名称が多く用いられ（例、日本

私立学校振興・共済事業団、日本放送協会）、株式会社の形式を持つものもある（例、成田国際空港株式会社、東日本高速道路株式会社）。国からのコントロールは、それぞれの法人によって異なっている。近年、行政改革により、廃止、民営化、独立行政法人化が進んでいる。

　地域的な行政主体もある。例えば土地改良区や土地区画整理組合は社団法人的性質（組合員で構成される）を持つが、行政の一部を分担しているといえる。住宅供給公社、土地開発公社は自治体が出資し財団法人的性質を持ち、住宅の建設、公共用地の先行取得を行っており、これも行政活動の一部といえる。

さらに調べてみよう

・行政主体として、認可法人、指定法人、登録法人が挙げられることがある。具体的にどのような法人があるか調べてみよう。

II　行 政 機 関

本節のポイント

・自然人（私たちのような生物学上のヒト）は手足で行動する。法人（法が認めた人）である行政主体は、行政機関で行動する。行政主体と行政機関の関係を理解しよう。
・行政機関とは何か。行政機関の概念をしっかり押さえ、その種類を理解しよう。特に行政庁の概念は、行政法を理解する上で最重要である。

1　行政機関の概念

　行政主体は、行政を行う責務を担っているが、では行政主体はどのようにして行動をするのか。具体的に述べよう。例えば札幌市は手で触ったり目で見たりすることができるようなものではないが、しかし実在し、市民が必要とする仕事を行っている。札幌市はどのように行動しているのか。自然人が、手や足という機関で行動するように、国や自治体も機関で行動すると考える。自然人の手や足に相当するのを行政機関と呼んでいる。人の手の行為が、その人の行為であるように（例えば、他人を段ったとき、手の責任ではなくその人の行為として

その人が責任を負うように）、行政機関の行動は行政主体の行動となり、その法効果は行政主体に帰属するのである。札幌市長の行動は、札幌市の行動になるのである。行政機関（例えば市長）は、法によって権限が与えられ、その権限を行使すると、その法的効果は、行政主体に帰属することになる。個々の公務員のどの行為が、行政機関の行為となり、行政主体の行動とみなされるか、具体的には法令で定められている。

2　行政機関の分類

　行政機関を分類すれば次のようになる。最も重要なものは、①行政庁である。②補助機関、③諮問機関、④参与機関、⑤執行機関は行政庁との関係で分類されている。

　①行政庁　　行政主体の法律上の意思を決定し外部に表示する権限を有する機関である。市長が、課税処分を行う場合、市の意思を表示しているのである。それゆえ、その法効果は市に帰属することになる。各省大臣、知事、市町村長が典型的な行政庁である。

　②補助機関　　行政庁の権限行使を補助することを任務とする機関である。国や県、市など行政主体で働く多くの職員は、補助機関の職にある。

　③諮問機関　　審議会、調査会などの名称で、行政庁の諮問に応え、または建議することを任務とする機関である。情報公開・個人情報保護審査会、地方制度調査会等である。

　④参与機関　　行政庁の意思決定を拘束する権限を有する機関である。電波監理審議会がその例（電波94条2項）である。

　⑤執行機関　　行政庁の命により実力を行使することを任務とする機関をいう。行政上の強制執行や即時強制にあたる者がその例である。

3　もう1つの行政機関概念

　これまで述べてきた行政機関の概念は、行政主体の意思を決定することのできる行政庁の概念を中心に構成されている。許可、認可等をする権限がどこにあるのか（つまり誰が国や県の意思を決定するのか）に着目しているのである（作用法的行政機関概念という）。

　他方で、実定法上これと異なる行政機関の概念がある。例えば国家行政組織法は、「国の行政機関は、省、委員会及び庁」（3条2項）とすると規定している。国の事務（仕事）の配分の単位として、行政機関を捉えているのである。例えば、教育や学術、スポーツや文化などに関する一まとまりの事務を、文部科学省に分担させ、さらに生涯学習、初等中等教育、高等教育等のまとまりで局に分担させていく。日常使われる行政機関という用語は、このイメージに近い。行政手続法2条5項、行政機関の保有する情報の公開に関する法律（情報公開法）2条1項の行政機関もこの意味で使用されている。膨大な行政事務を合理的に配分し規律する概念として有益である（事務配分的行政機関概念という）。

　具体的に両者を区別すれば、文部科学大臣は、前者の機関概念の行政庁であり、文部科学省は後者の行政機関に相当する。行政法学が、行政主体と国民・住民の間の法的関係を考察するものである以上、この法的関係を作り出す法的権限を持ったものは誰かという視点、すなわち前者の行政機関概念をしっかり理解する必要がある。

> **さらに調べてみよう**
> ・独任制行政庁と合議制行政庁とは何か、調べてみよう。

Ⅲ　権限の委任・代理と専決・代決

> **本節のポイント**
> ・行政の多くは知事や市長の名前で行われる。しかし、生身の人間である知事や市長が行政のすべてを行うのは困難である。知事や市長は法で与えられた権限をどのように行使しているのだろうか。
> ・権限の委任と代理の違い、専決と代決の違いを理解しよう。権限が移動したかどうかがポイントである。

1　行政庁の権限行使

行政庁が、法令上行うことができる範囲を権限という。例えば、市長は固定

資産税の賦課処分を行うことが法令で認められているので、賦課処分をする権限がある、と表現される。行政庁の権利といわない理由は、権利とは自己の利益を主張する法的力を意味し、行政庁は自己の利益（市長の利益）のためではなく、行政主体（例えば札幌市）のために行動するにすぎないからである。

　法は、適切な行政庁を選び権限を付与している。それゆえ、権限を付与された行政庁がその権限を行使することが法律による行政の趣旨に沿うことになる。しかし、すべての権限をあらゆる場合に、その行政庁が行使することを求めるのは現実的ではない。例えば、副市長に市長の権限を行使させる場合である。ここに権限の委任と代理が生じる。

2　権限の委任

　権限の委任とは、行政庁の意思によりその権限の一部を他の行政機関に行使させることをいう。権限は、委任行政庁から離れ、受任行政庁へと移ることになる。その際受任行政庁は、自己の名で権限を行使する。法律がもともと定めた権限が他の機関に移動するのであるから、権限を委任する場合はそれを認める法律の根拠が必要となる。

3　権限の代理

　権限の代理とは、権限を有する行政庁が権限を行使できないとき、他の機関が行政庁に代わって権限を行使することをいう。例えば、市長が欠けたとき副市長が権限を行使する。その際、副市長（代理機関）は、代理者であることを表示して権限を行使する。権限の委任と異なり権限そのものは移転しない。代理機関が権限を行使しても、本来権限を有する行政庁（被代理行政庁）が行使したのと同様な法効果が生じる。

　権限の代理には、法定代理と授権代理がある。法定代理とは、法定の事実の発生に基づいて代理関係が生じることをいう（例、内9条）。法定代理は、病気や海外出張等、行政庁に事故があるとき、また欠けたときに生じるものであるから代理の範囲は、被代理行政庁の権限全部におよぶ。

　授権代理とは、被代理行政庁が代理機関を指定し、自己の権限の一部を授権することにより代理関係が生じることをいう。授権代理においては、権限の全

部を授権することはできないと解される。授権代理については、法律の根拠は
必要ないと解されている。

4　専決・代決

　専決・代決は、行政庁の法的な権限の代行である委任・代理とは異なり、行
政実務において事務処理の便宜として日常的に行われている代行手法である。
重要でない案件や軽易な案件の決裁権限を管理職等の補助機関に委ねる仕組み
である（例えば、契約金額〇〇万円までの決裁権限を△△課長が専決すると定めておく
など）。補助機関による専決・代決は行政庁の名で行われ、行政庁による決済
と同一の効力を有する。

　どの補助機関がどのような専決権限を有するかは内部規則（決裁規則・処務規
則など）で定められている。代決とは指定された専決者が不在の場合に臨時的
に行われる決裁をいう。

　なお、専決による事務処理が違法に行われた場合、住民訴訟においては、専
決した補助機関が損害賠償責任を負うが、行政庁も指揮監督責任を問われるこ
とがある（最判平成3年12月20日）。

さらに調べてみよう

・法定代理には、狭義の法定代理と指定代理が区別される。どのような区別か。
・委任、法定代理、指定代理、授権代理には法律の根拠が必要か、その根拠を考えながら
　表をつくり整理してみよう。📖宇賀克也『行政法概説Ⅲ〔第5版〕』（有斐閣、2019年）41
　頁以下

第**5**章　国の行政組織

Ⅰ　行政権と内閣

本節のポイント

・憲法は、国の統治機構について定めている。行政権についてはどのように定めているか。立法権や行政権との関係にも留意する必要がある。
・行政権は内閣に属する。内閣とはどんな組織で、どのように運営されているのか。

1　行政権の帰属と国家行政組織

　憲法は権力分立主義に立ち、国会に立法権を（憲41条）、裁判所に司法権を（憲76条1項）配分するとともに、「行政権は、内閣に属する」（憲65条）ことを規定している。

　行政権は内閣に属するとはいっても、行政のすべてを内閣が行うというわけではない。内閣の下に国家行政組織が置かれ、内閣はそれを統轄し総合調整する地位にある。すなわち、国の行政を現実に担当する組織として内閣の統轄の下に、内閣府の組織とともに、系統的に構成（行組2条1項）された省・庁・委員会が置かれている。内閣はこれらの行政各部を指揮監督し、その活動について国会に対して責任を負う立場にある。

2　内閣の構成

　内閣は、合議制の行政機関である。その構成は、首長たる内閣総理大臣およびその他の国務大臣で組織される（憲66条1項、内2条）。内閣法は、国務大臣が14人以内（ただし特に必要がある場合は17人以内。なお、復興庁設置に伴う特例、東京オリンピック・パラリンピック開催に伴う特例、2025年の大阪・関西万博開催に伴う特例があり、20人以内となっている。内附則2項〜4項）であることを定めている

（内2条2項）。各省大臣（例、文部科学大臣、財務大臣）は、国務大臣の中から内閣総理大臣が任命する（行組5条2項）。すなわち、国務大臣は、内閣の構成員であり、また各省大臣としてそれぞれの行政事務を分担管理している（内3条1項、行組5条1項）。行政事務を担当しない国務大臣（いわゆる無任所大臣）もありうる（内3条2項）。

3　内閣総理大臣の地位

　内閣総理大臣は、国会議員の中から国会の議決で指名され、天皇によって任命される（憲67条1項・6条1項）。国会での指名は他のすべての案件に先立って行わなければならない（憲67条1項）。内閣総理大臣の確定を早期に行うという趣旨である。

　明治憲法は内閣について触れておらず内閣総理大臣についての規定もなかった。明治憲法55条1項は、国務大臣がそれぞれ平等に天皇を補弼（補佐のこと）することを意味し、内閣総理大臣は他の国務大臣と対等のいわゆる「同輩中の主席」にすぎなかった。それに対し、現行憲法は、内閣総理大臣は内閣の首長であると規定した（憲66条1項）。内閣総理大臣の閣議における発言権は他の国務大臣と対等であるが、国務大臣の任免権（憲68条1項・2項）や訴追同意権（憲75条）などの強力な権限を付与され、それによって「首長」として他の大臣に優越する地位を確保している。

4　国 務 大 臣

　国務大臣とは、通常内閣総理大臣を除く内閣の構成員をいう。国務大臣は、内閣総理大臣が任命し天皇が認証する（憲68条1項・7条5号）。

　国務大臣の権限は、次のとおりである。①内閣の一員として閣議に参加する権限は、明文の規定はないが当然の前提である。②憲法上の権限としては、いつでも議案について発言するため国会の両議院に出席することができる（憲63条）、③主任の大臣として法律・政令に対して署名すること（憲74条）、④内閣法上の権限として、主任の大臣として行政事務を分担管理し（内3条1項）、内閣総理大臣に閣議を求めること（内4条3項）があり、その他省令の制定権など国家行政組織法その他の個別の法律で行政上の多くの権限が与えられている。

5　閣　　議

　内閣は合議制機関であり、その意思決定は閣議によらなければならない（内4条1項）。閣議は内閣総理大臣が主宰する（内4条2項）。各大臣は、案件のいかんを問わず内閣総理大臣に提出して閣議を求めることができる（内4条3項）。1999年の内閣法改正によって、内閣総理大臣の指導性強化の1つとして、閣議における内閣総理大臣の基本方針・政策の発議権が明確化された（内4条2項）。

　閣議の運営について、内閣法は若干の規定を置いているが（内4条2項・3項）、大部分が慣行によっている。例えば定足数の定めがなく、非公開であることなどである。また、議事録はとらないこととされてきたが、議事録については、2014年以降作成され、首相官邸HPで公開されるようになった。

　内閣の意思決定は全員一致によることとされている。その根拠とされるのは、憲法66条3項の規定する連帯責任制が挙げられる。連帯責任をとる前提として全員一致が必要と解されるのである。内閣総理大臣に国務大臣の任免権を与えているのも内閣の一体性を確保する手段なのである。

　閣議はそのメンバーが全員出席して行われるのが筋であるが、いわゆる持ちまわり閣議と称し、会議を開かずに個別に意思を確認していくという方法がとられることもある。緊急を要しかつ比較的軽微な事項について行われている。

6　内閣の補助部局

　内閣の職務遂行を補助する機関として内閣官房、内閣法制局、国家安全保障会議、人事院、内閣府が置かれている。

　内閣官房は、①閣議事項の整理、②内閣の重要政策に関する基本方針の企画・立案・総合調整、③行政各部の施策の統一を図るための企画・立案・総合調整、④内閣の重要政策に関する情報の収集調査に関する事務等をつかさどる（内12条2項）。内閣官房に内閣官房長官を置き、国務大臣をもって充てる（内13条）。内閣官房長官は、内閣官房の事務を統轄する（内13条3項）。政治的には内閣の要と言われ、重要な役割を果たしている。

　内閣法制局は、法制度を管理する①閣議に附される法律案・政令案の立案・審査、②法律問題に関して内閣・大臣に意見を申述、③法制とその運用の調査等を行う（内閣法制局3条）。

　国家安全保障会議は、国防に関する重要事項を審議する機関である（国家安全保障会議1条）。

　人事院は、中央人事行政機関として国家公務員法によって設置されている。内閣の所轄の下にあるが（国公3条）、合議制の行政機関であり、権限行使の独立性が認められている。人事院は、①給与その他の勤務条件の改善に関する勧告、②苦情の処理、③職員に関する人事行政の公正の確保および職員の利益の保護等に関する事務をつかさどる（国公3条2項）。人事院は3人の人事官で構成され（国公4条）、身分は強く保障されている（国公8条・9条）。

　1999年の中央省庁改革の柱として、内閣総理大臣を長とする内閣府が設置された（内閣府2条・6条）。内閣機能の強化が目的である。内閣府は、「内閣の重要政策に関する内閣の事務を助けることを任務」（内閣府3条1項）とし、その所掌事務は4条1項・2項に規定されている。

　いずれも行政各部の施策の統一を図るために必要となる企画・立案・総合調整の権限を内閣府に付与する。1項は財政運営の基本、男女共同参画、消費者保護など30を超える事務が規定されている。2項は国政上のその時々の重要課題について内閣府が担うことが定められている。

7　行政委員会

　行政権が内閣に帰属する（本章I 1）ことに関連して問題となるのに人事院、国家公安委員会、公正取引委員会等の行政委員会がある。行政委員会とは、一定の行政分野で、内閣から多かれ少なかれ独立して職権を行使する合議制の行政機関をいう（なお、行政委員会は、本書42頁で述べた行政庁である）。

　このような行政機関を設ける理由は、①政治や政党からの中立性を確保する必要（人事院、国家公安委員会）、②技術的専門的知識の必要（公正取引委員会）、③対立する利害を調整する必要（中央労働委員会）、④争訟の判断のように慎重な判断の必要（公正取引委員会）等である。

　これらの機関は、その権能や組織形態等それぞれで異なるが、一般的に委員の身分保障がなされており、権限行使も独立して行うことになっている。憲法は行政権が内閣に属すること（憲65条）を規定しているのに、内閣から指揮監督を受けない行政機関を置くことは憲法違反となる疑いも指摘されている。し

かし、学説は合憲説をとる。委員の任命権や予算の編成権が内閣にあるので内閣のコントロール下にあるといえるからである（人事院について合憲とする判例—福井地判昭和27年9月6日がある）。

┌─ さらに調べてみよう ─────────────────────────────┐
│ ・議院内閣制とはどういう仕組みか。首長制と比較しながら調べてみよう。│
│ ・内閣総理大臣の権限について日本国憲法を参照しながら整理しよう。 │
└──────────────────────────────────────┘

Ⅱ　内閣の統轄下の行政組織

■ **本節のポイント**
・国の行政組織はどのように構成されているのだろうか。内閣の位置づけ、外局の意味、地方支分部局について理解しよう。

1　国家行政組織

国家行政組織法は、「国家行政組織は、内閣の統轄の下に、内閣府の組織とともに、任務及びこれを達成するため必要となる明確な範囲の所掌事務を有する行政機関の全体によつて、系統的に構成されなければならない」（行組2条1項）とし、そのために置かれる行政機関として、省、委員会および庁を定めた（行組3条2項）。省・庁・委員会を設置あるいは廃止するには法律が必要であり（同条同項）、行政権の都合のみでなしえるものではない。

2　内閣府

内閣府設置法に基づく内閣府は、内閣の補助部局の性格だけでなく、内閣の統括の下にある行政機関としての性格を併せもつ。このような意味の内閣府の分担管理する事務（その任務は内閣府3条2項、その所掌事務は同4条3項）は、極めて多種多様であり、その中には他の行政機関に属しない事務も含まれるが、政府全体の見地から管理することがふさわしい事務が列挙されている（例えば、防災、公文書管理、地方分権、自殺対策、食品安全など）。

内閣府の主任の大臣は内閣総理大臣であり、このほか国務大臣として特命担

図表 5 - 1　わが国の統治機構（行政）

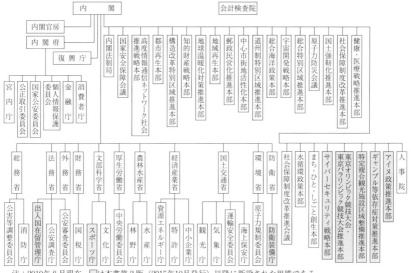

注：2019年 8 月現在、□は本書第 2 版（2015年10月発行）以降に新設された組織である。
出典：内閣官房 HP（http://www.cas.go.jp/jp/gaiyou/jimu/jinjikyoku/files/satei_01_05_3.pdf）より作成

当大臣が置かれる（内閣府 9 条。原則として 5 人）。また副大臣・大臣政務官がそれぞれ 3 人置かれている（内閣府13条・14条）。内閣府には外局として委員会および庁が置かれる。

3　省

　内閣の統括下に行政事務をつかさどる機関として省が置かれる（行組 3 条 3 項）。各省の長は大臣である。各省には副大臣と大臣政務官が置かれる。両者ともに「国会審議の活性化及び政治主導の政策決定システムの確立に関する法律」（1999年）により設けられた。国会における審議の活性化、政治主導の政策決定システムを確立することを目的としている。

　副大臣は、その省の政策および企画をつかさどり、政務を処理し、大臣不在の場合その職務を代行する（行組16条 3 項）。大臣政務官は、その省の長である大臣を助け、特定の政策および企画に参画し、政務を処理する（行組17条 3 項）。副大臣は省により 1 人から 2 人、大臣政務官は 1 人から 3 人である。

4　外　局

委員会および庁は、府・省の外局として置かれる（内閣府49条、行組3条3項）。外局とは、府・省の内部部局（内局）に対する概念である。外局は、内部部局と異なり独立性が強い。例えば外局の長は、規則その他特別の命令を発することができる（行組13条）。

内部部局にせず、外局とする理由には次のようなものがある。庁については、内局にすると他の局と釣り合いがとれないほど事務量が膨大で独立の責任者を置いた方が合理的である場合（例、国税庁）、事務が特殊性を持ち独立した処理が合理的な場合（例、宮内庁）などである。委員会の場合は、政治的中立性、専門技術性、利害調整性など、事務の性質等によることはすでに述べたとおりである。委員会は合議制の行政機関である。行政的権限のほか、準司法的権限や準立法的権限を持つ場合が多い。

5　内部部局と地方支分部局

内部部局として府、省には官房および局を、庁には官房および部を、委員会には事務局が置かれる（内閣府17条、行組7条）。内部部局としてどのような部局を置くかは各省設置法で規定されているが、国会が行政組織の隅々まで規定することは現実的ではない。行政組織をどの程度法律で定めるかは、行政組織の自主性・弾力性の確保と立法権による行政権のコントロールの兼合いの問題となる。現在は、官房、局の設置とその事務は法律で、課の設置とその事務は政令で定めている。

省・庁・委員会は、その所掌事務を分掌させるため必要がある場合は地方支分部局を置くことができる（内閣府57条、行組9条）。いわゆる国の地方出先機関である。国の事務のうち地域的事務を地方で処理する機関である（例、札幌国税局、東京法務局）。

┌─ さらに調べてみよう ─┐

・内閣府と内閣はどう違うのか。内閣府と他の省とはどう違うのか。
・地方出先機関の廃止や統合が政治上の課題となっている。なぜ、廃止・統合が問題となるのか、また廃止・統合がなかなか進まないのはなぜだろうか。

第6章　地方自治

I　地方自治の意義

本節のポイント

・国と自治体は、政治的にも法的にも上下・主従から対等・協力の関係に変わりつつある。法的面では、1999年の地方分権一括法が重要である。
・地方自治の本旨とは住民自治と団体自治からなる。2つの自治の意味をしっかり理解しよう。

1　地方自治論議の現状

　明治憲法は地方自治に関する規定を持たなかったが、日本国憲法は一章（第8章）を設け地方自治を保障した。

　日本においては、明治憲法下はもとより戦後も中央集権的な行政が行われてきた。それは、統一性・効率性を優先したものであり、先進国に追いつくことを国家的目標としたシステムとして有効に機能した。しかし、今や、成熟した社会として国民は豊かさの実感を求め、統一性より多様性、効率性よりゆとりを価値とする時代となった。地方自治はこのような国民の求めに応じることのできるシステムである。

　地方自治の充実のため国から自治体へ事務や権限を移譲し、さらに必置規制（組織や職の設置を義務づける規制）等国の過剰介入、多量の機関委任事務（後述）、地方財政の国庫依存等の自治を損なう要因をどれだけ解消できるかが問われ続けてきた。

　分権を推進するため、1995年に地方分権推進法が制定された。同法に基づき地方分権推進委員会が設置され、分権の方策が精力的に議論された。1999年にはいわゆる「地方分権一括法」が制定され、地方自治法をはじめ合計475本の

図表6-1　地方自治の本旨

地方自治の本旨
　　　団体自治（国から支配・干渉を受けないという自治）
　　　住民自治（君主の支配ではなく住民自ら治めるという自治）

法律が一括して改正された。分権元年ともいわれたが、分権は未だ道半ばであり、出発点に立ったにすぎない。税財源の再配分、国の地方出先機関の統廃合等分権の一層の推進が求められる。

2　団体自治と住民自治

　憲法は92条で「地方公共団体の組織及び運営に関する事項は、地方自治の本旨に基いて、法律でこれを定める」と述べている。地方自治の本旨とは何かについて、憲法は特に説明していないが、地方公共団体の組織や運営の基本になるものであることは憲法の規定から明らかである。

　欧米で発達した地方自治の歴史をみると、地方自治の基本は団体自治と住民自治の2つがあり、憲法のいう「地方自治の本旨」もこの2つを指しているといわれる（図表6-1）。

　団体自治は、ドイツやフランスにおいて発達した自治の制度で、国との関係で自治を捉えるものである。すなわち、自治体が法的に国の下部機構や出先機関ではなく、独立した団体として存在し（法律的にいえば、法人格を有するということ）、その団体が自己の責任で、自己の固有の仕事を自己の機関で処理することをいうのである。

　住民自治とは、イギリスの自治の歴史に基づき、地域の政治や行政を地域住民の意思に基づいて処理することをいう。住民自らが政治の方針を決定し、あるいは決定手続に参加し（直接民主主義）、または住民の代表者を住民自らが選びこれに政治や行政の権限を委託する（間接民主主義）システムを住民自治というのである。

　団体自治と住民自治は、それぞれの歴史の中で形成されてきた。わが国では、戦前は自治の歴史を十分には持ちえなかったが、憲法のいう「地方自治の本旨」は、両者が結びあって地方自治を完成させるものと解される。自治についての法律や制度は、この「地方自治の本旨」に反してはならず、運用もこれ

に沿って行われなければならないのである。

━━ さらに調べてみよう ━━
・地方自治の保障について、固有権説、伝来説、制度的保障説が唱えられている。どういう意味か。また、本文で述べた団体自治・住民自治の関係はどうなっているのだろうか。

Ⅱ　地方公共団体の種類と行政組織

━━ 本節のポイント ━━
・普通地方公共団体と特別地方公共団体はどのような違いがあるのだろうか。
・地方自治は都道府県と市町村の二層になっている。その役割はどう違うのか。都と道と府と県、市と町と村で性質や役割に違いがあるのだろうか。
・地方自治体の組織は首長制であるが、議会による不信任決議とそれに対抗する長の議会解散権など議院内閣制の要素も取り入れていることを理解しよう。

1　地方公共団体の種類

　地方公共団体とは、地方自治を行うことを目的とする団体である。通常地方自治体あるいは単に自治体といわれる。憲法は地方公共団体とは何かについて直接定義していない。地方自治についての基本的法律である地方自治法は、地方公共団体の種類を普通地方公共団体と特別地方公共団体に分け、さらに前者を2段階6種類、後者を3種類に分けている（地自1条の3）（**図表6-2**参照）。いずれも国から独立した団体であり（法律的にいえば、法人格を有する—地自2条1項）、行政を担当する団体である。しかし、憲法は、地方公共団体について、議会の設置、長・議員の直接選挙、条例制定権を定めており（憲93条・94条）、これからみると地方自治法の規定する地方公共団体が即憲法上の地方公共団体とはいえないことになる（特別地方公共団体の中には長・議員の直接選挙制度や条例制定権を有しない団体がある。都道府県と市町村が憲法上の地方公共団体であることは疑いがない。特別区については議論があるが、積極に解したい）。本節では、地方自治法に定める地方公共団体について概観しておく。

図表6-2　地方自治法上の地方公共団体

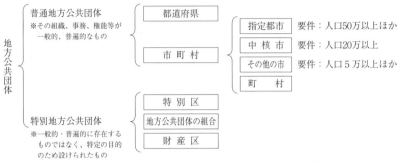

普通地方公共団体
※その組織、事務、権能等が
　一般的、普遍的なもの

都道府県

市 町 村

指定都市　要件：人口50万以上ほか

中 核 市　要件：人口20万以上

その他の市　要件：人口5万以上ほか

町　　村

特別地方公共団体
※一般的・普遍的に存在する
　ものではなく、特定の目的
　のため設けられたもの

特 別 区

地方公共団体の組合

財 産 区

地方公共団体

注：市町村の合併の特例に関する法律は、「合併特例区」も特別地方公共団体としている（27条）

判例　**最判昭和38年3月27日：憲法上の地方公共団体**

　最高裁判所は、憲法上の地方公共団体というためには、①法律で地方公共団体として取り扱われているということだけでは足らず、②事実上住民が経済的文化的に密接な共同生活を営み、共同体意識を持っているという社会的基盤が存在し、③沿革的にみても、また現実の行政の上においても、相当程度の自主立法権、自主行政権、自主財政権等地方自治の基本的権能を付与された地域団体であることを必要とするとしている。

2　普通地方公共団体

　普通地方公共団体とは、包括的に広範な事務（仕事）を担い、普遍的（どこにでも）に存在する地方公共団体である。都道府県と市町村の二重構造をなしている。市町村は基礎的自治体であり、都道府県は市町村を包含する広域の自治体である（地自2条3項・5項）。両者は、法的に対等な団体であり、市町村は都道府県の内部団体ではない。

　京都はなぜ府で、奈良は県か。都・道・府・県の名称は沿革的理由に基づくものであり、その機能や権限において基本的な差異はない。ただ東京都は大都市行政の必要性から、北海道は広域行政の必要性から若干の特例が置かれている（地自281条以下・155条等）。

　市町村の規模は人口200人程度（東京都青ケ島村）から370万人余り（横浜市）まで様々である。市・町・村の間には基礎的地方公共団体としての性格には差

異はないものの、規模によって事務（仕事）の配分、行政組織などにおいて若干の区別がある（例えば、生保19条、建基4条）。

　市のうち、政令で指定する人口50万人以上（実際の指定のめやすは人口70万人といわれる）の市は、政令指定都市と呼ばれ、府県に近い権限が与えられている（地自252条の19）。また人口20万人等の一定の要件を満たし政令で指定された都市は、中核市と呼ばれ、政令指定都市に準じた権限が与えられている（地自252条の22以下）。

3　特別地方公共団体

　特別地方公共団体とは、特定の政策的見地から設けられたものでその存在、組織および権能等において特殊な地方的団体であり、次の3種類がある。

　①特別区　　東京都に置かれている23区（例、新宿区、渋谷区）を特別区という（地自281条1項。なお、2012年に大都市地域における特別区の設置に関する法律が制定され、一定要件を満たせば東京都以外にも特別区を置くことが可能となった）。大都市行政の一体性を確保するためであり、かつては権能もいくぶん制約されていたが、現在では、区長も公選されており、その権能も一部を除き市とほとんど変わらない。

　②地方公共団体の組合　　地方公共団体が共同で事務を行うために置く公共団体である（地自284条以下）。一部事務組合が代表的である。例えばゴミおよびし尿処理施設、消防・救急などの防災機関、伝染病隔離病舎の設置などのように、1つの自治体のみでは経済性や効率性が劣る場合に組合を設置して、共同で事務処理をすることができる。

　その後地方公共団体の組合の一種として広域連合が置かれた（地自284条1項・291条の2以下）。広域的行政のため、都道府県を含む複数の地方公共団体で設立される点は、一部事務組合と同様である。広域連合に対しては、国または都道府県から直接権限・事務の委任が行われる。住民は広域連合の条例の制定改廃等の直接請求を行うことができ、また、議員・長を直接公選で選ぶことも可能である。一部事務組合は、同一の事務を共同で行うが、広域連合は、異なる事務を持ち寄って処理することが可能である（例、島根県と4町村で構成される隠岐広域連合）。

③財産区　　市町村の内部の一部で財産（例えば、山林、原野、墓地、有価証券など）を有していたり公の施設（例えば、公会堂、公民館）を設けている場合、その管理を行うために設置される公共団体である（地自294条以下）。

4　地方公共団体の組織

　普通地方公共団体の統治構造は、いわゆる首長主義を採用している。すなわち、長も議会議員もともに住民によって直接選出されている（憲93条）。

　議会は住民の代表機関であり、地方公共団体の政治行政の重要事項についてその決定に参与し、また条例を制定する権能を有する（地自96条）。地方自治法は、「町村は、条例で、……議会を置かず、選挙権を有する者の総会を設けることができる」（地自94条）（住民総会）と規定している。憲法の求める議会設置（憲93条1項）との関係が問題となるが、住民総会は、地方自治の本旨により適合するものであるから憲法違反とはならないと解される。

　長（知事、市町村長）は地方公共団体の執行機関であり、その公共団体を統轄し、代表する（地自147条）。長以外の執行機関として、複数の委員で構成される委員会（例、教育委員会、選挙管理委員会）と単独の委員で職務を行う委員（例、監査委員）がある（地自180条の5）。これは執行機関の多元主義と呼ばれ、長へ権限が集中するのを避けるためであり、また、公正中立な行政を確保するためである。

　長と議会の考えが食い違った場合の調整方法としては次の3つがある。まず、長は議会に対し拒否権を持つ（地自176条・177条）。すなわち議会の議決に異議があるときは、長はそれを再議に付すことができる。特に違法な議決・選挙があったと考える場合は一定の手続を踏んだ上で裁判所に出訴することができる。第2に、議会は長を不信任することができる。これに対し、長は議会を解散することができる。解散しない場合は長は失職する（地自178条）。第3に、専決処分である。専決処分とは、本来議会が議決すべき事項を長が処分するものである（地自179条）。

┌─ さらに調べてみよう ─────────────────────────────────┐

・都道府県と市町村の二層制は憲法の要請するところか（仮に都道府県を廃止したら憲法
　違反になるか）。
・東京都の特別区と政令指定都市の区はどう違うのか。
・道州制とは何か。
・自治体の組織は画一化されているといわれるがどういう意味か。

└──┘

Ⅲ　地方公共団体の事務・国と自治体の関係

┌─ 本節のポイント ─────────────────────────────────┐

・国、県、市町村の間の役割分担はどうなっているか。二重行政、三重行政になっ
　ていないか。
・自治体は自己の責任で自治行政を行う。しかし、それは国と無関係というわけに
　はいかない。国が自治体に対して法的に関与する場合があるが、その仕組みはど
　うなっているか。

└──┘

1　事務の配分

　第Ⅰ節で述べたが、行政を担当している団体の主なものは、国・都道府県・
市町村である（その他にも行政の一部を担当している法人がある。第4章Ⅰ参照）。
これらの3種の団体に行政の機能や権限が適正に配分される必要がある。事務
の配分の基準としては、戦後日本の税制を調査したアメリカのシャープ使節団
が、行政責任明確化の原則、能率主義の原則、地方自治尊重の原則、特に市町
村優先の原則の3原則を挙げた（1949年）。事務の配分の考え方として今日でも
高く評価されている原則である。

　地方自治法1条の2第2項は、国の事務としては、①国際社会における国家
としての存立にかかわる事務（例、国防、外交、通貨）、②全国的に統一して定
めることが望ましい国民の諸活動もしくは地方自治に関する基本的な準則に関
する事務（例、生活保護基準、労働基準）、③全国的な規模でもしくは全国的な視
点に立って行わなければならない施策および事業の実施（例、公的年金、宇宙開
発）、④その他国が本来果たすべき役割、を重点的に担うものとした。

　住民に身近な行政はできる限り地方公共団体に委ねることを基本としている（地自1条の2第2項）が、その際、都道府県と市町村の間の事務の配分はどうなるか。都道府県は、市町村を包括する広域の地方公共団体として、①広域にわたる事務、②市町村に関する連絡調整に関する事務、③規模または性質において一般の市町村が処理することが適当でない事務（補完事務）、を分担する（地自2条5項）。市町村は、これ以外の地域における事務（地自2条2項・3項）を処理するが、都道府県が処理するとされる事務のうち上記③の事務については、「当該市町村の規模及び能力に応じて」処理することができる（地自2条4項）。市町村への事務の委譲を進める趣旨である。

2　自治体の事務

　自治体は、地域における事務（地域事務）およびその他の事務で法律や政令により自治体が処理することとされている事務を処理する（地自2条2項）。自治体における事務はほとんど地域事務であり、その他の事務は例外的である（例、根室市における北方領土に本籍を有するものの戸籍事務）。地域事務は、その性質に応じて、自治事務と法定受託事務に分類される。自治事務の法律上の定義は、自治体が処理する事務のうち法定受託事務以外のものをいう、とされる（地自2条8項）。自治体が自治権に基づきもともと自己の仕事として行うものと考えてよい。

　それでは法定受託事務とは何か。法令に基づき自治体が行ってはいるが、本来は国の役割に係る仕事で、適正な処理を確保する必要があると法令で定めるものである（正確には地方自治法2条9項1号を参照せよ）。法定受託事務には、2種類あり、本来は国の役割に係る事務で都道府県または市町村が処理する事務を第1号法定受託事務（地自2条9項1号）、本来は都道府県の役割に係る事務で市町村が処理する事務を第2号法定受託事務（地自2条9項2号）という。

　法定受託事務は、1999年の地方自治法の改正によって登場した。それ以前の機関委任事務を廃止する中で生まれた概念である。機関委任事務とは、知事・市町村長を国の機関（手足）と位置づけた上で、国の事務を処理させる仕組みであり、自治事務と根本的に異なる性質を持っていた。現行法における自治事務と法定受託事務の違いは、行政不服審査（地自255条の2）と国等の関与の違

図表6-3　国の関与の種類

自治事務	法定受託事務
助言又は勧告 資料の提出の要求 是正の要求	助言または勧告 資料の提出の要求 同意 許可、認可又は承認 指示 代執行

いにある。国の関与については次に述べる。

3　国の関与

　1999年地方分権一括法が成立し、自治体を「国の下請機関」化していた機関委任事務制度は廃止された。国と自治体の関係は、それまでの「上下・主従」の関係から「対等・協力」の関係に変わったのである。

　国と自治体が対等・協力を原則とする以上、国が自治体に対して一般的包括的な指揮監督権を持たないのは当然である。地方自治法は、国の関与について、①関与の原則、②関与できる場合とその種類、③関与する場合の手続を明示している。

　まず、関与の原則について述べる。地方自治法は、関与は、法律・政令によらなければならない（地自245条の2）と、関与の法定主義を規定する。関与の基本原則として、その目的を達成するのに必要最小限のものとするとともに、普通地方公共団体の自主性および自立性に配慮しなければならない（地自245条の3第1項）、としている。

　次に関与の種類は**図表6-3**のとおりである。

　その他に、協議（地自245条2号）、さらに一定の目的を実現するため具体的かつ個別的に関わる行為（同条3号）も認められている。

　これらの関与を行うには、書面の交付、許可・認可の審査基準・標準処理期間の設定・公表など一定の手続的ルールが定められている。

　代執行は法定受託事務の管理もしくは執行が違法である場合についての関与方式である（地自245条の8）。国が直接執行するという意味で強度の関与である。その大要は次のとおりである。各大臣は知事に対して違反の是正を勧告す

ることができる。勧告に従わない場合は、指示することができる。指示に従わ
ない場合は、各大臣は、高等裁判所に対して訴えをもって、当該事項を行うべ
きことを命じる旨の裁判を請求することができる。高等裁判所は、各大臣の請
求に理由があると認めるときは、知事に対して当該事項を行うべきことを命じ
る旨の裁判をしなければならない。

4　国と地方の係争処理

　国と自治体が、上下の関係にあれば、自治体に異見があっても国の指揮監督
権の発動で処理されるが、対等の関係であれば、紛争が生じる可能性がある。
紛争の処理を公正に行う機関として、国地方係争処理委員会（以下、委員会）
が置かれる（地自250条の7～250条の12）。委員会は、総務省に置かれ、内閣総理
大臣によって任命された5人の委員で組織される。

　委員会の所掌する対象と審査の手続は次のとおりである（地自250条の13～250
条の20）。まず対象とするのは、長その他の執行機関の担任する事務について、
国が公権力の行使に当たる関与を行った場合に、不服のある自治体の長・執行
機関の方から、文書で申出をすることで審査が開始される。国の側からの審査
の申出の制度はない。なお、国の関与に対して不服があっても自治体の長・執
行機関から審査の申出がない事態が相次いだため、2012年の地方自治法改正に
よって大臣が当該自治体の不作為について違法確認の訴訟を提起できることに
なった（地自251条の7。103頁 **判例** 参照）。

　審査の申出があった場合の手続は次のとおりである。委員会は、自治事務に
関する国の関与が違法でなくかつ自治体の自主性・自立性尊重の観点から不当
でないと認めるときは、その旨を通知する。違法または不当と認めるときは、
国の行政庁に、必要な措置を講ずべきことを勧告する。法定受託事務について
は、不当の場合は特に規定がなく、違法か否かのみが審査される。勧告を受け
た国の行政庁は、必要な措置を講じなければならない。

　審査の申出をした自治体は、委員会の審査の結果または勧告に不服があると
き、勧告を受けた行政庁の措置に不服があるとき等の場合は、国の行政庁を被
告として高等裁判所に訴えを提起することができる。

┌─ さらに調べてみよう ─────────────────────
- ・旧地方自治法の機関委任事務の問題点は何だったのか。旧地方自治法の下では団体委任事務とされる事務もあった。機関委任事務と団体委任事務はどう違ったか。
- ・国・都道府県・市町村の間の役割分担に関して補完性の原則がいわれる。補完性の原則とは何か。
- ・2011年「国と地方の協議の場に関する法律」が制定された。当時の政権の目玉政策であった「地域主権改革」と、この法律の目的を調べてみよう。
- ・都道府県と市町村の間の紛争処理機関について調べてみよう（地自251条参照）。
└──────────────────────────────

Ⅳ　自治立法権

本節のポイント
- ・自治体は条例の形で自主法を制定することができるが、条例の制定権には限界がある。法律との関係が特に重要である。

1　条例制定権

　憲法94条は、地方公共団体は「条例を制定することができる」と規定して自治体の自主立法権を保障した。憲法94条にいう条例とは、地方公共団体の議会の制定する条例（狭義の条例）、長の制定する規則、各種委員会の制定する規則を含むが、重要なものは狭義の条例であり、ここでは主として狭義の条例について述べる。地方自治の存在意義が定着するにつれ条例の果たす役割も増大してきた。地方公共団体は、住民の生活の擁護者としてあるいは地域づくりの担い手として独自の条例を制定するようになり、それに伴い条例制定権の限界がしばしば問題となるようになった。

2　条例制定権の限界

　条例は「法律の範囲内」（憲94条）でなければならず、「法令に違反しない限り」（地自14条1項）で制定することができる。問題は、条例と法令が抵触するかどうかはどのような基準で判断すればよいのかという点にある。最高裁判所は、「両者の対象事項と規定文言を対比するのみでなく、それぞれの趣旨、目

的、内容及び効果を比較し、両者の間に矛盾抵触があるかどうかによつてこれを決しなければならない」（徳島市公安条例事件、最大判昭和50年9月10日）としている。

　例えば、かつて公害について法律よりも強い規制を条例で行うことができるかが問題となった。伝統的理解では、両者の関係を形式的に解して、法律による規制が存在する以上それと同じ目的でもって条例がより強い規制を行うのは法律の先占領域を犯すことになり違法となるとしていた。しかし、公害対策を強める自治体の努力とともに新しい解釈論が示されるようになった。すなわち、法律の定める基準は全国一律に適用される最低基準なのであり、自治体は地域の実状に応じてより厳しい規制を可能とするのである。前記の最高裁判所の判例も（道路交通法と公安条例についてであるが）、両者が同一の目的に出たものであっても、法令がその規定によって全国的に一律に同一内容の規制を施す趣旨ではなく、それぞれの自治体において、その地方の実状に応じて別段の規制をすることを容認する趣旨であるときは、法令と条例との間には抵触はなく、条例が国の法令に違反する問題は生じないと述べている。

　なお条例は、国の事務については規定することはできず、地域における事務（地自2条2項）に限定される。したがって自治事務だけでなく法定受託事務についても法令の範囲内で規定することができる。

判例 最判昭和37年5月30日：条例への罰則の委任が問題となった事件

　憲法31条は、法律に定める手続によらなければ刑罰を科せられない、と定める。条例で罰則を定めることが可能であろうか。

　最高裁判所は、①憲法31条は必ずしも刑罰がすべて法律そのもので定められなければならないとするものではないが、一般的白紙委任的なものであってはならないこと、②地方自治法14条5項〔現在は3項〕による罰則の範囲が限定されていること、③条例は、公選の議員をもって組織する地方公共団体の議会の議決を経て制定される法律に類するものであること、から憲法31条に反しないとした。

さらに調べてみよう

・上乗せ条例の他に横だし条例、すそ切り条例がある。例を挙げながら法令との関係を考えてみよう。

V　地方公共団体の住民

本節のポイント

・住民登録なしでも生活の本拠である住所があれば住民である。生活の本拠は何を基準にするのだろうか。
・国政においては国民が直接参加できるのはほぼ選挙に限られるが、自治体において住民には、住民自治が具体化された様々な権利がある。

1　住民の意義

　「市町村の区域内に住所を有する者は、当該市町村及びこれを包括する都道府県の住民とする」（地自10条 1 項）。それでは住所とは何かが問題であるが、特段の規定はない。生活の本拠（民22条参照）があれば住所があるとするのが通説である。すなわち、生活の本拠があれば、住民登録などの特別の行為なしでその自治体の住民であることになる。住所があれば外国人も住民である。

2　住民の権利

　自治体住民の自治への参加の手段として、憲法93条 2 項は、住民に対し「長、その議会の議員及び法律の定めるその他の吏員」を直接選挙する権利、および95条は、「一の地方公共団体のみに適用される特別法」（地方自治特別法）について住民投票の権利を保障している。これを受け、さらに法律で次のような諸権利が規定されている。

　①自治体のサービスを平等に受ける権利（地自10条 2 項）　　公園や公民館を利用する、生活保護を受ける、水道を引く、ゴミを収集してもらうなどのサービスを、性別・収入・身分・出身地・思想信条・宗教などの区別なく平等に受けることができる。

　②選挙に参加する権利（地自11条・17〜19条）　　地方自治体の長（知事・市町村長）や議員の選挙に立候補したり、投票する権利である。憲法93条 2 項のいう「その他の吏員」は、かつては教育委員があったが、現在はない。

　③直接請求をする権利（地自12・13条・74〜88条）　　住民の声を直接政治に

図表6-4　直接請求

種類	請求の要件	請求先	効果
条例制定改廃請求	有権者の50分の1以上の連署	地方公共団体の長	議会に付議、議会の議決により決定される
事務の監査請求	有権者の50分の1以上の連署	監査委員	監査の実施、監査の公表 長や関係者への報告
議会解散請求	有権者の原則3分の1以上の連署※	選挙管理委員会	有権者の投票にかける　過半数の同意があれば解散
議員の解職請求	有権者の原則3分の1以上の連署※	選挙管理委員会	有権者の投票にかける　過半数の同意があれば解職
長の解職請求	有権者の原則3分の1以上の連署※	選挙管理委員会	住民投票にかける　過半数の同意があれば解職
特定公務員の解職請求権	有権者の原則3分の1以上の連署※	地方公共団体の長	長が議会に付議、議員の3分の2以上が出席し4分の3以上の賛成があれば解職

※大都市について特例が定められている。

反映させるための権利である。有権者の一定数以上の連署が必要である。内容としては、(i)新しい条例の制定を求めたり、あるいは現行の条例の改正を求める権利、(ii)監査委員に対して、自治体の事務の監査をするよう求める権利、(iii)議会の解散を求める権利、(iv)長、議員、副知事、副市町村長、選挙管理委員等をやめさせるよう要求する権利である（**図表6-4**参照）（直接請求のような直接民主主義的制度は、国政のレベルでは最高裁判所の裁判官の国民審査に限られている）。

　④住民投票権　　住民の意思をはっきりさせるための投票権である（次項を参照）。

　⑤住民監査請求・住民訴訟（地自242条・242条の2）　　地方自治体の財務や会計で不正や不当があったと思われるとき、その是正を求める権利である。住民の連署を必要とせず、ひとりでもできることが特徴である。まず、監査委員に監査を求め、その結果に不服があれば、裁判所に訴えでることもできる（第**18**章6民衆訴訟を参照）。

3　住民参加

　実定法上の住民の権利は以上のようなものであるが、以下では住民参加の法的論点についてふれる。

　第1に、従来、直接請求などの直接参加は間接民主主義を補完するものと説かれていた。しかし、直接参加は住民自治を実質化するものであり、さらに、憲法原理としての国民（人民）主権の理念に立てば、これらの制度は憲法から要求されている制度ということになる。

　直接参加の中でも今日的課題は、住民投票である。前述したように、現行法上の広義の住民投票には、憲法95条の地方自治特別法に関する住民投票があり、また、地方自治法上リコールの成立に伴う住民投票（地自76条3項・80条3項・81条2項）があるが、一般的制度は設けられていない。しかし、住民が主権者として直接に政策の決定に賛否を表明する制度は、人民主権に根拠を有することになる。近年、個別の案件（例、原子力発電所の設置の是非、市町村合併の賛否）について個別に住民投票条例を制定し住民投票を行う例が増えている。

　第2に、参加を権利として把握する必要である。自治権を新しい人権として捉える発想が説かれている。住民自治権の憲法上の根拠として国民主権とともに、13条を挙げることができる。すなわち、自治に参加をすることは、幸福追求の一環なのである。

　第3に、行政の意思決定過程および執行過程への住民の参加の権利は、同時に行政の合理化としての側面を持つであろう。住民の多様な要求は時には相互に矛盾する。結論の妥当性を担保するものは、それに至るプロセスである。住民自治、すなわち行政の意思決定過程と執行過程への住民の積極的参加によって、行政の決定の合理性が担保されよう。

（さらに調べてみよう）
・住民の義務はどうなっているか。
・直接民主主義より間接民主主義の方がよい制度とする考えがある。どのような理由によるのだろうか。

第7章　行政による活動基準の設定

I　行政過程における位置づけ

本節のポイント

・行政による活動基準の設定行為は、行政過程においてどのような役割を果たしているか、法律および行政の個別具体的な活動と対比させながら理解しよう。

　行政による活動基準の設定とは、行政に関する一般的抽象的な規範である法律や条例と、これに基づいて直接国民の具体的な権利義務を変動する行政行為やその他の行政による法律の個別具体的な執行的活動の中間に位置づけられる行政活動の段階である。

　このような行政活動として、行政法学においては古くから、政省令の制定など行政による立法的活動（行政立法）が取り上げられてきたが、近年ではこれに加えて行政による計画策定も注目されるようになってきた。

　行政による活動基準の設定が必要とされる理由は、法律や条例という形での議会立法では、現代行政に求められる諸課題に対する機動的・即応的な対応や専門的・技術的な対応の点において、不十分にならざるをえない場面が増大していることが挙げられる。

　行政による活動基準に共通する特徴として、第1に、法律を補充する役割がある。すなわち、法律における基本的・抽象的な決定を受けて、技術的な事項や状況の変化によって見直す必要がある事項を定めている。第2に、法律に比べて改正や変更の手続が容易であるという特徴がある。課題に対する機動的・即応的な対応の必要性から帰結される。第3に、法律の単純な執行活動に比べて、どのような内容の行政立法や行政計画を定めるかについて、行政に大幅な裁量が認められるという特徴がある。

　他方、両者の異なる点としては、行政立法においては技術的な事項について法律を補充する要素が多いのに対して、行政計画は、法律の補充・具体化に加えて、法律が規定する基本的価値をさらに具体化する価値を創造しているものが比較的多いことが挙げられる。場合によっては計画に基づいて法律が制定されることもある。

Ⅱ　行　政　立　法

本節のポイント

・行政立法は、現代国家においては、不可欠なものとして多く用いられている。その存在理由や必要性について考えてみよう。
・行政立法は、一般的に、国民の権利義務との関係から、法規命令と行政規則とに大きく分類される。特に国民の権利義務に関わる法規命令は「法律による行政」の原理との関係ではどうなっているのか、理解しよう。
・立法権から委任を受けて、行政権が立法作用を行う立法を委任立法というが、その限界を判例などをとおして理解しよう。

1　概　　　説

(1)　行政立法の必然性・必要性

　行政立法とは、行政権が「立法」することであるが、それは権力分立体制を厳格に維持する立場からすると、論理的に言って矛盾することになる。つまり、「立法」は、国民の代表者からなる国会の権限に属するべきである、と考えられるからである。

　しかし、国家理念の、「自由国家」から「社会国家」への変遷とともに、行政活動の内容も複雑かつ専門化し、それに応じるための技術的な法規範も膨大な量に増えた。このような状況の下では、法規範のすべてをその細部にわたって国会の定立する法律の形式の下に盛り込むことは、事実上不可能であるし、また政策的にいっても適切であるとはいえない。そこで、法律がその大綱――骨組立法――を定め、その細目的・技術的事項については、行政内部の弾力的処理に委ねることにしたのである。しかし、このような理由を認めたとしても、行政が国民の代表者による国会の統制を逸脱したり、国会が、行政機関に

依存したりすることは許されないのは当然である。

(2) 日本国憲法と行政立法

日本国憲法では、国会が「唯一の立法機関」である（憲41条）ことを前提に、憲法73条6号で内閣は「憲法及び法律の規定を実施するため、政令を制定すること」と規定している。これは、行政立法の「執行命令」を定めたものである、ということができる。そして、その但書では、「政令には、特にその法律の委任がある場合を除いては、罰則を設けることができない」と定めている。これは、「法律の委任」、つまり、法律による「委任命令」の承認を示唆したものである、と理解されている。このように、日本国憲法では、行政立法として、執行命令と委任命令が認められているといわれている。

なお、地方自治体の議会が制定する条例は、行政立法に含めて理解することはできない。それは、行政立法は法律にその根拠を置いて制定されるが、条例は、法律の委任に基づいて制定されるもの——委任条例——を除くと、原則として、憲法にその根拠を置くところの法規範である（憲94条）。また制定機関も、地方自治体の住民の公選の議員をもって組織される民主的基盤をもった、議会立法によるものである。その意味でも、行政立法と条例の性質を同一視することはできないからである。

(3) 行政立法の内容——法規命令と行政規則

行政立法は、これを内容的に分類すると、「法規」——国民の権利・義務に関係ある法規範——の性質を有するものと、法規の性質を有しないものと、2つの種類に分けることができる。そして、一般に、前者を「法規命令」といい、後者を「行政規則」あるいは「行政命令」と称している。

法規命令は、国民の権利・義務に関する法規範であることから、「法律による行政」の原理の観点からすると、行政機関が法律から独立してそれを定めることはできないが、行政規則は、行政機関の内部組織に関する定めや、公の施設についての利用規則などであるから、行政機関としては、法律に根拠がなくても、それを定めることができる。

ところで、行政手続法の「命令等」（行手2条）——法規命令のみならず、行政規則に分類されるものも含まれる——の策定にあたっては、事前に、関連資料や案を提示し広く国民から意見・情報を募集するという「意見公募手続」

図表7‑1　行政立法の内容による分類

	区　別		名　称	内　容
行政立法	法規性有	法規命令	委任命令	法律の委任に基づき、法律内容を補充・具体化するなど、新たに国民の権利義務関係を創設する定め
			執行命令	法律で定められた内容を実現するための手続に関する定め
	法規性無		行政規則	行政の内部事項や内部規律に関する定め。直接国民の権利義務に関係しないため、法律の授権を要しない

（行手39条以下）が法制化されている。行政立法の策定には、行政権の広い裁量が存在するため、手続面においても統制していくことが強く求められる（第**11**章Ⅱ7参照）。

2　法規命令

(1)　法規命令の意義と種類

　法規命令とは、行政立法のうち、法規たる性質を有する定め、つまり、行政権が定立するところの国民の権利・義務に関する法規範のことである。

　行政庁が政令・省令・規則の形式で制定する命令は、通例、法規命令に属するといえよう。ただ、法規命令というのは、実定法上の用語ではないので、したがって、これを形式的概念としてではなく、実質的概念として捉える必要がある。つまり、一方では、国民一般に対する命令の形式をとるものであっても、必ずしも法規命令の性質を持たず、後述の行政規則や行政処分の性質を持つものがあるし、他方では、命令の形式をとらず、例えば、告示・訓令・通達の形式をとって制定されたものであっても、実質的には法規命令の性質を有するものもあるからである。

　ところで、法規命令は、種々の標準によって区分されるが、ここでは、次の2つの区分を挙げるにとどめる。

　(イ)　授権関係に基づいての区分　　法律との授権関係から、執行命令と委任命令とが区分される。

　執行命令は、法律の内容を実現するための手続に関する定めをいう。例えば、許認可等の申請書・届出の書式を定めるなどである。委任命令は、法律の委任に基づいて、法律の内容を補充し具体化する定めをいう。例えば、大気汚

図表7-2　法規命令の制定機関による分類

	名　称	制定機関	根拠法
国	政　令	内　閣	憲法73条6号
	内閣府令	内閣総理大臣	内閣府設置法7条3号
	省　令	各省大臣	国家行政組織法12条
	外局規則	各庁長官、委員会	国家行政組織法13条、独占禁止法76条等
	独立機関の規則	会計検査院、人事院	会計検査院法38条、国家公務員法16条
自治体	規　則	地方公共団体の長	地方自治法15条1項
		各委員会	地方自治法138条の4第2項

染防止法3条や水質汚濁防止法3条に基づき環境省令で排出（水）基準を定める等である。もっとも、執行命令と委任命令の区分は必ずしも明瞭であるとはいえない。

　(ロ)　行政庁の権限の所在による区分　　行政庁の制定権限の所在によって、政令・府令・省令・規則等に区分することができる。

　①政令は、内閣の発する命令である（憲73条6号）。

　②内閣府令は、内閣総理大臣が内閣府の長として発する命令である（内閣府7条3号）。

　③省令は、各大臣が主任の行政事務について、法律もしくは政令を施行するため、または法律もしくは政令の特別の委任に基づいて、それぞれの命令として発するものである（行組12条）。

　④外局規則は、各委員会および各庁の長官が、別に法律の定めるところにより、自ら発する命令である（行組13条、独禁76条など）。

　⑤独立機関の規則は、憲法・法律上、その権限行使の独立を保障されている特殊な行政機関（会計検査院・人事院）が、その権限に属する事項について発する命令である（会計検査院38条、国公16条）。

　⑥地方自治体の規則は、知事や市町村長の規則（地自15条1項）、教育委員会規則（地自138条の4第2項）、公安委員会規則（警38条5項）などがある。

　(2)　**法規命令の根拠と限界**

　(イ)　法規命令の根拠　　国会を唯一の立法機関とする日本国憲法の下においては、行政権による立法は厳しく制限される。したがって、明治憲法下の独立

命令や緊急命令——ともに法律に根拠を持たない法規命令——は、ここでは、その存在の余地を認めることはできない。法律その他の法令を執行するための執行命令と法律の委任に基づく委任命令が認められるにすぎないのである。

ところで、執行命令は、憲法の趣旨からいって明らかにその存在が是認されるのであるが、委任命令については、憲法はこれを正面から認めているとはいえない。しかし、実際上の必要と立法技術上の要請に基づき、憲法73条6号但書はこれを予想しているものと理解すべきである。つまり、立法の対象となる事項の中には、①専門・技術的事項、②事情の変化に機敏に即応すべき事項、③地域の特殊性に対応すべき事項、④客観的公正さが要求される事項など、国会が自ら規律するのにふさわしくない分野が存するので、これらについては、それぞれの適任の行政庁にその規律を委任する方が適当である、と考えられるからである。

㈡ 委任命令の限界　　国会が唯一の立法機関であるとする憲法上の原則からすると、委任命令への立法権の委任にはおのずから限界がある。まず、委任する方法が問題となる。つまり、「法律による行政」の原理——その要件の1つである「法律の法規創造力」（法律のみが法規を創造できるという原則）の意義——を失わせるような委任の仕方は許されない。立法府の行政庁への立法を委任する法律は、委任の目的や授権の範囲を具体的に明示し、行政庁に許される委任の範囲を明確に限定しておくべきである。

> **判例** 最判昭和33年5月1日：委任の方法と人事院規則（立法権の委任の方法が問題となった事例）
> 　国家公務員法102条1項で、国家公務員の政治的行為の制限ついて、人事院規則14—7で禁止する政治的行為の内容を委任している。具体的基準を設けず、広範囲に人事院規則に委ねたとして、その委任の仕方が白紙委任ではないかとして争われた。最高裁はこの点につき、違法・違憲ではないとした。

ついで、委任を受けた命令の内容も、その委任の範囲を超えていないかが、問題となる。委任命令の形で規定しうる事項は、授権法たる法律の補充的規定・特例的規定および解釈的規定にとどまるべきであり、この限度を超えて、法律そのものを廃止・変更するような規定を設けることは許されない（第一類

及び第二類医薬品の郵便販売等を一律に禁止した省令の規定は、授権法たる薬事法から
それらの規制の明確な範囲、程度等の委任を読み取れないとして違法であるとした判例
がある〔最判平成25年1月11日、医薬品ネット販売事件〕）。

判例 最判平成3年7月9日：監獄法事件（委任を受けた範囲を超えているとされた事例）

　旧監獄法50条は、接見に関する「制限」（接見そのものは認めた上で）は命令で定めるとしていた。これを受けて、旧監獄法施行規則124条で、14歳未満の者の幼年者と被勾留者との接見を「禁止」としたが、最高裁は、法の容認する被勾留者の接見の自由を制限しており、委任の範囲を超えているとした。

判例 最判平成14年1月31日：児童扶養手当法施行令事件（同上）

　児童扶養手当法（当時）は、都道府県知事は、4条1項の各号に定める児童（1号父母の婚姻解消、2号父の死亡、3号父が一定の障害にある場合、4号父の生死不明、5号その他これらに準ずる状態で政令で定めるもの）の母に児童扶養手当を支給すると定めていた。そして5号を受けて、同法施行令を定め、その1条の2第3号において「母が婚姻によらないで懐胎した児童（父から認知された児童を除く。）。」としていた。本件の母は、受給申請時は、受給資格を満たしていたが、その後、子の父の認知によって、施行令1条の2第3号に抵触し、受給資格喪失処分を受けた。そこで、母は、同号括弧書が憲法14条に違反するとして処分の取消しを求めたものである。最高裁は、児童扶養手当法4条1項は、世帯の生計維持者としての父の不存在の場合を類型化したものであるとし、法律上の父が存在するに至ったことのみをもって、受給資格喪失と同一視することはできないと述べ、施行令の括弧書が、法律の委任の範囲を逸脱した違法な規定として無効とした。その後、この判決を受け、上記の括弧書の部分は削除された。

判例 最判平成2年2月1日：サーベル事件（委任を受けた範囲を超えていないとされた事例）

　銃砲刀剣所持等取締法は、美術品として価値のある刀剣類を登録することで所持禁止の除外対象としている（3条1項6号・14条1項）。そして、登録は、登録審査委員の鑑定に基づくものとし、その鑑定基準を文部省令に委任し、これを受けた銃砲刀剣類登録規則は、日本刀についてだけ鑑定基準を定めていた。本件は、スペインで購入し、日本に持ち帰った外国刀剣（サーベル）について、登録が拒否されたものである。最高裁は、同法14条1項は、文言上、外国刀剣を除外していないものの、どのような刀剣類がわが国において文化財的価値があるかは、専門技術的な

判断を要し、係る視点から鑑定基準を定めることは、所管行政庁に一定の裁量権が
認められ、同法14条１項の趣旨を逸脱する無効なものとはいえないとした。

　また、罰則については、憲法が「特にその法律の委任がある場合を除いて
は、罰則を設けることができない」（憲73条６号）と定め、罰則の命令への委任
が厳重に制限されている。つまり、罰則については、特に法律で個別的・具体
的に委任する場合を除いては、一般的にはその委任が許されない、と解すべき
である。

3　行政規則

(1)　行政規則の意義

　行政立法のうち、法規たる性質を有しない定めが、ここにいう行政規則であ
る。これは、行政命令とか行政規程とか呼ばれることもある。その内容は、①
行政の内部組織や行政事務の分配に関する定め、②文書等の管理に関する定
め、③物的設備などの財産の管理に関する定め、④営造物管理規則など施設等
利用関係に関する定め、⑤職員の規律に関する定め、⑥各行政機関の行動基準
に関する定め、などがある。

　このように行政規則は、行政主体の内部関係の統制を図る目的で定められる
のであって、一般国民・裁判所を拘束せず、直ちに行政主体と国民との間の権
利義務関係が生ずるものではない。ただし、例えば、上記の施設利用関係で
は、規律する内容によっては、利用者に対する関係では、法規性を有するに至
る場合がある（国立学校の学生の学則違反による退学処分の場合の当該学則など）。
また行政機関の行動基準には、①法律などの解釈を示す基準（通達などによる解
釈基準）、②行政の裁量権行使に関する基準（裁量基準、行手５条・12条）、③行
政指導の際に用いる基準（行政指導指針、行手36条）、④補助金や融資等の基準
としての給付規則（補助金交付規則）、などの多様な機能が含まれているので、
実際上、行政の外部（国民）に対して大きな影響が生ずることに注意をしなけ
ればならない。

(2)　行政規則の形式

　行政規則の形式として、告示・訓令・通達・要綱などが挙げられる。しか

し、これらの形式をとりながら、その実質において、法規命令的要素を含んでいるものもある。

　⑷　告　示　　「公示を必要とする場合」の行政措置の一形式である（内閣府7条5項、行組14条1項）が、しかし、それは、行政規則の場合もあれば、法規命令、一般処分、単なる通知などの場合もある（告示の形式で公示された学習指導要領の法的性質—最判平成2年1月18日：伝習館高校事件）。

　⑿　訓令・通達　　行政官庁がその機関の所掌事務について「命令又は示達するため、所管の諸機関及び職員に対し」て発するものをいう（内閣府7条6項、行組14条2項）。ともに、行政実務の面で非常に大きな比重を占める。それ自体としては、法規命令たる性格を持つものではないが、ときには、法規の有権的解釈を示し、法規的意義を持つことがある（解釈基準）。その傾向は、特に租税通達にみられる。

　しかし、通達の示す解釈は、行政権の1つの解釈にすぎず、裁判所を拘束するものではないことは、いうまでもない（最判昭和43年12月24日参照）。

判例　**最判昭和33年3月28日：パチンコ球遊器事件**

　それまで物品税が課されていなかったパチンコ球遊器が旧物品税法にいう「遊戯具」（旧物品税法1条1項第2種丁類第38）に含まれるとした通達が発せられ、新たに課税された事件につき、法律に基づかない「通達による課税」になるのではないかが争われた。最高裁は、通達の内容が法の正しい解釈に合致しているならば、通達を契機として課税処分の変更がなされたとしても、それは、法律に基づく課税であるとして、憲法30条・84条の租税法律主義に違反しないとした。

　⒀　要　綱　　行政内規として定められた規範である。行政運営の指針として、職員の事務処理の基準から、給付、助成を行う事務取扱の基準、また行政指導を行う際の基準である「指導要綱」とその内容は多岐にわたる。国民を直接拘束する性質のものではないが、一部では、要綱行政といわれるように、対外的に国民・住民にその遵守を期待し、運用されている実態からその法的性質が問題となる場合がある（詳しくは、第*10*章Ⅰ4参照）。

(3)　行政規則の根拠

　行政規則は、国家と国民の間の権利・義務の関係を設定する法規たる定めを行うわけではないから、法律の授権を必要としない。行政権は当然の権能としてこれを定めることができる。ただし、行政規則は上記においてみたように法規の補充命令としての性質を持つことがあるから、その場合には、その法律の具体的委任がなければならない、と解するべきであろう。

【さらに調べてみよう】

・行政規則の多様な内容・機能が着目され、法規命令と行政規則との区別が相対化しているといわれる。それは、「行政規則の外部化現象」と対応して述べられることが多い。この外部化現象はどのようなものか。そして、それらをどう考えるか。さらに調べてみよう。📖 塩野宏『行政法Ⅰ〔第六版〕』（有斐閣、2015年）112頁以下
・行政機関が、行政規則に分類される行政の裁量基準〈申請に対する審査基準（行手5条1項〜3項等)〉を自ら定立し、公表することによって、「行政の自己拘束」が生じているという。どのようなことか、調べてみよう。📖 大橋洋一『行政法Ⅰ現代行政過程論〔第4版〕』（有斐閣、2019年）192頁以下

Ⅲ　行 政 計 画

【本節のポイント】

・他の行政手法（行為形式）と対比させたとき、行政計画はどのような特徴を有するか。
・行政計画に対する法的統制には、難しい課題がある。立法的統制と司法的統制の難しさの内容と手続的統制の重要性を理解しよう。

1　行政計画とは

(1)　行政計画の意義

　行政活動は法律に基づいて行われなければならないとするのが行政法の基本的な考え方である。しかし、法律が定める価値基準だけでは、各種の利害関係が多様化し、複雑化している現代行政に適切に対応できにくくなってきている。そこで1970年代以降、諸利害を一定の長期的な視野の中で調整し、施策の

方向性と具体的な施策を総合的に示す「計画」が注目されている。

　例えば代表的な行政計画として都市計画法に基づく都市計画がある。これは、地域の将来的な土地利用のありかたを規制・誘導するための都市計画（いわゆる「線引き」）、また市街地再開発事業のように都市改造に向けて積極的な事業を行う都市計画、公共的施設の計画的な整備のための都市計画など、多様な内容を含んでいる。これらはいずれも「都市の健全な発展と秩序ある整備」（都計1条）を図るために、将来的な地域の姿（目標）を提示し、それに向けての各種の事業や施策を総合的・体系的に組み合わせる役割を果たしている。

　「計画」という行政手法は、行政法学においては比較的新しい現代的な活動手段であり、これをどのように位置づけるかはなお今日的な課題である。

　行政計画の特徴として、①対象とする行政課題について、達成すべき目標をある程度具体的に設定するものであること（目標設定）、②この目標達成に必要な各種の（権力的・非権力的な）行政的手段や財政的措置などの政策手段と手順を総合的に提示すること（手段の総合性）、が挙げられる。

(2) 行政計画の種類

　今日、行政計画を定める法律は300を超え、これに基づいて約600の行政計画があるとされている。さらに法律に基づかない計画、自治体独自の計画を含めると膨大な数の計画が策定されていることになる。

　例えば、国土計画（全国計画、都道府県計画、市町村計画）、環境基本計画、道路整備計画、防衛計画、地球温暖化防止行動計画、男女共同参画計画などの抽象度の高い計画から、内容が具体的な、その意味では地域社会等への影響力の強い都市計画、港湾計画、国立公園計画、地域森林計画、地域医療計画、公害防止計画、景観計画などが策定されている。

　行政計画は、その性格、役割、内容において多種多様であり、概観することは容易ではないが、通常、次のような分類がなされている。

　①計画期間の長さにより「長期計画・中期計画・短期計画」

　②対象地域の広さにより「全国計画・地方計画・地域計画」

　③計画の位置づけにより「上位計画・中位計画・下位計画」

　④計画内容の具体性の程度により「基本計画・実施計画」

　⑤法律の根拠の有無により「法定計画・事実上の計画（非法定計画）」

⑥法的拘束力の有無により「拘束的計画・誘導的計画・指針的計画」

2　行政計画の法的性質

　行政計画には多様なものがあり、行政法学という観点からは、行政計画の法的性質という側面に着目する必要がある。行政計画は、基本的には国民の権利義務を直接的に変動するような法効果を有するものではない。したがって、非拘束的計画（誘導的計画・指針的計画）が原則である。

　しかし、非拘束的な行政計画であっても、行政機関の努力目標と位置づけられるものから、許認可の判断基準として機能するもの（例えば、廃棄物処理7条5項2号、医療7条の2第2項・第3項）や、他の行政機関が策定する計画に対して整合性を求めるもの（整合性を強く求める例として環境基本計画がある。環基15条）など、行政組織内部においては一定の拘束力を持つ計画がある。

　一方、行政計画の中には、国民に対して法効果を有するものもある。このような計画を拘束的な行政計画といい、計画において定められた内容は、当該計画に関係する者に対して、個別具体的ともいえるような権利制限効果を有し、あるいは一般的抽象的な権利制限効果を有したりする。

　例えば、都市計画が決定・告示されると計画区域内では、建築物の建築が制限され、新築や改築に際しては許可を受けなければならないなどの都市計画制限が生じ、また建築できる建築物の用途や建築物の規模（建ぺい率、容積率、斜線制限などで示される）が限定されるなどの効果が生じる。

3　行政計画に対する法的統制

(1)　立法的統制

　行政計画の策定・実施は行政機関による活動であるから、原則として立法的な統制に服さなければならない。

　しかし、法律の留保論において通説とされる侵害留保説によれば、行政計画が国民の権利義務に対して法効果を有する拘束的計画についてのみ、法律の根拠があればよいことになる。これに対して、行政計画は、国のあり方を基本的に定めるものであり、また各種政策の事実上の根拠となるものであるから、たとえ指針的な計画であっても法律に留保されるべきとする見解（重要事項留保

説)、国民の活動を誘導・制御する機能を有する公行政作用であることから、原則として法律の根拠が必要であるとする見解がある。国の計画が、事実上自治体の計画や政策を左右することもあり、地方分権の観点からも、立法的統制を可能な限り及ぼす必要がある。

(2) 司法的統制

(イ) 処分性の問題　通常、行政計画は、国民の権利義務に影響を与えない事実上の計画であり、また権利義務に影響を与えるとしてもそれは一般的、抽象的な法効果にすぎない。このため抗告訴訟の対象性（処分性）が否定されざるをえない（第*16*章Ⅰ2参照）。他方、計画を具体化する個別処分の段階で計画の違法性を争える状況が到来したとしても、計画が進展し既成事実が形成されてしまうという問題がある。

　処分性が問題となるのは、都市計画を中心とした拘束的行政計画である。

　(i)土地区画整理事業計画の決定・公告について、最高裁はかつて、いわゆる「青写真」論と「付随的効果」論に基づいて、計画決定の段階では訴訟事件としての「成熟性」を欠くとして処分性を否定した（最大判昭和41年2月23日）。この判断枠組みが、行政計画一般の司法的統制についての先例として重視されてきた。しかし、近年、最高裁はこの判例を変更して、土地区画整理事業計画の決定・公告の処分性を肯定した（下記**判例**参照）。

> **判例** **最大判平成20年9月10日：浜松市土地区画整理事業計画事件**
> 　浜松市が、駅の高架化と周辺の公共施設の整備のために土地区画整理事業を計画したことに対して、施行区域内の土地所有者らが取消訴訟を提起した事件。最高裁は、施行地区内の宅地所有権者等は、同事業計画決定・公告により、特段の事情がない限り手続に従って今後換地処分を受けるべき地位に立つことすなわち自己の権利に直接的な影響を受けることがほぼ確定すること、換地処分の段階で争訟の提起を認めても「実効的な権利救済」にはならないことを理由に、事業計画の決定・公告の処分性を認めた。

　(ii)このほか処分性が肯定された行政計画として、都市再開発法に基づく第2種市街地再開発事業の計画決定・公告があり、その理由として土地収用法の事業認定と同様の効果を有することを挙げている（最判平成4年11月26日）。また、

土地区画整理組合の設立認可（最判昭和60年12月17日）、市町村営の土地改良事業の事業施行認可（最判昭和61年2月13日）などの処分性が肯定されている。

　(ⅲ)これに対して、都市計画決定（用途地域指定）については処分性が否定されている。用途地域指定による権利制限効果は、法令が制定されたのと同様に当該地域内の不特定多数者に対する一般的抽象的なものにすぎず、後続の具体的処分の段階で争訟を提起すればよいとする（最判昭和57年4月22日）。

　以上のように、都市計画事業のような非完結型（事業型）の都市計画決定については概ね処分性が認められるといってよいが、地域地区のような完結型（土地利用規制型）の都市計画決定の処分性判断が課題として残っている。この点、前記平成20年最高裁判決のいう「実効的な権利救済」の観点から処分性の拡大を模索する方向性と、建築制限を受けない地位確認の訴えや計画の違法確認の訴えなど確認訴訟としての当事者訴訟を活用する方向性が説かれている。

　㈡　裁量の問題　　一般に、行政計画については法律の規律密度が低く、また、計画策定にあたっては諸利害を総合的に考慮して政策的かつ専門的に判断する必要があることから、どのような内容の計画を定めるかについて行政に広い裁量を認めざるをえない（行政計画に特有な裁量という意味から「計画裁量」という）。したがって、行政計画の処分性が肯定され本案において行政計画の違法性が審理されるとしても、その違法性が認定されることは容易ではない。

　このような計画裁量に対する統制基準としては一般の裁量統制論が妥当するが、都市計画の適法性が争われた事例（最判平成18年11月2日：小田急線高架化訴訟〔原告適格については229頁 **判例** 参照〕）において最高裁は、都市計画の基礎とされた重要な事実に誤認がある場合、事実に対する評価が明らかに合理性を欠く場合、判断の過程において考慮すべき事項を考慮しない場合、などによりその内容が社会通念に照らして著しく妥当性を欠くと認められる場合に限り、裁量権の逸脱・濫用があり、当該都市計画は違法と評価される、としている。

4　計画策定の手続と課題

　立法的統制および司法的統制が困難である行政計画にあっては、その法的統制手段として、計画策定手続への住民参加その他の手続的統制が重要である。

　かつて行政手続法の制定に際して、計画策定手続（特に土地利用規制計画と公

共事業実施計画の手続）の立法化が検討されたことがあるが、計画策定手続のあり方は今なお、個別の法律に委ねられている。

　計画策定のための手続として、広く採用されているのは審議会制度である（国土形成計画6条5項、国土利用計画5条3項、都計18条など）。審議会は、専門家や学識経験者に加えて、各種団体から推薦された者や、場合によっては公募によって参加する一般住民などで構成される。

　また、法令や条例に基づいて計画案を公衆に示し、意見を求めるパブリック・コメント手続が採用されている場合もある（都計17条）。公共事業計画にあっては、環境アセスメントの手続において広く住民の意見を求める手続が確立している（環境影響評価18条）。さらに住民の意見を直接聴く方式として公聴会が採用されている場合がある（都市計画の案の作成について、都計16条）。

　このほか、議会の議決を経る方式（国土利用計画7条3項）、関係自治体の意見を聴く方式（国土利用計画5条3項）などもある。また、新しい形の手続として、都市再生特別措置法は、都市再生緊急整備地域内における都市開発事業について、住民が計画を策定し、行政がこれを認可するという方式（都市再生特措20条・21条）、都市再生事業については住民に計画内容に関する提案権を認める方式（都市再生特措37条・38条）を採用している。

　このように計画策定手続は一定程度整備されてきているが、今後、計画策定手続の一般的ルールの確立に向けた取り組みが必要である。

┌─（さらに調べてみよう）─────────────────────────────

・計画の変更や廃止に関する法的問題として計画担保責任や計画保障請求権をめぐる議論がある。それはどのようなものか、宜野座村工場誘致変更事件・最判昭和56年1月27日を手がかりに調べてみよう。📖『行政判例百選Ⅰ〔第7版〕』25事件（52頁以下）
・計画策定にあたっては、上位計画や関連する計画との適合性が求められる場合がある。このような計画間調整をめぐってどのような課題があるかを調べてみよう。📖大橋洋一『行政法Ⅰ 現代行政過程論〔第4版〕』（有斐閣、2019年）156頁以下
・地域地区指定のような完結型の都市計画決定を法的に争う余地はないのだろうか。📖久保茂樹「土地利用計画のシステムと法的性質」『行政法の争点』（ジュリスト増刊、2014年）260頁以下

第**8**章　行　政　行　為

I　行政行為の意義

本節のポイント

・対等な私人の間では、契約は自由であり、双方の合意で法律関係が形づくられる。しかし、県や市と私人の間では、知事や市長の一方的行為により法律関係が作られる場合がある。これが行政行為（行政処分）である。
・行政行為は行政上行われる他の行為とどこで区別されるか。この問題を考えることにより、行政行為の理解が深まるであろう。
・行政行為は仮に法律に反していても効力があるとされる場合がある。なぜこのような効力が認められるか、しっかり理解しよう。
・行政行為はどのような種類があるか。行政行為を分類する場合その基準は何か。

1　行政行為の意義

　行政法は、行政における権利義務関係を中心に学ぶ。一般に、権利義務関係を形成する基本的な方法は、契約である。行政においても例えば土地の買収や物品の購入のような場合は契約が用いられる。それ以外に、行政に特有な方法として行政行為がある。契約は双方の合意で成立するが、行政行為は、行政の側から一方的に行われ、また仮に違法であっても効力があるなど権力的行為であり、行政上の法律関係を学ぶ場合極めて重要である。

　行政行為という概念は、かつては学者によってその意味がずいぶん異なり、どの行為が行政行為に含まれるのかその範囲も異なっていたが、今日では、共通の理解ができている。説明の都合上とりあえず「行政が、法令に基づいて一方的に私人に対して何らかの法的義務を課したり、利益を与える行為」としておこう。一方的に行われる行為であるから、当然に法令に基づかなければならない（「法律による行政」という）。例えば、公害を出す工場に対して施設改善を

命じる行為、飲食店の許可を与えるような行為である。この2つの行為を思い
浮かべながら次の説明を読みすすめよう。

　行政行為に共通する特色をもう少し丁寧に説明する。①行政行為は、誰それ
に税を課す、誰それに飲食店営業の許可を与える、というように個別の私人に
対して具体的に行われる行為である。一般的抽象的にルールを作る政令や省令
などの行政立法と異なる。②行政行為は、私人に義務を課したり権利を与えた
りする行為である。例えば、公害を出す工場に改善命令が出ると、命令を受け
た者に改善をする義務が発生する（一方、施設改善の助言や勧告のような行政指導
は、法的な義務を発生させない行為なので、行政行為の範囲に入らない）。③行政の側
の一方的行為により法的効果が発生する行為である。当事者間の合意で効力が
発生する契約と異なる。営業の許可のように、申請を前提として行われる行政
行為は、実質的には合意があるといえるのだが、法の形式として、許可はあく
まで行政の側の一方的意思の表明であり、合意という形ではない。ところで、
県などが行う道路工事やパトカーによる追跡は、事実上行われる行為（事実行
為という）であり、工事や追跡によって何らかの権利や義務が発生するわけで
はないから行政行為ではない。

　以上をまとめて行政行為を定義的に述べると、「行政庁（大臣や知事など）が
法令に基づき、その一方的意思により（上記の③）、国民に対し具体的に（上記
の①）一定の法律関係——権利・義務の関係——を作り出す（上記の②）行為」
ということになる。

　行政行為という概念は学問上の概念であることは前述した。実際の法令上
は、命令、許可、認可、特許、禁止、更正、決定など様々の言葉が使われてい
る。一般的に処分、行政処分などという言葉が使われている場合もある。

2　行政行為の効力

　行政行為が行われると、その内容に従って効力が生じる。例えば、課税処分
が行われると、その相手方には納税の義務が生じる。行政行為の本来の効果で
ある。それ以外に、その効果を確実に達成するために特別な効力が認められて
いる。公定力、自力執行力、不可争力、不可変更力である。

　例えば、行政行為が法律に反している場合、本来であれば法律による行政の

図表 8 - 1　行政行為の特殊な効力とそれが認められる法的根拠

行政行為の特殊な効力	法的根拠
公定力	取消訴訟制度（行政事件訴訟法）
自力執行力	行政代執行法、国税徴収法など
不可争力	取消訴訟の出訴期間（行政事件訴訟法）
不可変更力	条理

原則に従い、無効となるはずだが、実際は一定の場合を除き、有効なものとして扱われる。私人が「その処分は違法である」、と抵抗しても、行政は公益実現のために行われるものであるから、とりあえずは有効なものとして扱うのが当然というのである（「公定力」という）。さらに、私人が、「違法な処分には従わない」、と義務を履行しないでいると、行政の側は、処分の内容を強制的に執行することがある（「自力執行力」という）。怒った私人が、裁判所に訴えでようとしたら、処分から 6 カ月が過ぎたらもう争えないと却下されてしまう（「不可争力」という）。私法上の行為には認められない行政行為の権力性である。以下、行政行為の特殊な効力を順に説明する。

(1)　公　定　力

　公定力の意義について、判例は、「行政処分はたとえ違法であっても、その違法が重大かつ明白でその処分を無効にしてしまうと認められる場合を除いては、適法に取消されない限り完全にその効力を有する」とする（最判昭和30年12月26日）。このような効力を公定力と呼ぶ。

　公定力が認められる根拠は何か。公定力は、法令上の用語ではなく、それを正面から認める法律もない。かつては、行政権は司法権と同様に、権威を持って法律判断をするのだから、その判断を尊重しようと考えたのである。しかし、無批判に行政権の優位を認めるこのような考え方は今日通用しない。今日では、公定力の根拠を行政事件訴訟法に求めるのが一般的である。すなわち行政事件訴訟法は、行政行為の違法・適法を争うには原則的に処分取消訴訟という手段を用いることを定めている。そして、国会が取消訴訟という特別な訴訟類型を定めた以上、行政行為の違法性を争うには、もっぱらこの訴訟類型を使うことを予定していると考えるのである（取消訴訟の排他的管轄という）。

> **判例** **最判昭和36年4月21日：損害賠償の前提としての取消し**
>
> 　行政行為が違法であることを理由として損害賠償を求める場合、「あらかじめ取消し又は無効化確認の判決を得なければならないものではない」とした。国家賠償を認容しても行政行為の法効果を左右するものではないからである。

> **判例** **最判平成22年6月3日：課税処分と国家賠償**（182頁参照）
>
> 　固定資産税の過納金相当額について、行政不服申立てを通じて課税処分の違法性を争うことなく国家賠償請求ができるとした。

> **判例** **最判昭和53年6月16日：余目町個室付浴場事件（刑事訴訟と公定力）**
> （事件の概要は23頁**判例**を参照）
>
> 　Xは、風俗営業取締法違反で起訴された。児童公園設置の認可処分が仮に違法であるとした場合でもXは処罰されるのか。それとも処分には公定力があるので、Xが処罰を免れるためには、まず当該処分の取消しもしくは無効とする判決を得なければならないか。
>
> 　最高裁は、次のように判示した。被告会社の浴場営業の規制を主たる動機・目的とするA町の児童公園設置の認可処分は、行政権の濫用に相当する違法性があり、X社の浴場営業に対してこれを規制しうる効力を有しない。そうだとすれば、児童福祉施設の存在の証明を欠くことになり、無罪である。すなわち、判決は、刑事事件に公定力は及ばないことを示したのである。

(2)　自力執行力

　自力執行力は、行政行為の内容を、裁判所など他の力を借りずに行政庁が自らの力で実現することができる効力である。例えば、私人相互間のお金の貸し借りの場合、債権者は裁判所に訴え、勝訴判決を得た上で執行官に強制執行をしてもらうことになる。それに対して、市民税を課税した市長は、裁判所の判断や執行官の手を借りることなく自らの判断と自らの手で、滞納処分をして強制的に取り立てることができる。

　執行力はすべての行政行為に認められるのではない。当該行政行為について自力執行を認める法律がある場合に限り行うことができるのである。例えば、食中毒を出したレストランに対する営業停止処分に、当該レストランが従わなくても、営業停止を強制的に行うことは、それを認める法律がないのでできないのである。自力執行の根拠となる一般的法律としては、行政代執行法や国税

徴収法がある。

(3)　不 可 争 力

　一定の期間が経過した後は、たとえ違法であっても行政行為の効力を争えな
くなることを行政行為の不可争力という。行政事件訴訟法14条1項は、取消訴
訟の出訴期間を原則6カ月と定めた。ここに不可争力の根拠を求めることがで
きる。行政処分は、処分の相手方だけでなく公益に関係することも多いので、
行政上の法律関係を不安定な状況に長くおくことは好ましくなく、早期に安定
させたいという趣旨である。不可争力は、私人の側から争えないということで
あり、行政庁の側からの取消しや変更は別である。

(4)　不可変更力

　一度行った行政行為について、行政庁の側から取り消すことができないこと
を不可変更力という。行政行為が、違法もしくは不当であることに行政庁が気
づいたとき、行政庁は、その行政行為を取り消したり変更したりすることがで
きるし、そうするべきである。しかし、例外的に行政の側のそういう自由を認
めるべきでない一定の行政行為がある。例えば、行政不服申立てを行った場
合、行政庁は慎重に判断し、裁決（これも行政行為である）する。この裁決を、
取り消したり変更したりすると、混乱が生じるのは目に見える。そのために認
められたのが不可変更力である。不可変更力は、法律で明確に定められたもの
ではない。いわば条理上認められた効力である。

判例　**最判昭和29年1月21日：不可変更力**
　国民の不服申立てを受けて裁決を行った行政庁（この事件では農地委員会）は、
それを変更する裁決を行うことができるであろうか。最高裁判所は、裁決が行政処
分であることを明言した上で、裁決は、実質的には裁判の性質を持つものであり、
他の一般行政処分とは異なり、特別な規定がない限り、裁決庁自らにおいて取り消
すことはできない、と不可変更力を認めている。

判例　**最判平成21年12月17日：新宿「たぬきの森」事件（違法性の承継）**
　マンション建築業者に対する建築確認の取消訴訟において、当該建築確認の違法
事由として先行の処分である安全認定の違法を主張できるか、すなわち先行処分の
違法性が後行処分に承継されるかという問題について、最高裁は次のように述べて

これを肯定した。

　①安全認定と建築確認は、沿革上は一体のものであり、同一目的を達成するために２つの手続段階が分かれているにすぎないこと、②安全認定に対して争訟を提起しないことについて、原告である周辺住民には争訟提起のための手続保障が不十分であり、原告らが建築確認がなされるまで争訟を提起しないと判断したことは不合理ではない。

3　行政行為の分類

　行政行為は様々な基準で分類することができる。行政法を学ぶにあたってより重要な分類として、法効果の内容からする分類、法の拘束の程度による分類がある。後者については、行政行為における裁量として節を改めて説明する。ここでは、法効果の内容からする分類を取り上げる。

(1)　下命と禁止

　市民に対して義務を命ずる行為を下命および禁止という。作為の義務（なす義務である。例：違法建築物の除却命令、公害を出す工場に施設の改善命令）、給付の義務（与える義務である。例、租税の賦課）、受忍の義務（がまんする義務である。例：健康診断の受診命令）を命ずるのが下命であり、不作為の義務（やらない義務である。例：営業の禁止）を命じるのが禁止である。次に説明する許可と免除は義務の解除行為であり、下命・禁止と対をなしている。

(2)　許可と免除

　特別の場合に国民の義務を免除する行政行為に、許可と免除がある。

　国民の一定の行為を一般的に禁止した状況に置き、特定の要件を満たした場合に、申請に基づいて、その禁止を個別に解除する行為を許可という。例を挙げよう。薬局や飲食業は、自由に営業をすることはできない（一般的な禁止の状況にある）。開業を希望する者が申請をすると、法律の定める要件（資格や施設など）を満たしていれば、禁止が解除され営業を行うことが認められる。これが許可である。法令上は、必ずしも許可という用語が使用されているわけではない。運転の免許、医薬品の製造の承認、毒物の製造の登録なども許可の性質を持つ。

　禁止の目的が社会公共の安全や秩序の維持にある（警察許可と呼ばれる。警察

概念については第**19**章Ⅰ参照）場合、許可の申請があると、法が定める要件を満たしていれば（安全や秩序に障害が生じないことになるので）許可権を持つ行政庁は、許可を行わなければならない。なぜならば、これらの行為（自動車の運転、薬局の経営、医薬品の製造）は、（ブティックの経営や自転車の運転と同様に）本来国民の自由な活動であるからである。

　免除は、法令による作為、給付、受忍の義務を解除する行政行為をいう。例えば、納税義務（給付義務）の免除、予防接種（受忍義務）の免除などである。許可は、不作為義務の解除である点で、この両者は区別される。

> **判例** 最判昭和47年 5 月19日：営業の許可
>
> 　公衆浴場は、濫立を防ぐため一定の距離がなければ許可を受けることができない。 2 つの浴場の営業許可申請がほとんど同時になされたとき（競願関係という）、先に提出した者に許可されるべきか。提出順ではなく先に受理された者に許可されるべきか。
>
> 　最高裁の判決は次のとおり。①公衆浴場法は、主として国民の健康および環境衛生という公共の福祉の見地から営業の自由を制限するものである。その趣旨からすれば、許可申請が許可基準に適合する限り行政庁はこれに許可を与えなければならないと解される。②競願者がいる場合は、先願者に許可を与えなければならない。なぜならば、許可申請が適法になされたときは、その時点において、申請者と行政庁との間に許可をなすべき法律関係が成立するからである。

(3)　特　　許

　市民が本来有しない権利や権利能力を設定する行政行為を特許という。例えば、鉱業権設定の許可は特許である。鉱物を採取するのは、本来国家しかなしえないという法構造になっており（鉱業法 2 条は、「国は、まだ掘採されない鉱物について、これを掘採し、及び取得する権利を賦与する権能を有する」と定める）、市民の本来の自由ではないのである。市民は特に許された場合に鉱物を掘り出すことができることになる。その他の例としては、公有水面の埋立て許可、外国人の帰化の許可などである。いずれも、許可という用語を用いているが、行政行為の性質としては特許であることに注意したい。

(4)　認　　可

　認可とは、他の法主体の法律行為の内容を補充して完成させる行政行為をい

う。例えば、通常物の売買は、売り手と買い手の両当事者の合意で成立する
が、農地の場合は、両当事者間で契約を交してもそれだけでは売買の効力が発
生しない。農地法は、農地の売買は、農業委員会の許可を必要としているので
ある（農3条1項・4項、法令は許可という用語を用いているが、行政行為の性質とし
ては認可であることに注意）。この許可により、農地の売買契約は完成し効力を
発することになる。このような行政行為を認可という。認可が必要な行為を無
認可で行えば無効である。

さらに調べてみよう

・行政行為の効力が発生するのはどの時点か。
・行政行為には規律力がある、とする学説がある。規律力とは何か。📖 塩野宏『行政法Ⅰ
　〔第六版〕』（有斐閣、2015年）155頁以下
・行政行為は、①申請による処分と不利益処分、②授益的行政行為と侵害的行政行為、③
　要式行為と不要式行為、④命令的行為と形成的行為に分類することがある。それぞれの
　意味を調べてみよう。
・許可と特許の違い、許可と認可の違いについて実例を考えながら整理しておこう。
・二重効果的処分とは何か。行政手続法では、どのようになっているか。

Ⅱ　行 政 裁 量

本節のポイント

・行政行為は法律に従って行われる。しかし、法律で細部まで決めておくことは現
　実的に不可能であり、行政機関の判断に委ねるところが大きい。法律はどの程度
　行政権を拘束するのか、行政機関はどの程度判断の自由があるか、行政法学の重
　要なテーマである。

1　行政裁量とは何か

　裁量とは判断の余地があることをいう。行政のあらゆる場面に裁量はある。
道路を年次ごとにどう整備するか、PTA大会に補助金をいくら出すか、図書
館利用規則を制定するが何冊まで借用できるとするか、等である。
　裁量で特に重要な問題が、行政行為における裁量である。なぜ行政行為にお

ける裁量が重要なのかというと、行政行為が一方的に国民の権利義務を確定する権力的行為であるからである。権力的行為は、法律で厳格に規定すればよいという考えもありうるが、それは現実的ではない。あらゆる状態を想定して法令を作ることはできないからである。仮にできたとしたら、窮屈で杓子定規の行政となり、市民の要請に柔軟に対応することはできないであろう。それで、立法者は、一定の範囲で行政権の判断を尊重するように法令を制定することになる。裁量は不可避であり、行政庁にどの程度裁量が許されているかは、市民にとって影響が大きい。また法令が行政庁に判断の余地を認めるということは、その限りで司法審査が及ばないということを意味する。行政権の判断に委ねた以上、違法の問題が生じないからである。以下では行政における裁量一般ではなく、行政行為における裁量を取り上げる。

2　覊束行為と裁量行為

　行政行為は、法令が行政庁に裁量の余地を認めているかどうかにより、覊束（きそく）行為と裁量行為に分けられる。行政庁が行政行為を行うにあたり、根拠法令の規定が明白であり、行政庁はそれを単純に執行するにすぎない場合、その行政行為を覊束行為という。覊束とは縛るという意味であり、すなわち、裁量の余地がゼロで法令に縛られた行為である。課税処分がその例として挙げられる。

　それに対して、いわゆる「風営法」26条1項は「公安委員会は、…著しく善良の風俗若しくは清浄な風俗環境を害（する）…おそれがあると認めるとき…は、当該風俗営業者に対し、当該風俗営業の許可を取り消し、…当該風俗営業の…停止を命ずることができる。」と定め、行政庁の判断の余地を認めている。すなわち、「善良な風俗」とはどういう状況か、どういう場合に「害するおそれ」があるといえるか、さらに、営業許可を取り消すのか、営業停止にするのかも、行政庁が、悪質さの程度や地域の諸事情を考慮して処分の内容を決めることになる。このように、行政庁が判断・選択をする余地がある行為を裁量行為という。

3　裁量の範囲

　裁量をどの範囲で認めるかは明治憲法時代から大きなテーマであった。有名な美濃部（達吉）三原則は、行為の選択（行為をするかしないか、するとしたらどの程度の処分をするか）に裁量を認めている。すなわち、①国民の権利を侵害し、負担を命じ、または自由を制限する処分はいかなる場合でも自由裁量ではない。②国民のため新たな権利を設定し、その他国民に利益を与える処分は、法律が特に国民にその利益を要求する権利を与えている場合を除き、原則として自由裁量の行為である。③直接に国民の権利義務を左右する効果を生じない行為は、法律が特に制限を加えている場合を除き、原則として自由裁量の行為である。

　美濃部説は、行政権による国民の権利利益の侵害について司法審査を及ぼそうとするものであった。現代の行政と司法の関係は、行政機関の裁量領域の拡大がみられると同時に様々な手段で司法審査を行おうとしている（5 で説明する）。立法的には、行政事件訴訟法30条が「行政庁の裁量処分については、裁量権の範囲をこえ又はその濫用があつた場合に限り、裁判所は、その処分を取り消すことができる」と定め、裁量権の逸脱・濫用がある場合は、司法審査が及ぶことを明確にしている。逸脱・濫用を判断する基準として、①重大な事実誤認（下記**判例**のマクリーン事件参照）、②法の目的違反（23頁**判例**の余目町個室付浴場事件参照）、③平等原則違反、④比例原則違反があった場合がある。

判例　最大判昭和53年10月 4 日：マクリーン事件（裁量権の限界が問題になった事例〔社会観念審査〕）

　アメリカ人マクリーンは、法務大臣に在留期間の更新を申請したところ、120日しか更新は認められなかった。その理由は、マクリーンの無届転職と政治活動にあった。マクリーンは処分取消しを求めて出訴した。

　最高裁判決は、法務大臣の裁量権を次のように広く認めた。「（法律において）在留期間の更新事由が概括的に規定されその判断基準が特に定められていないのは、更新事由の有無の判断を法務大臣の裁量に任せ、その裁量権の範囲を広範なものとする趣旨からである」。さらに法務大臣の裁量権の行使が違法となるのはどのような場合かについて、最高裁は、次のように判示した。①大臣の判断が全く事実の基礎を欠き、②事実に対する評価が明白に合理性を欠き社会通念に照らし著しく妥当性を欠くことが明らかであるときは、法務大臣の裁量権の行使は違法となる。

4　裁量が認められる例

　教育、政治や科学技術など裁判所の判断よりも行政機関の判断が適切と思われる場合は、裁量が認められる。

　教育における裁量、政治における裁量、専門技術的裁量が認められた判例を次に挙げるが、行政機関の判断が適切とされる具体的理由に留意したい。

> **判例　最判平成 5 年 3 月16日：家永教科書裁判（教育における裁量の例）**
> 　教科書の著者が、教科書検定は違法であるとして国家賠償を求めた訴訟である。検定の審査・判断は、内容が学問的に正確であるか、中立・公正であるか、教科の目標を達成する上で適切であるか、児童、生徒の心身の発達段階に適応しているかなどの様々な観点から多角的に行われるもので、学術的、教育的な専門技術的判断であるから、事柄の性質上、文部大臣の合理的裁量に委ねられると判示した。

> **判例　最大判昭和53年10月 4 日：マクリーン事件（政治における裁量の例）**
> 　外国人の在留期間の更新は、①国内の治安と善良の風俗の維持、②保健衛生の確保、③労働市場の安定、④申請者の申請事由の当否、⑤当該外国人の在留中の一切の行状、⑥国内の政治・経済・社会等の諸事情、⑦国際情勢、外交関係、国際礼譲などを考慮し判断しなければならないが、それは出入国管理行政に責任を負う法務大臣の裁量に任せなければ適切な結果を期待できない。

> **判例　最判平成 4 年10月29日：伊方原発訴訟（専門技術的裁量の例）**
> 　原子力発電所付近の住民 X らは、原子力の安全審査の実体及び手続には違法な点があるとして、原子炉設置許可処分の取消訴訟を提起した。最高裁判所は、法律の趣旨は、各専門分野の学識経験者等を擁する原子力委員会の科学的、専門技術的知見に基づく意見を尊重して行う内閣総理大臣の合理的判断に委ねていると解されるとし、専門技術的裁量を認めた。その上で、原子力委員会の調査・審議で用いられた具体的審査基準に不合理な点があるか、審議及び判断の過程に看過し難い過誤、欠落があるか、という視角から違法判断を行うとした。

5　司法審査の方法

　国民は、行政行為に不服があれば、裁判所に訴え出て、救済を求めることができる。この場合、その行政行為が羈束行為であれば、裁判所は問題なく、司法審査権を行使できる。行政行為が法令に反していないか客観的に判断できるからである。それに対して、裁量行為は、法令が判断の余地を行政庁に認めた

のであるから、裁判所もそれを尊重すべきなのである（裁量の逸脱や濫用があった場合は司法審査が及ぶことは前述した）。

　近年、裁量行為を裁判所が審査する方法として、裁量判断そのものではなく、判断過程の合理性の審査や事前手続の審査が行われるようになった。判断過程を審査した判例と事前手続（の過誤）を審査した判例をそれぞれ挙げよう。

判例　東京高判昭和48年7月13日：日光太郎杉事件（判断過程を審査した事例）

　国道の拡幅のための土地収用で、由緒ある巨木が伐採されそうになったので日光東照宮が事業認定と収用裁決の取消しを求めた。

　判決は、事業認定に、ある範囲で裁量が認められるとしつつ、①本来最も重視すべき諸要素（例：文化的価値）、諸価値を安易に軽視し、②その結果当然つくすべき考慮をつくさず、③本来考慮に容れるべきでない事項を考慮に容れ、④もしくは本来過大に評価すべきでない事項（例：暴風による倒木）を加重に評価した場合は、裁量判断の過程に誤りがあり違法となる。

判例　最判昭和46年10月28日：個人タクシー事件（事前手続の過誤を審査した事例）
　→149頁**判例**を参照

　また、行政権に裁量が認められている場合でも、一定の状況下で、その裁量の幅が収縮し、ついには処分すべき義務が発生することがあるという裁量権収縮論も唱えられており、判例にもそのような作為の義務を認めるものがある。どのような状況で、裁量がゼロになるのか。国民の生命・身体に対する侵害の危険の切迫、予見可能性、結果回避可能性などが要件として挙げられている（東京地判昭和53年8月3日：東京スモン訴訟を参照せよ）。

判例　最判昭和59年3月23日：裁量と作為義務

　海浜に打ち上げられた旧海軍の砲弾が焚火の最中に爆発し、人身事故が発生した。警察が回収措置を取らなかったことが違法とされた事件。

　最高裁判所の判決は次のとおり。警察官職務執行法で、警察官は、危険防止のため必要な措置をとることができる、とされている。砲弾を放置すると、住民の生命の安全が確保されないことが相当の蓋然性をもって予測される状況下で、そういう状況を警察官が容易に知ることができる場合には、警察官は、警察官職務執行法による権限を行使し、事故の発生を未然に防止する義務がある。

・従来学説は、裁量行為を法規裁量と自由裁量に分けてその性質を考察した。法規裁量、自由裁量とはどういう意味か。またこの２つに分けることにどのような実益があると考えるか。
・裁量の有無と司法審査の範囲は密接に関係している。裁判における裁量の統制について深く考えてみよう。📖阿部泰隆『行政法解釈学Ⅰ』（有斐閣、2008年）361頁以下

Ⅲ　行政行為の附款

本節のポイント

・行政行為に条件が付される場合がある。例えば、集団示威（デモ）の許可に際して、「蛇行進（ジグザグデモ）をしない」である。これを行政行為の附款という。附款は行政行為の効果を制約するものである。附款にはどのようなものがあるか。附款の限界はどうなっているか。

1　附款の意義

　附款とは、行政行為の効果を制限するために、行政庁の主たる意思表示に付加される従たる意思表示である。自動車の運転免許に付加される「眼鏡等」の条件がその例である。法令においては一般的に条件の語が用いられている。

2　附款の種類

　附款の種類には、条件、期限、負担、撤回権（取消権）の留保がある。

(1)　条　　件

　条件とは、行政行為の効果を発生不確実な将来の事実にかからせるものである。条件の成就によって行政行為の効果が発生する場合（停止条件）もあれば消滅する場合（解除条件）もある。「通行禁止」という行政行為を例にとろう。「道路工事を開始したら通行禁止」は、道路工事の開始によって「通行禁止」という法効果が発生する。「道路工事が終了するまで通行禁止」は、道路工事が終了すると、通行禁止の法効果が消滅することになる。県や市が道路工事を決定すれば、普通工事は行われるし、始まると完成し終了する。しかしそれは

絶対に確実ではない。天変地異が起こるかもしれないのである。それゆえ、工事の開始も工事の終了も「発生不確実な将来の事実」なのである。

(2)　期　　限

期限とは、行政行為の効果を将来発生することが確実な事実にかからせるものをいう。当該事実の発生により、行政行為の効果が発生する場合（始期）もあれば、消滅する場合（終期）もある。日時を定めてその日から通行禁止にしたり（その日に通行禁止の効果が発生）、その日までは通行禁止にする場合（その日に通行禁止の効果が消滅）である。〇月〇日とか何年後というのは、将来発生することが確実であり、このような附款を期限という。

(3)　負　　担

負担とは、許可や認可など、相手に利益を与える行政行為に付加される特別な義務である。法令上や日常の用語としては「条件」と表現されている。道路の占用許可に際して占用料の納付を命じる例、集団示威行進の許可に際して「蛇行進をしない」とする附款がその例である。負担によって命じられた義務を履行しない場合、行政行為の効力はどうなるか。条件や期限と異なり、行政行為の効力が失われることはない。そのような場合、行政行為を行った行政庁は、許可や認可を取り消したり、行政罰を科したりすることにより、行政の実効性を確保することになる。

(4)　撤回権の留保

庁舎の一室の使用を許可する、ただし行政上の必要がある場合はいつでも許可を取り消すことができる、というように、取消権をあらかじめ許可条件として付することがある。取消権（撤回権）の留保と呼ばれる附款である。撤回権の留保は確認的意味に止まる。

3　附款の限界

行政行為がなされるとどういう効果が生じるかは法律によって定まることになる。例えば、営業許可という行為によって、申請者は、本来有していたはずの営業の自由を回復すると同時に法律が定める義務も負うことになる。しかし、法律があらゆる状況に応じて詳細に行政行為の効果を定めることはできない。ここに附款の必要性が生じるが、それでは法令の定める義務以外の義務を

附款として付することはどこまで可能なのであろうか。

　当該行政行為の根拠法が附款（法律用語では条件）を付することができると規定していれば、それによることになる。根拠条文がないときは解釈によるが、行政庁に自由裁量が認められている場合は、裁量の範囲内で附款を付すことが可能である。

　附款を付することができる場合であっても、市民に不当な義務を課すようなことは比例原則に反するし、また法令の目的以外の目的で附款を付すこともできない。例えば、公衆衛生の維持を目的とする許可制度の運用で、過当競争防止を目的とした附款を付することはできない。法令が附款の限界を定める場合がある。例えば、都市計画法79条は、「この法律の規定による許可、認可又は承認には、都市計画上必要な条件を附することができる。」と附款を許す趣旨を定めながら、同時に「この場合において、その条件は、当該許可、認可又は承認を受けた者に不当な義務を課するものであつてはならない。」として、附款に限界があることを明らかにしている。

　附款に瑕疵があるとき、本体の行政行為を違法にする場合（負担）もあれば、そうでない場合（条件）もある。

―さらに調べてみよう―

・運転免許証があれば、附款が付いているか調べてみよう。
・準法律行為的行政行為には附款を付すことができないといわれる。準法律行為的行政行為とは何か。なぜ附款を付すことができないのか。

Ⅳ　行政行為の瑕疵

―本節のポイント―

・行政も人が行うものであり、時に法に反する場合もあれば、公益（行政目的）に反する場合もありえる。そのような場合行政行為の効力はどうなるか。公定力を思いだそう。
・行政行為はどういう場合に無効となるか。

1　瑕疵ある行政行為とは何か

行政行為とは、行政庁（具体的には、大臣、知事、市町村長など）による公権力の行使である。国民・住民に対する権力行使であるから、それは、法に反してはならず、また公益にも合致しなければならない。

しかし、行政行為が、常に法と公益に適合しているというわけではない。行政行為が例えば法律の規定に反する場合（これを違法の行政行為という）、または公益に合致しない場合（これを不当の行政行為という）には、行政行為としての効力が問題になる。

行政行為が違法または不当になる原因（例えば課税処分をするとき収入がないにもかかわらず収入があると事実を誤認したり、営業禁止 3 日が妥当であるところ 5 日にした）を行政行為の瑕疵といい、瑕疵を持つ行政行為を瑕疵ある行政行為という（なお、瑕という字も疵という字も傷を意味する漢字である）。

2　瑕疵ある行政行為の効力

行政行為に瑕疵がある場合、その行政行為の効力がどうなるかについて一般的に定めた法律はない。それゆえ理論的に解決しなければならない。

この点について、学説・判例は、行政行為に瑕疵があると、その行政行為は①無効であるか、あるいは②無効ではないが取り消される可能性のある行政行為の 2 つに区別されるとしている。前者を無効の行政行為といい、はじめから全く法律効果が生じない行政行為であり、後者を取り消すことのできる行政行為といい、いったんは有効に成立するが、場合によっては瑕疵を理由として取り消されることもありうる行政行為である。

行政行為が違法または不当の場合、それは是正されなければならない。まず違法な行政行為であるが、その行政行為を行った行政庁が自らの過ちを認めそれを取り消すことができるのは当然である。また、裁判所は、法令を適用し法秩序を守る機関であるから、違法な行政行為を取り消すことができる。

次に不当な行政行為はどうなるか。その行政行為を行った行政庁や不服申立てを受けた行政庁が、不当性を認めて行政行為を取り消したりあるいは変更することは可能である。しかし、裁判所は、何が公益に適合するのか、行政庁の裁量判断に誤りがあったかを審査することは原則できない。裁判所は法令違反

図表 8‐2　瑕疵ある行政行為

を審査する機関であるからである。以下では、裁判所との関係で問題となる違法な行政行為について説明する（不当な行政行為については、裁量の問題となる）。

3　無効の行政行為と取り消すことのできる行政行為

(1)　無効の概念と取消しの効果

　無効の行政行為とは、形式上行政行為が存在するにもかかわらず、はじめから全く法的効力を有しない行政行為をいう。無効の行政行為に対しては、行政行為の相手方や第三者は、特別な手続をとることなくこれを無視することができる。

　取り消すことのできる行政行為は、取り消されるまでは有効な行政行為として効力を持つ。すなわち、行政行為の相手方を拘束する。しかし、取り消されると行為時に遡って効力をなくす。例えば、違法な課税処分であっても納税の義務があるが、取り消されると課税処分時に遡って義務はなくなる。遡る趣旨は、法律による行政が法治主義の原則である以上、違法であることが明確になれば、行為時から効力がないものとして扱うのが当然であるからである。

(2)　無効の行政行為と取り消すことのできる行政行為の区別基準

　瑕疵ある行政行為は、①無効の行政行為となるか、②取り消すことのできる行政行為のどちらかになるということは先に述べた。瑕疵が無効原因となるのか取消原因となるのかが問題である。通説・判例の説くところでは、その瑕疵が重大であり、しかもその瑕疵の原因が外観上明白である場合（重大明白説）に当該行政行為は無効となる。それ以外の場合は、取り消すことのできる行政行為である。

判例　最判昭和36年 3 月 7 日：瑕疵の明白性の意義
　行政処分が当然無効であるというためには、処分に重大かつ明白な瑕疵がなけれ

> ばならない。瑕疵が明白であるというのは、処分成立の当初から、誤認であること
> が外形上、客観的に明白である場合を指す。処分をした行政庁が怠慢により調査す
> べき資料を見落としたかどうかは、処分に外形上客観的に明白な瑕疵があるかどう
> かの判定に直接関係はない。

　公務員もプロであり、重大明白な瑕疵がある行政行為がそうそうあるわけで
はない。行政行為の無効を主張して争いたい国民・住民にとってはなかなか厳
しい基準である。そこで、明白の要件は不要で重大な瑕疵があれば、行政行為
は無効と考える立場もある。最高裁判所も、常に重大明白の要件を求めている
わけではないことは次の判例からわかる。

> **判例** **最判昭和48年4月26日判決：課税処分と当然無効**
> 　Ｘは、身内のＡによって名義を利用され、知らない間に土地の所有者として登
> 記され、知らない間にそれが売り払われ、譲渡所得があったものとして課税され
> た。Ｘは課税処分の無効を求めて出訴した。最高裁判所の判決の要旨は次のとお
> りである。
> 　①課税処分は、課税庁と被課税者との間に存在するもので、第三者の保護を考慮
> する必要のないこと、②課税処分における内容上の過誤が課税要件の根幹にかかわ
> るものであって、③徴税行政の安定と円滑な運営を斟酌してもなお、④非課税者に
> 不利益を甘受させることが著しく不当であると認められる例外的場合は、（②の過
> 誤による）瑕疵は、当該処分を無効にする。

　行政行為が無効となるには、重大明白な瑕疵を要するとする通説判例の考え
方の基礎は、次の点にある。すなわち、無効の行政行為は、誰がみても疑いな
く無効とするに足るだけの瑕疵が存在する場合に、はじめてその行政行為を無
効とすることができる。なぜなら無効かどうか人によって判断が異なる程度の
瑕疵を、各人が勝手に無効として扱うと行政の実効性が損なわれたり、思わぬ
損害を受ける人がでてくる可能性があるからである。それでは、誰がみても無
効原因となる程度の瑕疵とはどういう瑕疵か。その瑕疵が重大な法規違反であ
ることのほか、その瑕疵の存在が、外観上明白であるような瑕疵である。まと
めていうと、瑕疵が重大明白である場合その行政行為は無効となり、瑕疵が重
大でない場合、あるいは重大であっても明白でない場合は取り消すことのでき

る行政行為となるのである。

(3) 無効の行政行為の具体例

瑕疵が無効原因であるか取消原因であるかの区別の基準は、その瑕疵の重大明白性にある。しかし、これはあくまで一般的基準であり、実際には行為の性質や相手方の状況、利害関係等をも考慮に入れて判断しなければならないのは、上述の判例で紹介したとおりである。

以下では、無効の行政行為とされる具体例をいくつかみておこう。

①行政行為の主体に関する瑕疵　権限のない行政庁のなした行為（例：議員の定足数を欠く議会の行為。強度の脅迫状態の下でなした行為）。

②行政行為の内容に関する瑕疵　内容の不明確な行為（例：対象の不明確な土地収用処分）、事実上不能な行為（例：死者に対してなされた医師免許）。

③行政行為の手続に関する瑕疵　法令に定められた重要な手続が欠ける行為（例：公開の聴聞を経ないでなした風俗営業の許可の撤回）。

④行政行為の形式に関する瑕疵　法令上書面で行うことが義務づけられているのにこれを欠く行為（例：理由付記が義務づけられているのにこれを欠く行為）。

さらに調べてみよう

・無効の行政行為と行政行為の不存在はどう違うか。
・行政行為に瑕疵があっても例外的に取り消さなくてもよい場合がある。①瑕疵の治癒、②違法行為の転換、③理由の差替えである。それぞれどういうことか。
・訴訟手続との関係で、取り消すことのできる行政行為と無効の行政行為を区別する実益は何か。

V　行政行為の取消しと撤回

本節のポイント

・行政行為の効力をなくす方法として取消しと撤回がある。取消しと撤回の違いは何か。①対象となる処分、②取消しと撤回の効果に分けて考えよう。

1　行政行為の取消しの意味

　瑕疵ある行政行為（すなわち違法な行政行為や不当な行政行為）は無効でない限り、そのまま放置するのは法治主義上あるいは公益上問題がある。そこで、行政行為の取消しが行われることになる。すなわち行政行為の取消しとは、一応有効に成立した行政行為を、その行政行為に瑕疵があることを理由にしてその効力を行政行為の成立時に遡って失わせる行為をいう。

2　行政行為の撤回の意味

　行政行為の成立時には何らの瑕疵もなかった（すなわち違法でも不当でもなかった）が、その後の事情の変化によってそのまま存続させることが妥当でない行政行為がある。例えば許可基準を満たしているので飲食店の営業許可を与えたが、営業を始めてみると衛生状況が悪い場合や、役所の庁舎の一部を業者に使用許可を与えてレストランを開設させたが、その後庁舎が手狭になりレストラン部分を会議室として使用したいといった場合である。ここに行政行為の撤回の問題が生じる。

　行政行為の撤回とは、有効に成立した瑕疵のない行政行為を、その後の事情の変化によりその効力を存続せしめるのが公益に反するようになった場合、将来に向かってその効力を失わせしめることをいう。

　職権による取消しおよび撤回は、法令上は通常ともに「取消し」と表記される。

3　行政行為の取消権者

　行政行為の取消権者は、まず①その行政行為を行った行政庁（これを処分行政庁という）である。ついで②処分行政庁に対し監督権を持つ行政庁（これを監督行政庁という、通常は処分行政庁の上級行政庁である）も取り消すことができる。このほか③行政不服申立てや取消訴訟による争訟取消しがある。

4　行政行為の撤回権者

　行政行為の撤回をなしうる者は、処分行政庁に限られる。撤回は、行政行為を存続せしめるのが行政目的上あるいは公益上妥当かどうかの判断にかかわるのであるから、その判断をなしうる者、すなわち法律が処分権限を与えた行政

図表 8-3　行政行為の取消しと撤回の違い

	取消し・撤回される行政行為	取消し・撤回の効果	権限ある行政機関
行政行為の取消し	瑕疵ある行政行為	既往に遡って効力をなくす	処分行政庁・監督行政庁
行政行為の撤回	瑕疵のない行政行為	将来に向かって失効	処分行政庁

庁のみがなしうると考えるのである。

5　取消権の制限

　行政行為に取消原因や撤回原因があった場合、行政はそれを取り消し、あるいは撤回するのが望ましいことはいうまでもない。しかし常に自由に取消しや撤回ができるわけではない。なぜなら、その行政行為を前提とした一定の法秩序が存在しており、それを尊重しなければならない場合もあれば、取消し・撤回によって国民が不利益を受ける場合もあるからである。そこで条理上、取消しや撤回の制限の必要が生じるのである。

　行政行為の取消しが制限されるのは次のような場合である。

　第1に、行政行為の取消しによって国民・住民の既得の権利・利益が侵害される場合は、取消しは制限される。この場合には、公益上の必要が特に強い場合や国民・住民の側に不正行為があった場合など、特別の理由があるときのみ取り消すことができると解されている。

　第2に、取り消すことによって公共の福祉が侵害される場合は、取り消すことはできない。

　第3に、不可変更力のある行政行為（争訟手続を経て一定の判断として行われた行政行為や事前に利害関係者の参加の後行われた行政行為）は、自由に取り消すことはできない。

判例　最判平成28年12月20日：辺野古公有水面埋立承認取消し事件
　前知事が行った沖縄県・米軍普天間飛行場の移転先である辺野古先海岸の埋立承認は違法になされたとして次の知事が取り消したことの適法性が争われた事件。この知事の承認取消処分に対して、公有水面埋立法を所管する国交大臣が知事にその取消しを求める是正の指示（地自245条の7第1項）を行ったものの、知事がこれに従わないでいたために、知事が是正の指示に従って埋立承認取消処分を取り消さ

ないことが違法であるという確認を求めた（地自251条の5第1項）ものである。最高裁は、職権取消しされた処分（埋立承認）に違法または不当があるかどうかの観点から裁判所は審査すべきであって、そのような違法等があると認められないときは、当該取消処分（埋立承認の取消し）は違法となるとした。

6 撤回権の制限

国民に利益を与える行政行為の撤回は自由にはできない。この場合の撤回は、行政行為の相手方の責めに帰すべき事由があるとき、相手方の同意があるときには許されると解される。また、より大きい公益上どうしても撤回しなければならない場合は、撤回が許されることもありうるが、その場合は補償が必要とされよう。

判例 最判昭和63年6月17日：菊田医師実子あっせん事件

実子あっせんを行った医師について、法令上の明文規定がないにもかかわらず、（旧）優生保護法に基づく指定を取り消したこと（撤回に当たる）について、最高裁は、撤回によって当該医師が被る不利益を考慮しても、撤回すべき公益上の必要が高いことを理由に違法ではないとした。

さらに調べてみよう

・撤回が許されるとしても補償が必要な場合がある（最判昭和49年2月5日）。 『行政判例百選Ⅰ〔第7版〕』90事件182頁

第*9*章 行政上の強制措置

I 行政強制

本節のポイント

・行政上の義務に従わなかった場合に、その義務を強制的に実現していく手段として、行政上の強制執行がある。履行されるべき行政上の義務の態様に注意しながら、行政強制の具体的な手段の類型を理解していこう。
・行政上の義務履行の確保に関する一般法である行政代執行法について、その代執行の要件、手続などの流れを押さえよう。
・紛らわしい用語が頻出するが、行政上の即時強制には、どのようなものがあるか、そして、行政上の強制執行(特に直接強制)との違いはどこにあるのか考えてみよう。

1 概 説

(1) 行政強制の内容──行政上の強制執行と即時強制

行政強制というのは、行政上の目的のために、人の身体または財産に実力を加え、それによって、行政上必要な状態を実現する作用をいう。

行政強制は、その内容により、次の2種のものに分けることができる。1つは、「行政上の強制執行」である。つまり、行政上の義務の不履行があった場合に、その義務を履行させる作用ないしその義務の履行があったのと同一の状態を実現する作用が、それである。他の1つは、「行政上の即時強制」である。つまり、それは行政上の義務の履行を強制するためのものではなく、そのような行政上の義務を課するだけの時間的な余裕がない場合などに、直接かつ即座に、必要な行政上の状態を実現するための措置として行われる作用である。この両者は、その前提要件──義務を前提とするか、しないか──が異なるが、しかし、ともに国民の身体または財産に対し、重大な制約をもたらすことになる。その意味において、これらの強制措置は、近代法治国家における行政の観

図表 9‑1　行政強制の種別

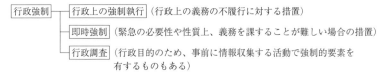

点から、特にきびしい制約を受けるのである。

　なお、従来は、強制的要素を有する行政調査は、行政上の即時強制として論じられることが多かったが、今日では、情報収集を目的とし、行政処分の事前手続のひとつとして、即時強制から区別され、新しいカテゴリーとして分類されつつある。

(2)　新旧両憲法における行政強制体系の比較

　(イ)　明治憲法下の行政強制　　明治憲法下においては、行政強制に関する一般法として、「行政執行法」(1900〔明治33〕年)・「行政執行法施行令」(1900〔明治33年〕勅令) があった。そこで、行政上の強制執行の手段として、代執行 (行政庁または第三者が義務者に代わって、義務内容を履行し、その費用を義務者から徴収すること)・執行罰 (一定の期間内に義務の履行がないときは一定の金銭上の負担に処すべき旨を予告し、その心理的圧迫により義務の履行を確保すること) および直接強制 (直接、義務者の身体または財産に実力を加えて義務内容を実現すること) が認められ、さらに、行政上の即時強制 (義務の不履行を前提とせず、身体、財産に実力を加えて、行政上必要な状態を実現すること) の手段として、検束 (身柄を拘束し、留置すること)・仮領置 (一時的に任意に提出された物の占有を取得すること)・家宅の侵入・強制診断・居住制限・土地物件の使用制限などが認められていた。ところが、これらの種々の手段は、実際上は、多くの批判ないし非難の対象となっていた。というのは、これらを行政強制の一般法上の手段として認めるには、執行罰は、その実益が乏しかったし、また、直接強制は人権侵害の危険性も有するのでその妥当性を欠くことが多かったからであるが、さらには、即時強制の手段、とりわけ、検束 (保護検束・予防検束) や家宅侵入は、しばしば思想等弾圧のために濫用されたからである。

　(ロ)　日本国憲法下の行政強制　　日本国憲法は、基本的人権の尊重を第一義とする。したがって、行政法上の義務の不履行に対する強制の必要や、社会公

共の秩序を確保するための必要性を名目として、基本的人権を無条件に侵害することは許されない。もちろん、行政強制の手段の必要は、今日にあっても消え去ってはいない。このため、従来の行政上の強制執行に関する一般法たる行政執行法を根本的に改正し、新たに「行政代執行法」（1948年）を制定するとともに、即時強制の部分は、これを別に切り離し、原則として、警察作用の分野のみ限定したところの「警察官職務執行法」（1948年）として制定した。

　なお、公法上の金銭債権の強制手段についての定めに関しては、従来の「国税徴収法」（1897〔明治30〕年）が日本国憲法の下においても存続していたが、1959年に、これを全面的に改正し（「国税徴収法」〔1959年〕）、その内容の一新を図った。さらには、1962年には、「国税通則法」が制定された。

2　行政上の強制執行

(1)　行政上の強制執行と法律の根拠

　(イ)　行政上の強制執行と法律の根拠　　　行政上の強制執行の特色は、行政主体が、行政上の義務の不履行に対して、自らの実力をもって、その履行を強制できることにある。

　私法上の法律関係においては、義務者がその義務を履行しないときには、権利者が自らの力でその権利の実現を図ることはできない（自力救済の禁止）。例えば、AはBから借金していたが、履行期限がきても返済しないとすると、Bは裁判所に出訴し、その給付判決を得て、この判決を債務名義として、民事執行法の定めるところに従い、執行官により、その債務の執行を実現してもらうことになる。このことは、国が権利者である場合でも、その権利が私法上のものであれば、同じ関係になり、やはり裁判所に訴えて、その権利の実現を図らなければならないのである。

　ところが、行政権の行使に関しては、その義務の不履行がある場合には、一定の条件の下に、裁判所の強制執行の手続を経ることなく、自らの力で、その執行を強制できる特権が認められているのである。

　明治憲法の下では、行政権の行使についての法律による授権があれば、その内容を実現する強制執行の権限も同時に授権されている、と理解されていた。つまり、行政行為には、当然のこととして、その属性としての「自力執行力」

が伴うとされていたのである。

　しかし、日本国憲法の下では、行政行為によって義務を課することと、それを強制的に実現すること（それは、人の身体または財産に対し新たな侵害を加えることとなる）とは別の作用であるとし、たとえ、行政行為に対し法律による授権がある場合であっても、それにつき強制執行を行うためには、さらに、強制執行自体についても法律による授権が必要であると解されている。

　そして、現行の仕組みは、行政上の義務履行確保の手段として、広く必要性があり、かつ適切と認められる代執行について、一般法として「行政代執行法」を制定し、他の強制執行は、個々の法律（個別法）の中で、その行政上の目的達成に必要な範囲で、具体的に相当な手段を設ける形にしている。

　㈻　行政上の強制執行と条例　　ところで、条例は、行政上の強制執行の根拠となるかが問題となる。行政代執行法では、その1条で、「行政上の義務の履行確保に関しては、別に法律で定めるものを除いては、この法律の定めるところによる」と規定されており、「この法律の定めるところ」（つまり、その2条）では、「代執行」が定められているだけである。他の「行政上の義務の履行確保」のための手段（例えば、直接強制や執行罰）に関しては、別に法律を設ける必要がある。

　そこで、その1条の「別に法律で定めるものを除いては」の「法律」の中に、条例が含まれるか、が問題となる。つまり、その「法律」の中に条例が含まれるのであれば、条例により、行政上の義務履行の確保の手段を設けることができる、と解されよう。しかし、その2条の括弧書では、「法律」の中に条例を含むとされているが、1条では、それには言及されていない。このことは、1条の「別に法律で定めるもの」の「法律」の中には条例が含まれない、と解すべきであろう。そうであるとすれば、条例——および、それに基づく行政行為——の命じる義務に対しては、行政代執行法の定める「代執行」の対象となるが、それ以外の「行政上の義務の履行確保」の手段は、その他の法律で定められるとしても条例では規定することができない、と解されることになる。なお、これに対して、1条は、同法制定時における手段を想定しているので、当時に存在していなかった義務履行の確保の手段まで規定しているものではないとする考え方やあらかじめ義務が課されることなく強制力が行使される

即時強制でさえ条例で規定しうるのであるから、立法上、直接強制、執行罰も
条例で規定できるようにすべきという見解もある。

(2)　行政上の強制執行——代執行

(イ)　代執行　　旧行政執行法は、行政上の強制執行の手段として、代執行・
執行罰および直接強制の３種を認めていたが、現行の行政代執行法は、代替的
作為義務（他人が代わって行うことのできる作為義務）の強制手段である代執行だ
けを規定し、非代替的作為義務（本人が履行しなければ意味をなさない作為義務）
および不作為義務（特定の作為を行わない義務）の強制手段である執行罰やすべ
ての義務に通じる強制手段である直接強制については、いずれも認めていな
い。したがって、執行罰と直接強制の手段は、個々の法律にその根拠が定めら
れている場合に限って用いることができるにすぎないのである。

　ところで、代執行というのは、代替的作為義務が履行されない場合に、当該
行政庁が自ら、義務者の行うべき行為を行い、または、第三者をして、その行
為を行わせ、その費用を義務者から徴収することをいう。

　代執行について定める法が行政代執行法であるが、これは、行政上の強制執
行に関する一般法である。したがって、行政上履行されない代替的作為義務が
あれば、それをもたらす根拠法の指示がなくとも、他に特別の定めがない限
り、この行政代執行法が適用されることになる。

　なお、代執行は、義務を履行しない国民に対して、その抵抗を排除して、実
力で義務の実現を行うといった実力行使を伴う行政作用である。それは、義務
者の自由や財産を著しく制限や侵害することもあるため、これを認めるには、
①代替的作為義務の不履行状態が存在するだけでなく、②他の手段によってそ
の履行確保をすることが困難、③義務不履行状態の放置が著しく公益に違反す
る、といった実体的な要件を満たす必要がある（代執２条参照）。

(ロ)　代執行の手続　　行政代執行法の定める代執行の手続の大要は、次のと
おりである。

　代執行を行うには、まず、「相当の履行期限を定め、その期限までに履行が
なされないときは、代執行をなすべき旨を、予め文書で戒告しなければならな
い。」（代執３条１項）。

　戒告は、代執行の実施を予告する通知であり、これは、準法律行為的行政行

図表 9-2　代執行の流れ

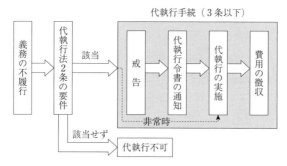

為に当たるといえよう。なお、戒告に対し不服のある者は、代執行の実施を避けるため、不服申立て・取消訴訟を提起することができる、と解されている（例えば、東京地判昭和48年9月10日）。

　次に、上記の戒告を受けても、義務者が「指定の期限までにその義務を履行しないときは、当該行政庁は、代執行令書をもって、代執行をなすべき時期、代執行のために派遣する執行責任者の氏名及び代執行に要する費用の概算による見積額を義務者に通知する」ことを要する（代執3条2項）。

　この代執行令書通知の要件は、その手続を慎重にし、しかも任意の履行を促進する上での意義が大きい。なお、「非常の場合又は危険切迫の場合において」は、例外的に、戒告と代執行令書の手続を省略することができる（代執3条3項）。

　上記の期限内に義務の履行がない場合に、いよいよ当該行政庁が自ら、または第三者をして、その執行を行うのである（代執3条3項）。これが代執行の本体である。派遣された執行責任者に対してはゆえなく抵抗すれば、公務執行妨害罪が成立する（刑95条）。

　上記の執行に要した費用はすべて義務者から徴収するのであるが、その「費用の徴収については、実際に要した費用の額及びその納期日を定め、義務者に対し、文書をもってその納付を命じなければならない」（代執5条）。義務者がこの費用を納付しないときは、「国税滞納処分の例により、これを徴収することができる」（代執6条1項）。

　代執行が終了してしまうと、代執行の戒告を取り消す意味がなくなるので、

図表 9‐3　行政上の強制執行の具体的手段

	手段	適した義務の態様	根拠法
行政上の強制執行	代執行	代替的作為義務	一般法として行政代執行法
	強制徴収	金銭給付義務	国税徴収法、個別法によるその準用規定
	執行罰	非代替的作為義務、不作為義務	砂防法36条のみ
	直接強制	作為（代替、非代替）義務、不作為義務のいずれも可	「成田新法」など若干の個別法

訴えの利益が消滅する。したがって、代執行により被った損害は、国家賠償請求訴訟により求めるべきであろう。

(3)　代執行以外の強制執行

(イ)　行政上の強制徴収　　行政上の強制徴収とは、国または地方自治体が国民および住民に対して有する行政上の金銭債権が履行されない場合に、自らの力により、強制的に、その債権を実現する作用である。それは、普通、滞納処分と呼ばれる。

　わが国には、行政上の金銭債権を実現する手続を定めた一般的な法典は存在しない。国税債権の徴収に関する手続を定めた国税徴収法はあるが、これは、すべての行政上の金銭債権の徴収に当然に適用されるものではない。たしかに、国税債権以外の行政上の金銭債権については、多くの場合、行政上の強制徴収が認められている。しかし、それは、当該債権に関する法律において、国税徴収法による「滞納処分の例により」（地税48条1項）とか、「国税滞納処分の例により」（代執6条1項）という明文の規定が置かれているからである。このような、国税徴収法を準用する規定を設ける例が、現行法の中には数多く存在するので、実質的には、国税徴収法は、行政上の強制徴収に関する一般法的な存在であるといえよう。

　行政上の強制徴収の手続は、主として国税徴収法の定めるところである（滞納処分の前提としての督促については、国税通則法およびその他の法律に規定されている）が、それは①督促（国税通則37条）、②財産の差押え（国税徴収47条以下）、③財産の換価（原則として、公売、例外的に随意契約。国税徴収89条）、④換価代金の配当・充当（国税徴収129条以下）の4段階からなり、さらに⑤強制徴収に対し

不服のある者のために、争訟への道が開かれている（国税通則75条以下）。

　(ロ)　執行罰　　執行罰とは、不作為義務——営業の停止義務——や非代替的作為義務——健康診断を受ける義務——が履行されない場合に、その義務の履行を強制するために科する罰をいう。つまり、一定の期間内に義務の履行がない場合に、一定額の過料を科する旨の予告をし、その予告によって心理上の圧迫を加え、そうすることによって、義務者をして自らその義務を履行されることを目的とするのである。

　現在では、砂防法36条——条文の整理漏れとして残っているといわれる——を除くと、執行罰を定めた法令は見当たらない。しかし、違法建築物に対する規制手段として、また、公害の規制手段——つまり、施設の改善命令や使用停止命令などの実効性を確保する手段——として、その復活が論じられている。

　(ハ)　直接強制　　直接強制とは、行政上の義務の不履行がある場合に、行政庁が直接に、義務者の身体または財産に実力を加え、それによって、その義務の履行があったのと同一の状態を実現する作用をいう。このように、直接強制は義務の不履行を前提とするのであるが、類似の作用を行う即時強制ではそれを前提としないので、その点で両者は区別される。しかし、両者の区別が必ずしも明瞭であるとはいえない場合もある。例えば、違法に駐車する車両のレッカーによる移動（道交51条）についてみると、道路の危険状態を除去するための行為であるとして、即時強制として一般に扱われるが、違法駐車が不作為義務違反であり、レッカーによる移動がその不作為義務違反の履行確保であると考えると、直接強制であるとする余地も出てくるものといえよう。

　直接強制は、代執行や執行罰によってその目的を達しえないときや、急迫の事情のあるときに、第二次手段として、旧行政執行法上一般的に認められていたのである。しかし、日本国憲法の下では、このような身体または財産に実力を加える強制執行の手段は、基本的人権を侵すおそれが多いとして、原則として廃止され、例外的に個別法上に若干認められているにすぎない（その例として、新東京国際空港の安全確保に関する緊急措置法〔いわゆる「成田新法」(1978年法42)〕3条6項・8項、「学校施設の確保に関する政令」等が挙げられる）。

　(4)　**行政上の義務の不履行と民事上の強制執行**

　以上のように、行政上の義務の不履行がある場合には、明治憲法の下では、

その義務のすべてについて、行政権自らが強制する手段を持っていたということができるが、今日では、法律上、これらの義務の中で、代替的作為義務に関し、その不履行に対する強制手段としての代執行が認められているだけである（代執2条）。他の行政上の義務（非代替的作為義務や不作為義務）については、その履行を確保するためには、その強制手段についての法的根拠が設けられていなければならない（代執1条）。しかし、それが設けられていないのであれば、行政権自らの力によってその義務を強制することは許されない（なお、緊急措置について—最判平成3年3月8日：浦安町ヨット係留用鉄杭強制撤去事件、19頁 **判例** 参照）。

　これらの場合、通例、間接的に、義務違反に対する罰則によって義務履行の確保を図ることになるが、しかし、これらの場合、罰則以外に全く強制手段を欠くと解すべきであろうか。

　司法国家体制をとる日本国憲法の建て前からすると、これらの義務の不履行の場合、一般市民法の原則に立ち返り、民事上の強制執行への訴えが可能である、と解すべきではないか、と思われる。しかし、最高裁は、これらの場合に民事上の強制執行を認めているかというと、むしろ否定的である。

> **判例** 最判平成14年7月9日：宝塚市パチンコ店等規制条例事件
>
> 　パチンコ店等の建築に関する市の条例に反してパチンコ店を建築しようとする業者に対し、市がその建築工事の中止命令を発した（条例で義務は課したが、その担保手段は設けていなかった）。しかし、業者がこれに従わないため、同工事を続行してはならない旨の裁判を求めた事案である。
>
> 　最高裁は、民事事件において裁判所がその固有の権限に基づいて審判することのできる対象は、「法律上の争訟」（当事者間の具体的な権利義務ないし法律関係の存否に関する紛争であって、かつ、それが法令の適用により終局的に解決することができるもの〔裁3条1項〕）に限られるとし、国または地方公共団体が専ら行政権（公権力）の主体として、国民に対して行政上の義務履行を求める訴訟は、自己の権利利益の救済を求めるといったものではなく、法規の適用の適正さや一般的な公益保護を目的とするものである。また、行政事件訴訟法、またその他の法律にも、一般に国又は地方公共団体が国民に対して行政上の義務の履行を求める訴訟を提起することを認める特別の規定は存在しないことから、本事件は、裁判所の審判の対象となるものでないと判示した。

　なお、行政庁は、行政上の強制執行が可能な義務についても、民事上の強制執行の手段を選択することができるか、が問題となる。その点についても、最高裁は消極的である。

判例 最判昭和41年2月23日：行政上の行政強制と民事執行

　行政上の強制徴収が認められている場合に、民事執行によることが認められるかが問題となった事例。

　最高裁は、農業共済組合に、法律上、独自の強制徴収の手段（農業災害補償法87条の2の定める金銭債権の徴収〔「地方税の滞納処分の例」に基づく〕）が与えられているにもかかわらず、この手段によることなく、民事訴訟法上の強制執行の手段を用いて、この実現を図ることは、農業共済組合の公共性を認めて、強い権能行使を付与した上記法律の趣旨に反し、許されないとした。

3　行政上の即時強制

(1)　即時強制の必要性

　行政上の義務の不履行がある場合に、行政主体は、法律に基づき、その執行を自らの力で強制することができるのであるが、その場合、常に、事前にその義務を命ずる手続を踏んで、その上で自力執行をすべきであるかというと、そのような手続を踏んでいると、行政目的を達せられない場合が生ずることがある。例えば、火災で延焼中にその風下の家屋を倒壊する、いわゆる破壊消防の場合（消防29条）とか、飼主が狂犬を放置しており、危害防止のため、緊急な措置としてその狂犬を処分する場合（狂犬病予防9条）のように、あらかじめ相手方に対し義務を命じておく余裕のない場合があるし、また、さらには、危険のおそれのある事業の装置や施設の実地検査とか、公害監視のための立入調査のように、事前に相手方に対し義務を命じていたのでは所期の目的を達せられない場合があるからである。このような場合、行政主体が相手方に対し事前に義務を命じることがなく、直接自らの力によって行政上必要な状態を実現できることにしていないと、公共の安全や社会の秩序を維持できることは困難になる。そのための制度が、「即時強制」（「即時執行」という表現もある）である。

　即時強制は、相手方に命じた義務の履行を強制するための作用ではなく、行政目的違反の状態に対処し、目前急迫の障害を除く必要上義務を命じる余裕の

ない場合、または、その性質上義務を命じることによってはその行政目的を達せられない場合に、直接かつ即時に、国民の身体または財産に実力を加えるところの作用である、ということができる。

　もちろん、本来の行政処理の建て前からすると、このような行政権力の実力行使が、一般的に、しかも広範囲にわたって行われることは好ましいことではない。しかし、それにもかかわらず、現実の行政処理上、これを全面的に否定してかかることも妥当ではない。したがって、要は、行政上の即時強制の必要性を承認すると同時に、緊急性・例外性・最小限度性等の諸制約の要請を見失わないようにしなければならないのである。

　⑵　即時強制の根拠

　即時強制は、すでに述べたところからもわかるように、いきなり国民の身体または財産に対し実力を加えるものであるから、この強制の手段をとるには、法律にその具体的根拠が定められていなければならないし、また、その根拠条文の解釈にあたっても、その法規の趣旨・目的に照らして厳格に解釈されなければならないのである。

　その根拠法規として、警察官の職務執行についての一般法としての、警察官職務執行法のほか、個々の行政法規、例えば、食品衛生法54条、風営法37条、消防法4条・29条・30条等がある。

　なお、条例は、即時強制の根拠とすることができるかが問題となる。即時強制は、行政機関が相手方の自由や財産に有形力を行使し、その受忍を強制するのであるから、それはやはり、基本的には、法律の形式で定められるべきであろう。しかし、地方行政の抱える諸問題――例えば、暴走音の阻止、廃棄物の撤去など――を考えると、地域社会の秩序維持や、地域の事情などのために、法律の不備を補うため、条例で即時強制を規定することも可能である（各地の地方公共団体において条例での放置自転車の撤去・保管等の取組みなど参照）。

　⑶　即時強制の手段――警職法と個々の法規

　まず、警察官職務執行法の定める即時強制の手段があるが、それは、即時強制のうち、最も広く用いられるものであり、その中枢を占めるところの手段である。

　同法は、警察官が、「個人の生命、身体及び財産の保護、犯罪の予防、公安

の維持並びに他の法令の執行等の職権職務を忠実に遂行するために、必要な手段を定めることを目的とする」（警職1条1項）もので、その手段として、①質問（警職2条）、②保護（警職3条）、③避難等の措置（警職4条）、④犯罪の予防および制止（警職5条）、⑤立入り（警職6条）、⑥武器の使用（警職7条）を挙げる。もっとも、これらの諸手段をとるにあたっては、その「目的のため必要な最小の限度において用いるべきものであって、いやしくもその濫用にわたるようなことがあってはならない」（警職1条2項）という厳重な制約が課されている（警察官の武器の使用―最判平成11年2月17日）。

　次に、各種行政法規の定める即時強制の手段であるが、それは多種にわたり、次の3つに分類されている。

　①身体に対する強制　　本人の意思に反して、本人の身体に強制を加える場合である。健康診断の強制（感染症予防17条）、強制入院（精神保健福祉29条・33条・33条の4・34条）、外国人の退去強制・収容（入管24条・39条）などがある。

　②住居に対する強制　　これに関しては、関係者の意思に反しての、家宅・営業所等への立入り（風営37条2項、消防34条1項、国民保護84条・109条）、施設等の設備・物件等の検査・捜索（薬事69条1項）などがある。

　③財産に対する強制　　財産の所有者または占有者の意思に反して財産に実力を加える場合である。これに関しては、土地物件の使用・処分および使用制限（消防29条）、狂犬の処分（狂犬予防9条）、試験用の無償収去（食品衛生28条）、没収（未成年者飲酒禁止2条、未成年者喫煙禁止2条）、避難住民への収容・医療施設の開設のための土地の使用（国民保護82条2項）などがある。

(4)　即時強制と憲法上の令状主義

　ところで、行政上の即時強制に対して、憲法33条および35条の規定する令状主義の保障が及ぶか否かが問題となる。これらの条項は、一般には、刑事手続の一環としての強制措置を対象に規定されたものであると解されているが、しかし、はたしてこれらの条項は、行政上の即時強制には適用されないものであろうか。

　現行の諸法律には、「裁判官の許可（状）」を要する旨を定めているものもある（警職3条3項、国税犯則取締2条、入管31条）が、しかし、これらの諸規定を除くと、概して、憲法の令状主義の保障は、刑事手続およびそれに移行する行

政手続に限られ、一般の行政手続には適用されないと解されている。

　もちろん、行政上の即時強制は多種多様な内容のものを含むから、一律に論断できないとしても、しかし、人身の自由および住居の不可侵は、刑事手続上においてはもちろんのこと、行政手続上においても確保されなければならないであろう（最大判平成4年7月1日：成田新法事件、145頁 **判例** 参照）。行政上の即時強制が行政目的のための作用であるということから、令状主義の埒外におくべきであると考えることは正しくない。憲法上の令状主義は、したがって、原則的には行政上の即時強制にも及ぶと解すべきではないだろうか。ただし、個別的事情によっては、令状を求める余裕のない場合――例えば、消火の際に隣家に立ち入るなど――があり、そのような場合には、例外が認められると解すべきであろう。

> **判例** 最大判昭和47年11月22日：川崎民商事件
>
> 　所得税法の質問検査（旧所得税法63条、現所得税法234条）に関して、最高裁は、所得税の検査制度は、所得税の公平確実な賦課徴収をするものであり、刑事責任の追及を目的とする手続ではないとし、令状主義が適用されなくとも、憲法35条には違反しないとした。しかし、判決の中で、憲法35条1項の規定は、本来、刑事責任追及の手続における強制は、事前の司法権による抑制に置かれるべきことを保障したものであるとしても、刑事責任追及を目的とするのではないとの理由だけで、行政手続における一切の強制が当然に憲法35条1項の令状主義の保障の枠外にあるとするのは相当でないと述べた。

---

(5)　即時強制に対する救済措置

　即時強制のうち、権力的な事実行為で、人の収容（例えば、精神保健福祉法による強制入院など）や物の留置（銃刀法による銃刀剣類の一時保管や仮領置等）などの継続的な性質を有するもの（2014年改正前の行審2条1項の「事実行為」）については、これに不服のあるものは、行政不服申立てや取消訴訟の手続に従って、救済を求めていくことになる。

　しかし、継続的な性質を有しない権力的事実行為（例えば、警職法7条による武器の使用や消防法29条による破壊消防など）は、行為の完了が通常、一時的なことから取消訴訟等で解決することは困難である。その救済は、違法な即時強制

の場合には国家賠償の請求（国賠法１条）、また適法な場合であっても、特別な犠牲を強いるものは損失補償の請求により、救済を図っていくことになろう（最判昭和47年５月30日参照）。

4　即時強制から区別される行政調査

(1)　行 政 調 査

　即時強制の概念の下に従来理解されてきた行為形式の中には、これとは区別すべき性質を持った行為類型がある、と指摘されている。例えば、質問・検査（所税234条・国税徴収141条等）、立入検査（消防４条・４条の２・16条の５第１項）、立入調査（都計25条１項）、臨検・検査（食品衛生28条）などがそれである。一般に、それらは「行政調査」と称されている。

　即時強制は、直接、国民の身体または財産に対し実力を加えることによってその目的を達成するところに、その特色があるが、行政調査の例として挙げられるこれらの行為は、多くの場合、行政活動を行うために必要な情報収集を目的とするのみであり、しかも、これらの行為が拒否された場合、それに対する実力行使までは認められておらず、間接的に、罰則による制裁が設けられていることが多い（国税徴収188条、食品衛生75条など）。そこに、両者の違いが指摘される。

　たしかに、これらの行為の実質をみると、その緊急性は認められない場合が多く、しかも、直接的な実力行使が不可欠であるとはされていないなど、その本質的な要素の点で、即時強制とは異なるのである。例えば、「質問」であるが、これに対する答弁を実力で強制することはできないし、「立入検査」・「立入調査」についても、それに対する拒否・妨害を実力で排除してまで実行できるかどうか明らかではないし、「臨検・検査」についても、直接の実力行使は、行政実務上認められていない。

　このように、行政調査という新しいカテゴリーが、即時強制とは違ったジャンルを形成されつつある。

(2)　行政調査の問題点

　行政調査権は、一定の行政目的のために付与されているのであるから、行政機関が、行政調査権に基づいて収集した資料や情報は、当該目的にのみ利用さ

れるべきである。法律は「……質問又は検査は、犯罪捜査のために認められたものと解してはならない」（所税234条 2 項）と定めているが、このようにして取得された情報は、犯罪捜査のためのみならず、他の行政目的のためにも利用されてはならない、と解すべきである。

　行政調査は、法律または条例の定めるところに従って行われるべきである。しかし、それに関する法規の規定の仕方が明瞭であるとはいえない場合もある。その場合、その裁量が恣意的になされるようなことがあってはならない。行政調査は、当該法規の趣旨目的に沿って公平に行われなければならないのである（警察の自動車検問―最判昭和55年 9 月22日、18頁 **判例** 参照）。

さらに調べてみよう

・例えば、違反建築物や消防法規違反など、様々な領域において、義務の不履行状態が放置されている現状がある。法執行の面からみて、その機能不全の状態が指摘されているが、行政代執行が機能しなくなっている原因や問題点について考えてみよう。📖 宇賀克也「行政法概説Ⅰ〔第 7 版〕」（有斐閣、2020年）254頁
・行政上の義務の履行確保の手段を欠いた義務（不作為義務）に対して、民事手続による執行（司法的執行）の可否が争われた。この前出の最高裁判所の判例（最判平成14年 7 月 9 日、113頁 **判例** 参照）には、学説の批判が噴出している。どのような主張がなされているのか調べてみよう。📖 太田匡彦「民事手続による執行」『行政法の争点』（ジュリスト増刊、2014年）96頁

Ⅱ　行　政　罰

本節のポイント

・行政上の義務の履行を確保する手段としての行政強制と行政罰との相違点に着目し、行政罰の特徴を理解しよう。
・行政罰の行政刑罰と行政上の秩序罰を対比しながら、両者の仕組みを押さえよう。

1　概　　説

　前節において、行政上の強制執行と即時強制について検討した。これらは、現在および将来に向かって行政上必要な状態を実現するための手段であった。

ところが、過去の義務違反については、その違反者に対し制裁としての不利益を課すこととし、その威嚇的作用によって義務の不履行の予防を図ることとしている。

　行政上の義務違反に対する制裁の中で、最も一般的なものが行政罰——行政刑罰と秩序罰——である。しかし、そのほかにも、行政上の制裁措置として様々な方法が用いられている。

　ところで、行政罰は、刑事罰と同様に、それを科するには、法律の根拠がなければならない。つまり、罪刑法定主義の原則は、刑事罰に限らず、行政罰にも等しく適用される（憲31条・39条）と解すべきである。

　もっとも、明治憲法の下では、罪刑法定主義の原則の例外として、命令に対し、罰則をひろく一般的に委任することが認められていた（「命令ノ条項違反ニ関スル件」〔明治23年法律84号〕。これに基づき、警察処罰令〔内務令〕をはじめ、多くの罰則が命令で定められた）が、現行憲法73条 6 号は、「政令には、特にその法律の委任がある場合を除いては、罰則を設けることができない」と定め、刑罰の一般的委任は許されないことになった。なお、地方自治法14条 3 項は、条例に罰則を一般的・包括的に委任している。しかし、条例は、政令と違って、住民の意思に基礎を置くところの地方議会の議決を経ている点で、その合憲性が認められよう。

2　行 政 刑 罰

(1)　行政刑罰には刑法総則がどのように適用されるか

　行政刑罰——行政罰のうち、その原因行為が刑法上の刑名により科される刑罰をいう——は、性質上、刑事罰とは異なる。すなわち、刑事犯は、反道徳性が国民に意識されているがゆえに、その可罰性は当然とされるが、行政犯は、その多くが、行政上の目的の達成のために、政策的な側面から、義務違反に対して制裁が行われる。そのため、処罰感情も相違し、刑事犯の可罰性とは異なる原理によるものと考えられてきた。

　しかし、わが国では、行政刑罰の特殊性に対応した統一的規定の立法はなされていない。そこで、刑法に刑名のある定めのある刑罰（刑 9 条）——死刑・懲役・禁錮・罰金・拘留・科料・没収——を科する場合には、刑法総則の規定

をそのまま適用してよいかが理論上問題となる。

　この点につき、刑法 8 条は、その前段で、「この編の規定は、他の法令の罪についても適用する」と規定し、刑法総則が原則として行政刑罰に適用されることを明らかにしている。すなわち、刑法上の刑名により刑罰を科されることから、刑事訴訟法の手続により、検察官の起訴を経て、裁判所での判決によって刑罰が科されることになる。そして、その後段ただし書では、「ただし、その法令に特別の規定があるときは、この限りではない」と規定し、特別の規定のある場合には刑法総則が排除されるということを認めているのである。

(2)　行政刑罰の特殊性

(イ)　刑法38条 1 項は、「罪を犯す意思がない行為は罰しない。ただし、法律に特別の規定がある場合は、この限りではない」と規定している。これは、原則として、故意犯を処罰し、過失犯については、法律に特別の規定がある場合に限って処罰するということを意味する。

　行政法規の中には、明文をもって過失を処罰する規定を置く例が少なくない。ところが、このような明文の特別な規定がない場合でも、行政法規の趣旨からいって、過失による行為をも処罰すべきであるとする主張がある。しかし、刑法38条 1 項は、一種の解釈規定としての意味を持つのである。つまり、犯罪構成要件は原則として故意犯の構成要件と解釈され、「過失により」といった規定がある場合に限って、過失犯の構成要件を認めることができる、ということを意味する。したがって、刑法38条 1 項の適用を排除する明文の規定がない限り、過失が処罰されるかどうかは当該構成要件の解釈によって——つまり、広く法律の目的・精神から判断するのではなく——決すべきであろう。それが、罪刑法定主義の原理に適うものと思われる（最判昭和48年 4 月19日）。

(ロ)　通常、刑事罰は、自然人を対象としており、刑罰の種類もそれを前提としている。すなわち、死刑・懲役・禁錮などの自由刑は、自然人においてのみ科刑できるものである。しかし、行政刑罰は、行政上の義務違反に対する制裁であるので、法人そのものを処罰する必要がある。また、法人そのものが義務を負う場合でなくとも、使用者や事業主が法人である時は、違反行為者のみを処罰することでは不適切なことも生じる。そのため、違反行為者のみならず、その法人等事業主をも罰するという、両罰規定が設けられていることが多い

（水質汚濁防止34条など）。法人に対して罰金刑を、自然人に対するものよりも、高額とする、いわゆる法人重課がなされている場合もある（独禁95条、特許201条など）。

(3) 行政刑罰手続における2つの特例

行政刑罰は、刑事罰と同様に、原則として、刑事訴訟法上の手続、つまり検察官の起訴により通常の刑事裁判手続によって裁判所の判決を受ける。しかし、この原則に対しては、次の2つの特例が認められる。

(イ) 通告処分制度　　これは、間接国税および関税の犯則事件や交通反則行為について認められる制度である。すなわち、国税局長・税務署長または税関長は犯則事件の調査により犯則の心証を得たときは、その理由を明示して、犯則者に対して、罰金等を納付すべき旨を通告し、犯則者が通告の旨を履行したときは、同一事件については、もはや公訴を提起することなく、処罰手続を終了する。しかし、犯則者がこの通告を受けた日から20日以内にこれを履行しないときは、国税局長・税務署長または税関長は、告発の手続をとらなければならない。これによって、通常の刑事訴訟法手続に移行することになる（国税犯則取締14条〜17条、関税138条・139条）。

また、道路交通法の比較的軽微な違反行為には、警察本部長による反則行為の通告制度（道交127条）がある。これは、道路交通法では、反則行為について刑罰の定めを置いているが、この反則行為についての反則金が納付されれば、公訴が提起されない（道交128条2項）。反則金は刑罰ではなく、またその納付義務もない。しかし、この通告の翌日から10日以内に納付されない場合には、反則行為の公訴が提起され、刑事訴訟の手続に移行する（通告処分の性質—最判昭和57年7月15日）。

(ロ) 即決裁判手続　　これは、道路交通法第8章の罪に当たる事件について認められる簡易処罰手続である。簡易裁判所は、交通に関する刑事事件について、被告人に異議のないときは、検察官の請求により、公判前、即決裁判で、50万円以下の罰金または科料を科すことができる（交通事件即決裁判手続3条）。即決裁判は、その請求があったときは、原則として、即日期日を開いて審判するものとする（交通事件即決裁判手続7条）。即決裁判の宣告があったときは、被告人または検察官は、その宣告があった日から14日以内に、正式裁判の請求を

することができる（交通事件即決裁判手続13条1項）。

3　行政上の秩序罰

(1)　行政上の秩序罰

　行政上の秩序罰とは、文字どおり、行政上の秩序を維持するための、秩序違反行為に対する制裁である。その制裁は、通例、「過料」と称される金銭罰を科することによって行われる。

　行政刑罰は、その違反行為が反社会的であり、直接、行政目的に違背し、社会法益に侵害を加える場合に科せられるが、秩序罰は、その違反行為が単純な義務懈怠として、間接的に、行政目的の達成に障害を生じさせる危険がある場合に科せられるにすぎない。両者の違いは、そのとおりであるが、しかし、その区別の基準が必ずしも明確にされているとはいえない。

　秩序罰として、過料を定める法律は多いが、そのうち、行政上の秩序を維持するためのものとしては、次のものを挙げることができよう。戸籍法（120条～122条）、住民基本台帳法（50条・51条）、土地収用法（146条）、独禁法（97条・98条）など、がそれである。また、地方自治体も、条例または規則により、5万円以下の過料を科することができる（地自14条・15条・228条2項・3項）。

　なお、駐車違反者に対する放置違反金（道交51条の4）も、秩序罰のひとつとして制度化されたが、反則者に対してではなく、駐車違反をした車両の所有者に対して公安委員会が納付命令を行い、徴収できるが、放置違反金を納付しない場合、車検証を返付しないといった過料とは異なった仕組みをとっている。

(2)　行政刑罰との併科

　ところで、行政上の秩序罰（過料）と行政刑罰との併科は可能であろうか。この点について最高裁は、以下のように判示している。

> **判例　最判昭和33年4月30日：加算税と罰金の併科**
> 　行政刑罰たる罰金と加算税との併科について、行政刑罰は、その不正行為の反社会性に着目して科すのに対して、加算税（追徴税）は、納税義務違反を防止し、徴税の実を挙げようとする趣旨で科すので、両者はその性質を異にしており、併科しても、憲法39条（二重処罰の禁止）に違反しないとした。

図表9-4　行政刑罰と行政上の秩序罰との対比

	行政刑罰	行政上の秩序罰
科罰範囲	重大な行政義務違反	比較的軽微な行政義務違反
刑法総則	適用あり	適用なし
科罰内容	懲役・禁錮・罰金・拘留 科料（刑法に定める刑罰）	過料（金銭罰であるが、刑罰ではない）
科罰手続	刑事訴訟法による	非訟事件手続法による
特例他	通告処分制度（租税・交通関係） 即決裁判手続（交通関係）	地方自治体による過料（地自法14条3項など）

　また、刑罰と訴訟上の秩序罰との併科も妨げない、と解している（最判昭和39年6月25日）。しかし、行政上の秩序罰と行政刑罰は、制度上異なるとしても、実際上は、両者の区別の基準が明確であるとはいえないのである。

(3)　科罰手続

　秩序罰としての過料は、そもそも刑罰ではないから、刑法総則も刑事訴訟法も適用されない。それは、法令に別段の定めがある場合を除くと、「非訟事件手続法」の定めるところ（非訟161条～164条）により科される。もっとも、法令違反の過料は原則として地方裁判所において科される（非訟161条）が、例外的に簡易裁判所において科される場合もある（戸123条、住基52条）。その審理は、裁判所が職権で進める。

　なお、地方自治法の定める過料については、原則として、地方自治体の長が「過料の処分を受ける者に対し、あらかじめその旨を告知するとともに、弁明の機会を与え」（地自255条の3）た上で、これを科し（地自149条3号）、一定期限内にこれを納めない者があるときは、「地方税の滞納処分の例」により強制徴収する（地自231条の3）。なお、その処分の不服については、不服申立ての道が開かれている（地自255条の3）。

4　その他の行政上の制裁措置

　行政上の義務違反に対する制裁措置として、以上のように、行政刑罰と秩序罰があるが、そのほかにも、行政上の制裁措置として種々の方法が用いられている。

①許認可の停止・取消し　　許認可がなされたあと、法令に違背したり、または許認可に付された附款に違反した場合に科される制裁である。営業許可や運転免許などの停止・取消しの処分など、その例である。これらの不利益処分については、法令上、聴聞などの事前手続の機会が与えられている（行手13条以下）。

②経済的な不利益　　租税法規に定める各種の「加算税」、関税法・国税犯則取締法に基づく通告処分による「賦課金」（関税13条、国税犯則取締14条）、道路交通法に基づく「反則金」（128条）、国民生活安定緊急措置法に基づく「課徴金」（11条）など。

③氏名等の公表　　下請代金支払遅延等防止法（7条）、国土利用計画法（24条・26条）による勧告・指示等に違反した者の氏名・違反事実の「公表」、不当景品類及び不当表示防止法による違反行為者に対する「告示」（5条2項）などがある。

④サービスの停止　　都市計画法・建築基準法違反の建築物に対し、市町村が行う「水道の供給の拒否」や「下水道の利用の禁止」など。これらの措置は、条例等に根拠をおくとしても、役務提供義務を定めた法律（水道15条）と抵触するなど、現行法上問題がある（最判平成元年11月8日）。

さらに調べてみよう

・制裁として、多くの行政上の法令には罰則規定が置かれている。しかし、違反をしても、実際に刑罰が科されることはそう多くはない（例えば、労働時間等の規制、食品の不正表示など）。その意味で行政刑罰が十分に機能しているとはいえない。その理由や改善策などについて調べてみよう。📖 大橋洋一『行政法Ⅰ現代行政過程論〔第4版〕』（有斐閣、2019年）310頁以下

第*10*章　行政指導、行政上の契約

I　行　政　指　導

本節のポイント

・日本国憲法下において、行政機能が拡大し、それに応じて、いろいろな行政手段が採用されるようになった。行政指導も、そのひとつである。そこで、行政指導が、他の行政手段とどう違うのか、を検討しよう。

・行政指導の中には、法令にその根拠を有するものも数多くみられるが、それは法令に根拠がなければ、行えないのだろうか。それと「法治行政」の原理との関係はどのように捉えればよいのだろうか。

・行政指導に関し、その相手方は、行政争訟の手段に訴えて争うことができるか、また、不利益を受けた場合に損害賠償を求めて争うことができるか、が問題となる。その点についても検討しよう。

・地方自治体の行う行政指導も問題となる。自治体が行政指導の基準となる「指導要綱」を作成し、それに基づき種々の規制を行うからである。それの持つ問題点を検討しよう。

1　行政指導の意義・種類・方式

(1)　行政指導の意義

　行政指導という言葉は、かつては、法律や政令の中に登場する正規の法令用語ではなかったが、「行政手続法」においてはじめて、次のように定義された。行政指導とは、「行政機関がその任務又は所掌事務の範囲内において一定の行政目的を実現するため特定の者に一定の作為又は不作為を求める指導、勧告、助言その他の行為であって処分に該当しないものをいう」（行手2条6号）。しかも、「行政指導の内容があくまでも相手方の任意の協力によってのみ実現されるものである」（行手32条1項）し、また、「その相手方が行政指導に従わなかったことを理由として、不利益な取扱いをしてはならない。」（行手32条2項）

とされた。このように、行政指導は、相手方の協力に依拠する行政活動であり、行政庁が一方的に相手の権利や自由を制限する処分（業務改善命令や営業停止処分のような行政行為）とは区別される。いわばソフトな手段によって処分が行われたのと同様な効果を達成しようとするものである。

⑵　行政指導の種類

行政指導は、その作用の性質により、受益的・助成的行政指導と規制的・調整的行政指導とに分けることができる。

前者は、農家に対する営農指導、中小企業経営者への経営相談、税務相談、一般住民に対する保健指導等のように、相手方への情報・サービスの提供や技術指導等を行うことを内容とする。後者は、経済秩序を維持するためのいわゆる勧告操短などや、違法建築物の除却命令を出す前に自発的な撤収を進めたりするなど、秩序の維持・形成や利害対立の調整等のために行政庁が行う事実上の規制・調整措置を内容とする。

⑶　行政指導の方式

行政指導の方式については、何らの定めもない。口頭でも行われている。その点に関し、行政手続法は、「行政指導に携わる者は、その相手方に対して、当該行政指導の趣旨及び内容並びに責任者を明確に示さなければならない」（行手35条1項）とし、その2項で、「行政指導が口頭でされた場合において、その相手方から前項に規定する事項を記載した書面の交付を求められたときは、当該行政指導に携わる者は、行政上特別の支障がない限り、これを交付しなければならない」と規定する。この書面交付請求の手続は、行政指導の存在、内容および責任の所在を明確にするためのものであり、行政指導の相手方である国民は、この書面を得ることによって、後日、その指導に関してのトラブルが生じたときに、それを証拠として、自らの主張をすることができる点で、その意義がある。

なお、行政手続法は、基本的には、地方自治体には適用されない（行手3条3項）。しかし、ほとんどの地方自治体では、行政手続法の趣旨（行手46条）にのっとり、独自の「行政手続条例」を制定し、上記の書面交付請求の手続を定めている。

2　行政指導の法的限界

(1)　行政指導に法的根拠が必要か

　行政指導の中には、法令にその根拠を有するものが数多くみられる（例えば、石油業法10条2項に基づく石油精製業者に対する石油製品生産計画の変更勧告、生活保護法27条に基づく被保護者に対する指導・指示、悪臭防止法8条1項に基づく悪臭物質の排出を減少させるための措置を取るべきことの勧告など）。もっとも、これらの措置が法令に定められているのは、この種の行為がなされるに際して、法令上の根拠が必要であるという理論上の要請に基づくものではなく、その旨を法令に定めることによって、その行為への何らかの権威づけがなされるということや、政策的配慮によるものである、といわれる。

　しかし、行政指導は、基本的には、法令の根拠に基づくことなく行われるべきものである。つまり、行政機関は、自己の所掌事務の範囲内に属する行政需要に対して、法令の不備を、指導という形で補いつつ、自らの使命を達成しているのである。例えば、公害行政・経済行政・消費者保護行政等の分野で法律の欠缺を補ってきめの細やかな行政指導が行われ、その成果が挙げられてきたのである。

(2)　行政指導と「法律による行政」の原理との関係

　ところで、行政指導は非権力的な事実行為であるが、しかし、行政活動の一環として行われているのである。その中には、規制的性質を持ち、権力的な機能を果たすものもないとはいえない（例えば、建築確認を留保しての、行政指導の例として、最判昭和60年7月16日、次頁【判例】参照）。したがって、行政指導についても、「法律による行政」の原理との関係が検討されるべきであろう。

　(イ)　まず、組織規範との関係である。行政指導は、各省庁の設置法・組織令等に定められている当該行政機関の任務・所掌事務・権限の範囲を超えて行われてはならない（行手32条1項）。したがって、行政指導が、当該行政機関の有するこれらの権限の範囲を超えて行われたときは、違法または不当の問題が生ずる。

　(ロ)　さらに、「法律優位」の原則との関係であるが、この原則は、行政機関の行う一切の活動が法律の定めに違反してはならないことを意味する。これは、当然、行政指導に対しても適用される。つまり、行政指導は、いかなる法

律にも違反するようなことがあってはならないのである。行政指導の要件が法律に定められているのであれば、もちろん、その要件に反する指導は許されない。

　しかも、行政指導は、「法の一般原則」──比例原則・平等原則・信義則など──に抵触するようなことがあってはならない。つまり、行政指導は、行政目的を達成するための、必要最小限度においてなされるべきであって、特定人に不当な利益を与えたり、特定人を不当に差別して取り扱ったりすることは許されない。

　㈏　行政指導は相手方の任意の協力により行われるべき行政活動であり、相手方が従う意思がない旨を表明した時は、相手方の権利の行使を妨げてはならない（行手32条1項・33条）。このような行政指導に求められる任意性を逸脱して違法な行政指導となるかどうかは、行政指導を行うに至った経緯や目的、相手方の利益状況および指導の実態を考慮して、行政指導により達成しようとする公益と相手方の不利益を総合的に判断する必要がある（最判昭和60年7月16日、下記 **判例** 参照）。

判例 **最判昭和60年7月16日：品川マンション事件**
　東京都建築主事がマンション業者に対して、マンション建築計画に反対する付近住民との話し合いを指導し、4か月以上にわたり10数回の話し合いを行ったものの紛争の解決に至らなかった事案について、最高裁は、不服申立てなどの方法により「行政指導にはもはや協力できないとの意思を真摯かつ明確に表明」した場合には、行政指導に対する建築主の不協力が社会通念上正義の観念に反するといえるような特段の事情が存在しない限り、建築確認の留保を継続することは国家賠償法1条に反し違法であるとして、工事遅延等の損害について国家賠償を認めた。

3　行政指導と救済措置

⑴　行政指導と行政争訟（行政不服申立て・行政訴訟）

　まず、行政指導として行われる指導・助言・勧告等の措置が違法である場合、行政不服申立てや行政訴訟によって取消し等の是正を求めることができるかが問題となる。

　行政不服申立ての対象となる行為は、「行政庁の違法又は不当な処分その他公権力の行使に当たる行為」（行審1条）であり、同様に行政訴訟（具体的には

処分の取消しの訴えまたは無効等確認の訴えといった抗告訴訟）の対象となるのは、「行政庁の処分その他公権力の行使に当たる行為」（行訴３条２項）である。ここでいう「処分」というのは、行政庁が法令に基づき優越的立場において国民に対し法的規制を行う行為であり、行政指導が法的効果の生じない任意的な事実行為である以上、行政指導はここでいう「処分」にも「その他公権力の行使に当たる行為」にも含まれないと解されている（最判昭和36年３月15日、最判昭和38年６月４日。いわゆる「処分性」の問題については、第 *14* 章Ⅱおよび第 *16* 章Ⅰ２を参照）。

　しかし、行政指導の中には、事実上の強制力を伴うものがある。事実上であれ、強制力を伴う行政指導があるとすれば、相手方はそれに従わざるをえないであろう。それに従わなければ不利益を受けることになる場合が生じるからである。そうだとすると、その種の行政指導に対しては争う方策が考えられなければならない。そこで、最高裁は、都道府県知事が病院を開設しようとする者に対して行う病院開設中止の「勧告」（医療〔改正前〕30条の７）に関し、それが、「事実上の強制力」を伴う――その勧告に従わなければ、保険医療機関の指定申請が拒否される――ことから、行政事件訴訟法３条２項にいう「行政庁の処分その他公権力の行使に当たる行為」に当たる、と判示したのである（最判平成17年７月15日、下記 **判例** 参照）。

　したがって、「事実上の強制力」を伴う行政指導については、「処分性」を有する、と解すべきことになろう。

判例　最判平成17年７月15日：病院開設中止勧告取消訴訟事件（「事実上の強制力」について）

　「上記の医療法及び健康保険法の規定の内容やその運用の実情に照らすと、医療法30条の７の規定に基づく病院開設中止の勧告は、医療法上は当該勧告を受けた者が任意にこれに従うことを期待してされる行政指導として定められているけれども、当該勧告を受けた者に対し、これに従わない場合には、相当程度の確実さをもって、病院を開設しても保険医療機関の指定を受けることができなくなるという結果をもたらすものである。そして、いわゆる国民皆保険制度が採用されている我が国においては、健康保険、国民健康保険を利用しないで病院で受診する者はほとんどなく、保険医療機関の指定を受けずに診療行為を行う病院がほとんど存在しな

いことは公知の事実であるから、保険医療機関の指定を受けることができない場合には、実際上病院の開設自体を断念せざるを得ないことになる。このような医療法30条の7の規定に基づく病院開設中止の勧告の保健医療機関の指定に及ぼす効果及び病院経営における保健医療機関の指定の持つ意義を併せ考えると、この勧告は、行政事件訴訟法3条2項にいう『行政庁の処分その他公権力の行使に当たる行為』に当たる」。

(2) 行政指導と損害賠償

　行政機関が違法な行政指導によって相手方に対して損害を与えた場合に、その相手方は、国家賠償法に基づき損害賠償を請求することができるであろうか。

　国家賠償法1条によると、国または公共団体が賠償責任を負うのは、「公権力の行使」に当たる公務員の職務上の行為に基づいて生じた損害に対してである。

　ここにいう「公権力の行使」については、後述（178頁参照）されているように、狭義説・広義説・最広義説の対立がある。このうち、広義説が通説・判例の採用するところであり、それによれば、国家賠償法1条は「公行政」に関する賠償責任一般について規定したものであり、「私経済作用」を除くすべての「公行政作用」が「公権力の行使」に当たると解されている。そうであれば、行政指導も、国家賠償法1条の対象になり、それに基づく損害に対し賠償請求を求めることができると理解すべきであろう（最判昭和60年7月16日、129頁 判例 参照）。

(3) 行政指導と行政手続

　行政手続法の2014年改正により、法律に根拠のある行政指導に限られるが（例えば、保護の実施機関が被保護者に対して行う指導または指示：生保27条1項、大規模小売店舗の新設届出に対して知事が行う勧告や公表：大規模小売店舗9条）、違法な行政指導の中止を求める手続が定められた（行手36条の2）。すなわち、行政指導の相手方は、個別法が定める行政指導の要件に合致しないと思料するとき、当該行政指導をした行政機関に対し、その旨を申し出て、行政指導の中止その他必要な措置をとることを求めることができる。法律に基づく行政指導に対する一種の不服の申立てである。

　また、法律に根拠のある行政指導について、行政活動を求める手続も法定された（行手36条の3）。これは行政指導の相手方の救済措置ではないが、法令に違反する事実がある場合で、その是正のためにされるべき行政指導がされていないと思料するとき、何人であっても権限ある行政機関に対してその旨を申し出て、行政指導をすることを求めることができる（第*11*章Ⅱ4参照）。

4　要綱行政とその限界

　(1)　地方自治体は、行政指導の基準として「指導要綱」を作成し、それに基づいて宅地開発・マンション建設・ゴルフ場造成等を規制している。このような要綱行政は、今日の地方行政における有力な手段となっている。しかし、地方自治体の行政は、本来、法律・条例に基づいて行われるべきであるとする、いわば法治行政の視点からすると、要綱行政はその趣旨に背くきらいがないとはいえない。

　ところで、最近の傾向として、都市の過密化、無秩序な宅地開発、高層マンションの林立等が公共施設・公共サービスに対するおびただしい行政需要を生み、各地の自治体の行財政を圧迫し、住民へのサービスの低下をもたらした。要綱行政が全国各地の自治体によって採択されるようになったのは、このような弊害を避け、各地の調和ある発展を図るために、地方自治体が当該事業主に対して、その任意の譲歩と協力を求める意図からであった。

　したがって、「指導要綱」が各地方自治体における各種の規制の基準として採択された趣旨からすると、それが法治行政に反するとはいえないであろう。

　(2)　「指導要綱」は、あくまでも行政指導の基準であるにすぎないのであるから、法的拘束力を有しない。したがって、行政側としてはこれを強制することはできないのである。

　しかし、相手方がこれに従わない場合に対処するために、要綱の中に、「建築確認の保留」とか「上下水道の停止」といった「制裁条項」を定める例が散見される。行政側としては、それらの条項に基づいて要綱の内容を強制的に実現しようとするのである。そのような制裁条項を定めて、行政指導の内容を強行することは法治行政に反する（次頁【判例】参照）。

判例 最決平成元年11月8日：武蔵野市水道法違反事件

　武蔵野市では、急増するマンション建設に対処するために、「宅地開発指導要綱」を制定し、マンション建設業者に対し、一定規模以上のマンションを建設する場合に、事前に市と協議すること、一定額の負担金を拠出すること等を求め、当該業者が上記「指導要綱」に従わないときには、市の上下水道等についての必要な協力を行わないことがある旨を定めた。

　しかし、「水道法」では、給水申込みを拒否するためには、「正当な理由」がなければならない（同15条1項）し、これに違反すると刑事罰が科される（同53条3号）。したがって、「指導要綱」違反が水道法の定める「正当な理由」に当たるかが問われたのである。

　「原判決の認定によると、被告人（市長）らは、右の指導要綱を順守させるための圧力手段として、水道事業者が有している給水の権限を用い、指導要綱に従わない建設業者らとの給水契約の締結を拒んだものであり、その給水契約を締結して給水することが公序良俗違反を助長することとなるような事情もなかったというのである。そうすると、原判決が、このような場合には、水道事業者としては、たとえ指導要綱に従わない事業主らからの給水契約の申込みであっても、その締結を拒むことは許されないというべきであるから、被告人（市長）らには本件給水契約の締結を拒む正当の理由がなかったと判断した点も、是認することができる。」

　（さらに調べてみよう）

・厚生労働大臣は、薬事法に基づき、薬品の製造承認を取り消す権限を有する（薬事74条の2）。同大臣が、その権限を背景にして、市販されているアンプル入りの風邪薬が人体に有害であるとして、それを製造・販売した製薬会社に対し、製造中止と回収を勧告したが、その後、それが無害であることがわかった。その場合、製薬会社は、そのことにより被った損失につき、国に対し、損失補償を求めることができるだろうか。

Ⅱ　行政上の契約

本節のポイント

> ・まず、行政上の契約の概念を検討しよう。その際、行政主体の締結する「合意」のうち、どの程度の「公法的」（特殊な）規律を受ける契約が行政法学の対象となるのかが問題となる。
> ・ついで、これまで、どのような契約が「行政上の契約」の例とされてきたのか、その種類について述べよう。
> ・さらに、行政上の契約の実際について検討しよう。
> まず、合意の形式が最も多く用いられる「給付行政の領域」における契約の問題について触れよう。
> ついで、行政機能の拡大に伴って、行政主体（国・自治体）がその活動の手段として「合意による行政措置」の形式を用いる例が多くみられるようになった。「公害防止協定」や「開発負担協定」が、その例である。これらについても検討しよう。

1　行政上の契約の概念

(1)　行政上の契約の意義

今日、給付国家ないし福祉国家の理念の下に、行政機能の拡大に伴って、行政主体が行政活動の手段として「合意」の形式を用いる例が多くみられるようになった。

しかし、行政主体の締結する合意の中には、純然たる「私法契約」もある。それは、私人間の契約と同じく、民事法の適用を受けるので、行政法学の対象とならない。ここで問題とされるのは、それを除いた「合意」である。これらの合意は、通例、「行政上の契約」あるいは「行政契約」と称されている。

(2)　公法（行政）契約の問題

(イ)　伝統的な行政法学では、「公法・私法」の区別を前提に、行政主体の締結する契約を、前者に属する「公法契約」と後者に属する「私法契約」とに区分し、前者が、行政法学の対象とされていた。しかし、そこでは、私法契約とは区別される「公法（行政）契約」の理論は全く醸成されることはなかった。

また明治憲法の下で行政訴訟を定める「行政裁判法」でも、訴訟事項が限定列挙されていたため、公法契約はそこでは想定されていなかったのである。

㈢　ところで、行政契約理論の発達したフランスでは、司法裁判所とは系統を異にする行政裁判所（コンセイユ・デタ）が存在し、国の締結する合意のうち、それが「公役務」に関するものであって、しかも「普通法（私法）外条項」を含む契約は、「行政契約」とされ、行政裁判所に係属し、行政契約に関する法規範の適用を受け、それ以外の契約は、司法裁判所の管轄に属し、「私法契約」として民事法の適用を受けるのである。

㈣　いずれにせよ、行政主体を当事者とする「合意」が、民事法とは違った「特殊な規律」を受けるのであれば、そのような合意については、行政法学上検討されるべきであろう。

　ここでは、行政主体を当事者とする「合意」のうち、特殊的規律を受けるものについては、行政法学上、私法契約とは区別される「行政上の契約」あるいは「行政契約」として取り扱い、ここでの検討対象としたい。

2　行政上の契約の種類とその特色

⑴　行政上の契約として、従来、次のようなものが挙げられている。

㈠　行政主体相互間の契約　　市町村相互間の児童の教育事務の委託（学教31条）、地方自治体相互間の道路・河川の費用負担割合の協議（道54条、河65条）、地方自治体がその区域外に公の施設を設置する場合の関係地方自治体の協議（地自244条の3第1項）などが、その例として挙げられる。

㈡　行政主体と私人との間の契約　　行政主体が補助金を交付する契約（地自232条の2、生保74条など）、地方自治体が私人の承諾を得てその所有地上に施設を設置する場合などの「公用負担契約」、市町村とガス会社・電力会社などとの間の「報償契約」などが、その例として挙げられる。

　なお、電気・ガス等の公共事業の特許は、従来、一方的行政行為とされていたが、むしろ、行政上の契約として理解すべきではないかと思われる。

㈢　私人相互間の契約　　土地収用における起業者と土地所有者との間の協議（土収116条以下）が、その例として挙げられる。

⑵　行政主体の締結する契約の中には、民・商法とは違った特殊な規律を受ける場合がある。例えば、契約の締結に関して、議会の議決を要するとされる場合（憲85条、地自96条5号）、契約の締結義務を強制する場合（水道15条1項）、

契約の締結における遵守事項を定めている場合（会29条以下、政府契約の支払遅延防止などに関する法律4条以下、地自234条以下）等々である。

　また、契約の解除に関しても、行政庁に一方的解除権を与え、相手方に対しその損失補償の請求権を認める場合もある（国財24条、地自238条の5第4項）。

　なお、いわゆる「政府契約」の場合、例えば、公共工事請負契約や物品の納入契約などは、「一般競争入札」で締結するのが原則であるが、しかし、法令が認める場合には、「指名競争入札」・「随意契約」で行うことができる（会29条の3・29条の5、地自234条）（下記 **判例** 参照）。

　もっとも、その基準が曖昧であることから、「指名競争入札」や「随意契約」での契約が多用され、その結果、業者の談合や公務員の汚職を生む結果をもたらし、その対策として、「公共工事の入札及び契約の適正化の促進に関する法律」（2000年）や「入札談合等関与行為の排除及び防止に関する法律」（2002年）が制定され、これらの契約に対する規制が図られている。

　このように、行政主体の締結する契約が私法外的な（民事法の規律を超えた）規律を受けるのであれば、これらも、行政上の契約として取り扱うべきであろう。

判例 　**最判昭和62年3月20日：福江市ごみ処理施設建設請負契約事件**

　公共工事の請負契約をみると、国の場合、その多くが「指名競争入札」により行われている。自治体の場合は、指名競争入札も多いが、「随意入札」がかなり多く利用されている。(旧) 地自法施行令167条の2第1項1号（現2号）では、随意契約が可能な場合の1つとして「その性質または目的が競争入札に適しないものをするとき」と定められている。本件では、その意味が問題となった。最高裁は、次のように述べる。

　「競争入札によること自体が不可能または著しく困難とは言えないが、不特定多数の者の参加を求め競争原理に基づいて契約の相手方を決定することが必ずしも適当ではなく、当該契約自体では多少とも価格の有利性を犠牲にする結果になるとしても、普通地方公共団体において当該契約の目的、内容に照らしそれに相応する資力、信用、技術、経験等を有する相手方を選定しその者との間で契約の締結をするという方法をとるのが当該契約の性質に照らし又はその目的を究極的に達成する上でより妥当であり、ひいては当該普通地方公共団体の利益の増進につながると合理的に判断される場合も同項1号に掲げる場合に該当するものと解すべきである。」

　福江市が「随意契約」の方法により締結した「ごみ処理請負契約」に関し、原審は、これを違法としたが、最高裁は、上記のような基準を設け、随意契約の領域を

かなり広く認め、原審判決を棄却したのである。

3　行政上の契約の実際

⑴　行政上の契約の今日的課題

⑷　**給付行政の領域における契約**　　行政上の契約は、通例、給付行政の分野において多くみられ、そこでの「契約」の特殊性が検討されるべきである。しかし、それがどの程度の民事法の規定に対する「特殊性」を持てば、行政上の契約である、とみなされるのか、が問題となる。また、その特殊性が私人間の契約関係には全くみられないのか、も検討されるべきであろう。

㈡　**規制行政の領域における合意**　　今日、行政の活動領域が広範多様化し、それと同時に、行政主体は、その行政目的（公益）を実現する過程において、国民との合意に基づく多くの行政事務を処理している。つまり、現代においては、行政主体と国民との「合意による行政措置」——契約、契約類似の協定または取決め等——が、事実上、複雑な行政事務を円滑に処理するための有力な行政手段となっているのである。

これらの「合意による行政措置」は、民事法上想定されない現象であり、その典型例が、後述する「公害防止協定」や「開発協定」などである。これらの協定以外にも、今日、類似の協定が多くみられるのである。これらに共通する条項をもとに、行政上の契約の類型化が図られるべきであろう。

⑵　給付行政上の契約の特殊性

⑷　給付行政は、もともと非権力行政であるが、そこでの活動形式として、権力的な意思表示の手段（行政行為）がこれまでに用いられないでもなかった。例えば、道路や公園の占用許可（道32条、都市公園6条）、補助金の交付決定（補助金等に係る予算の執行の適正化に関する法律6条）、被保険者にかかわる要介護認定（介保27条）などがそうである。

しかし、今日では、法律に特別の規定が設けられている例を除くと、ほとんどの場合、契約がそのための手段として用いられている。給付行政の法律関係は対等な関係であり、そこでは、「合意」の法形式が最も妥当する、とみなされるからである。

　もっとも、これらの領域においては、契約によるべき旨が法律上規定されている場合——普通財産の貸与（国財24条、地自238条の5）、給水契約（水道15条）など——も少なくない。しかし、法律上の根拠は、契約に際しての必要条件ではない。

　㈠　給付行政の領域においては、通例、利用関係が定型化されている。契約といっても、その内容を当事者が自由に定めることはできない。つまり、給付行政上の契約は、いわゆる「附合契約」の形態をとるのである。国・自治体の運営する鉄道、バス、病院、公営住宅などの利用関係における契約はすべてその例である。その関係は、私法人の場合（私鉄・私立病院など）とそれほどの違いはない。これらの場合も、通例、附合契約の形式が採用されているからである。

　また、国の独占事業の料金については、法律または国会の議決によって定められる（財政3条）。しかし、私法人の経営する特許事業等（電力・ガス等）の料金についても、自由に決定することはできず、認可制がとられているので、両者の間にはそれほどの違いはない。

　つまり、特許事業については、もともと、国がその（独占）事業を私法人に「特許」するという考え方があるが、しかし、両者間の「特許契約」（行政上の契約）に基づくものという捉え方をすると、料金に対する規制は、その効果である、と解することができよう。

　㈡　給付行政として行われるサービスの提供は、公正かつ平等に行われなければならない。例えば、水道事業に関して、「給水契約の申込みを受けたときは、正当の理由がなければ、これを拒んではならない」（水道15条1項）との規定があるが、日常生活に不可欠な物資・サービスの供給にかかわる契約に関しては、受益者に対し利用の公平が確保されなければならないのは当然である。その他差別的取扱いの禁止に関する規定として、地方自治法244条2項・3項などが挙げられる。

　しかも、公営住宅、住宅金融などのように需要に対する供給が限られている場合には、入居者や金融を受ける者などの受益者の決定は公正な方法によるべきであって（公営住宅18条、住宅金融公庫18条など）、その選考が恣意に流れるようなことがあってはならない。

　㈢　以上のように、給付行政上の契約の中には、民事法に対する特則的な規

律を受ける例が多くみられるが、しかし、私人間の契約においても、それらと
類似の規律を受ける例がないわけではない。

　したがって、このような、民事法に対する特則的な規律がどの程度のもので
あれば、そこに、行政法上の契約の特色を見出すのか、が問題となろう。

(3)　公害防止協定

　(イ)　規制行政の領域では、従来、行政行為という権力的手法がその中心的地
位を占め、契約のような非権力的手段は例外的な存在であった。ところが、
1970年代以降、規制領域の広範・多様化とともに、規制内容が技術的に高度化
していることもあって、法律や条例による規律がそれに追いつけず、これらを
補充するものとして、「合意による行政措置」が採用されるようになってきて
いる。地方自治体が公害の発生原因となり得る事業を営む企業と公害防止に関
して取り決めを行うところの「公害防止協定」が、その代表的な例である。

　しかし、最近の傾向として、「公害防止協定」のみならず、それに加えて、
「環境保全協定」も締結されている。例えば、福岡県では、九州電力との間に、
苅田火力発電所を設置するに際して、すでに、「公害防止協定」が結ばれてい
たのであるが、同発電所の増設に伴い、環境対策を一層進めるために、大気汚
染防止の強化や環境調査、報告義務などを盛り込んだ「環境保全協定」が結ば
れている。そこでは、硫黄酸化物や窒素酸化物の排出量、排出濃度の基準を新
たに設けたほか、産業廃棄物の石炭灰のセメント原料への有効利用、周辺海域
の自然環境調査の定期的報告などを、その内容としている。

　また、電力会社が原子力発電所を設置するに際し、その立地する当該市町村
との間での「安全協定」を締結するのみならず、隣接する市町村との間でも、
「隣接協定」を締結している。

　(ロ)　もっとも、「公害防止協定」の法的性質については争いがあり、「紳士協
定」説と「契約」説とに大別される。

　(a)　「紳士協定」説　　協定上の義務は、道義的なものにすぎず、法的拘
束力を有しない。したがって、行政側としては、これに基づき行政指導をなし
うるにすぎない、と解する説である。

　(b)　「契約」説　　契約説については、さらに、①「私法契約」説、②
「行政契約」説、③「特殊契約」説などが主張されている。

①「私法契約」説であるが、これは、地方自治体と企業が「私的自治の原則」に基づいて、対等な立場で締結する契約である、とされる。

②「行政契約」説であるが、これによると、自治体と企業が締結する協定は、私的利益の調整を目的とする民事法の予想する範囲を超えるところの合意である、とする。つまり、協定上の義務は、地域住民の生活環境の保全という公共の利益を保護法益として設定されたものであって、特定人の利益、特に財産上の利益の保護を目的とするものではない、とするのである。

③「特殊契約」説は、地域住民の環境権の保護という、「特殊法」たる公害法の法理論に基づき、企業に公害防止義務を負担させるところの合意である、と理解する。

㈹　いずれにせよ、公害防止協定は、公害行政上の普遍的な手段として、全国的に広がっている。それは、まず、公害規制関連法の不備を補完することになるし、ついで、地域の実情に即したきめの細かい内容を定めることもできるからである。

しかし、公害防止協定により、法令に規定のない種類の義務（例えば、燃料・防除施設などに関する義務など）を課したり、ときには、法令の取締基準を超え、それよりも厳しい基準（排出基準の強化、立入調査権の拡張など）を定めたりすることもある。そのことは、現行法上許されないのではないか、とする疑問が生じないわけではない。つまり、法令の許容する自由の領域を、企業の同意に基づくとはいえ、警察目的から制約するということは、「法律による行政」の原理に反するのではないか、という疑問である。

しかし、社会ないし福祉国家を国家理念とする日本国憲法の下では、「二重の基準」の原則により経済的自由に対する規制の場合には、法令上の根拠がなくとも、相手方の同意があり、しかも、それが合理的な目的達成のために必要な措置であれば、憲法の理念に照らし許される、と考えることができる。

判例も、明示的ではないが、「契約説」を前提とした判断を下している。事例では、自治体と事業者との公害防止協定の条項が問題となり、これに、法的拘束力を認めているからである（最判平成21年7月10日、次頁 **判例** 参照）。

> **判例**　**最判平成21年7月10日：旧福間町公害防止協定事件**
> 　福岡県福間町（後に合併により福津市）と産業廃棄物処理業者の間で締結された
> 公害防止協定において、最終処分場の使用期限を定めた条項に反して事業者が使用
> 期限の経過後も、知事の処分場設置許可で認められた埋立容量に達していないとし
> てその使用を継続したため、市が使用の差止めを求める民事訴訟を提起した事案に
> ついて、最高裁は公害防止協定の同条項に、契約としての法的拘束力が認められる
> ことを前提として、その限界について詳細な判断している。

(4)　開発負担協定

　(イ)　行政目的を実現するための手段として、国民・住民との「合意」による
行政措置が採用されることがある。それらの中には、「開発協定」または「宅
地開発協定」のように、開発に伴う人口増加に対応して整備しなければならな
い水道や学校、病院等の公共施設の建設費に充てるため、開発行為を行おうと
する事業者に対して開発負担金ないし教育施設負担金等の金員の拠出を求める
「開発負担」条項を含んでいるものもある。この種の契約をどのように理解す
べきであるかが問題となる。つまり、その法的性格である。

　判例の中には、「宅地開発指導要綱」に基づく開発協定が「私法上の贈与契
約」であるにすぎないとするものもある（例えば、東京高判平成11年9月22日）。

　しかし、指導要綱に基づく自治体と開発業者との間の、「開発負担」——具
体的には、負担金等——を含む合意が一種の「契約」であるとしても、それが
「私法契約」であると言い切ることができるであろうか。

　(ロ)　開発負担を定める指導要綱は、従来の指導要綱とは異なり、しかも、そ
の運用の実態は、その合意ないし協定が都市計画法32条における「公共施設の
管理者」たる市区町村の「同意」とリンクして締結されているのである。つま
り、市区町村が都市計画法32条に基づく「同意」を与える場合に、その「同
意」は、本来、「公共施設管理法」（道路法・河川法・下水道法・都市公園法等）に
基づき、そこに定められた管理権限の範囲内で行われなければならない（阿部
泰隆『行政法の解釈』308頁）のであるが、しかし、その実態は、市区町村が、そ
の「同意」を与えるに際し、その前提条件として、当該指導要綱に基づき、そ
こに規定されている基準——開発そのものの可否、開発条件、負担金等——に
従って、その内容を含んだ合意ないし協定の締結を宅地開発業者に対して課し

ているのである。

　自治体側は、その合意ないし協定に至る過程は行政指導によるものであるというが、しかし、それが、そこに定められている種々の条項——制裁条項等——を背景に「事実上の強制力」を伴って行われているのである。このように、その運用の実態からすると、それが単なる私法上の契約であるとみなすことはできない。

　(ハ)　ところで、このような「宅地開発指導要綱」に基づいて締結される「負担協定」は、宅地開発に際して、公共の需要——財政事情、都市機能、環境保全等——を満足させるために行われるものであり、開発業者の同意を得て締結されている。しかも、その内容をみると、そこには、契約条項のほかに、このような公共の需要を満たすための、一定の義務を課する条項——負担条項等——が含まれている。そうであるとすれば、それが純然たる私法上の契約であるということはできない。それは、いわば混合的性格——公法的性格と私法的性格——を持った「合意」である、といえよう。

　このように、宅地開発に際して、その指導要綱に基づいて締結される合意ないし協定は、公共の利益を実現するための「負担条項」等を含んでおり、しかも、それが任意の同意を得て締結されているとしても、そこには「事実上の強制力」が伴っているのであるから、それは、私法上の契約であるとはいえないのであり、むしろ、それとは類型を異にする、いわば「行政上の契約」であると解されるべきであろう。

　（さらに調べてみよう）
・地方自治体の行った違法な「財務会計上の行為」について、当該自治体の住民は、住民監査請求（地自242条１項）・住民訴訟（地自242条の２）を提起することができる。当事者ではない住民は、自治体の締結した、違法な「行政上の契約」に対し、住民訴訟を提起することができるであろうか。

第**11**章　行　政　手　続

I　行政手続概説

本節のポイント

・国民の代表である国会が制定した法律によって行政活動を民主的に統制する「法律による行政の原理」のほかに、なぜ行政手続が必要なのか考えてみよう。
・事前手続である行政手続は、裁量統制として有効であるといわれているが、その意義を理解しよう。

　行政手続には、行政活動が行われる前に適正手続が求められる事前手続と、行政活動が行われた後に私人の権利・利益を救済する事後手続とがある。ここで扱われるのは、事前手続としての行政手続である。私人の権利・利益を救済する行政手続としての事後手続は、第**14**章で扱われる。

1　適正手続の必要性

　これまでの「法律による行政」の原理は、国会の制定した法律によって行政活動を拘束し、国民生活の法的安定性と行政権に対する民主的統制を確保することに主眼が置かれていた。このため、行政活動は、実体法に適合すればこの原理を満たしたことになり、行政活動の決定過程への私人の参加はほとんど配慮されてこなかった。そして、行政活動が違法であれば、その名宛人である私人が、行政活動の是正を求めて、事後的に、裁判所に訴えを提起して救済が図られることになっていた。このように伝統的な法治行政の法システムは、行政活動の実体法を中心に構成され、行政活動を決定する手続法への関心を欠いていたといえよう。

　この伝統的な法治行政の下においては、特に行政処分は、行政庁の事実認

定、法律解釈により一方的になされるが、実体法の要件を満たせばよかった。また、行政処分に裁量が認められると、行政庁の判断が尊重され、私人が裁判所に訴えを提起したとしても、裁量権の踰越・濫用がない限り、行政処分の司法審査は認められていない（行訴30条）。

　このような行政庁による一方的な判断過程に対しては、行政庁の判断過程の公正性と透明性が要求されるとともに、裁量行為について司法審査が認められないことについては、事前の手続において私人が反論する機会を設けるなど、事前手続を整備する必要がある。

　法律による行政の原理が法律によって行政活動を拘束し、事後的な裁判によって私人の権利利益を救済するだけでは、不十分である。行政庁の判断過程とその手続を公正かつ適正にする必要があるのである。このような認識の下、戦後に、英米型行政法の基本原理である「適正手続」の法理が採用されてきた。

2　適正手続の内容

　「適正手続（due process of law）」の内容として挙げられるのは、処分基準の設定・公表、告知・聴聞、理由付記などである。

　処分基準（行政手続法の審査基準と処分基準）の設定・公表は、行政庁が処分をする前に、処分の基準が設定・公表されていることをいう。処分基準が公表されていれば、いかなる場合に処分が行われるかについて予測が可能であるとともに、行政庁の恣意が抑制されることになる。

　告知・聴聞とは、行政処分をする前に、その相手方に行政処分の内容と理由を告知し、相手方の意見を聴くもので、行政処分の適法性と妥当性を確保するとともに相手方の権利利益の保護を目的としている（風営41条、質屋営業26条、電気事業108条、道交104条など）。この告知・聴聞は、アメリカにおいては適正手続の重要な原則とされているが、わが国においても行政手続の重要な原則である。

　また、理由付記は、青色申告の承認や旅券の発給などに対する拒否処分をする際に、その具体的な理由を書面に付記することをいう（所得税155条2項、旅券14条など）。理由付記の目的は、具体的な理由を示すことにより行政庁の恣意を抑制し、不服申立てに便宜を与えることにある（最判昭和60年1月22日、150頁 **判例** 参照）。このように適正手続の内容をなす告知・聴聞や理由付記は、個別

法に規定されていたにすぎなかったが、1993年に制定された行政手続法がこれらを一般法として規定している。

3　適正手続の憲法上の根拠

　行政手続における告知・聴聞や理由付記などの適正手続の保障に関しては、その憲法上の根拠について、以下のように見解が分かれている。

　①憲法31条を根拠とする説　　憲法31条以下に定める適正手続は、刑事手続だけでなく、行政手続にも適用ないし準用されるとする。

　②憲法13条を根拠とする説　　国民の権利が国政上尊重されるべきであるから、国民の権利は実体法上も手続法上も尊重されるべきであるとする。

　③手続的法治国説　　これは、根拠を憲法の具体的条文に求めるのではなくて、憲法の基本原理である法治国原理により、国民の権利・利益が手続上も保障されるとする。

　これに関連して、最高裁は、憲法31条が行政手続にも及ぶのかについて、法定手続の保障が行政手続にも及ぶとするが、処分の相手方に告知、弁解、防御の機会を与えるかどうかは、常に必ずそのような機会を与えることを必要とするものではないとして、告知・聴聞の手続なしに不利益処分を課すことも合憲であるとした（下記 **判例** 参照）。

　判例 **最大判平成 4 年 7 月 1 日：成田新法事件**

　成田新法、すなわち「新東京国際空港の安全確保に関する緊急措置法」3 条 1 項に基づき、運輸大臣は、空港の規制区域内の「横堀要塞」について、多数の暴力主義的破壊活動者の集合の用に、爆発物、火炎びん等の物の製造または保管の場所の用に供することを禁止する処分を繰り返した。上告人は、使用禁止処分の取消しを求めたが、最高裁は、使用禁止期間が経過したことを理由に取消訴訟を却下したが、行政手続について次の 2 点を判示した。

　①憲法31条の定める法定手続の保障は、直接には刑事手続に関するものであるが、行政手続については、それが刑事手続ではないとの理由のみで、そのすべてが当然に同条による保障の枠外にあると判断することは相当ではない。

　②行政処分の相手方に事前の告知、弁解、防御の機会を与えるかどうかは、行政処分により制限を受ける権利利益の内容、性質、制限の程度、行政処分により達成しようとする公益の内容、程度、緊急性等を総合較量して決定されるべきもので

あって、常に必ずそのような機会を与えることを必要とするものではない。

さらに調べてみよう

・事前手続と事後手続について調べてみよう。📖 山田洋「事前手続と事後手続」『行政法の新構想Ⅱ』（有斐閣、2008年）219〜234頁

Ⅱ　行政手続法

本節のポイント

・行政手続法の目的である、「公正の確保と透明性の向上」とは、行政庁の判断に何を求めているのか。
・申請の審査基準や不利益処分の処分基準に違反した処分は、違法となるのだろうか。
・不利益処分についての意見陳述の手続には、聴聞の手続と弁明の機会の付与の手続があるが、それぞれどのような不利益処分を対象としているのか理解しよう。
・行政指導の一般原則とは何か、また行政指導の実体規定と方式を理解しよう。

1　行政手続法の対象と目的

(1)　行政手続法の対象

　行政手続法は、処分（申請に対する処分と不利益処分）、行政指導、届出に関する事前手続、命令等を定める手続を対象としている（行手1条1項）。1993年の制定当初は、処分、行政指導、届出に関する手続だけを定めるにすぎなかったが、2005年改正法により、命令等を制定する手続（意見公募手続）、すなわち行政立法の制定手続が追加された。しかし、行政計画や行政契約などの手続に関する規定はない。

　行政不服審査法の改正に連動した、2014年改正行政手続法は、処分の事前手続と行政指導の手続を新設した（後述 5）。

(2)　行政手続法の目的

　行政手続法の目的は、行政運営における公正の確保と透明性の向上と、国民の権利利益の保護に資すること（行手1条1項）である。

　行政運営における公正の確保とは、行政庁の意思決定の内容と判断過程が恣

意や独断なしに公正になされることをいい、また透明性については、「行政上の意思決定について、その内容及び過程が国民にとって明らかであること」と定義されている。そして、行政手続法の最終的目的は、国民の権利利益の保護にあるのであって、法律による行政の原理の補完でもある。ただし、国民参加や民主主義的な参加は目的とされていない。

(3)　**行政手続法の特色**

行政手続法の特色は、以下の３点にある。

①不利益処分について、聴聞の手続（行手15条〜28条）と、弁明の機会の付与の手続（行手29条〜31条）を整備した。

②行政指導の定義（行手２条６号）、実体と方式を定めた（行手32条〜36条の３）。

③パブリック・コメント手続にならい、行政機関が制定する命令等の手続（意見公募手続）を法制化した（行手38条〜45条）。

コラム　パブリック・コメント

　パブリック・コメントとは、欧米で広く実施され、行政機関が政策の立案等を行おうとする際にその案を公表し、広く国民や市民の意見や情報を提出する機会を設け、行政機関は、提出された意見等を考慮して最終的な意思決定を行うことをいう。わが国においては、国の行政機関が新たな規制の設定、規制の改正・廃止をしようとする場合に、広く国民の意見や情報を提出する機会を設けなければならないことを閣議決定（1999年３月23日）し、1999年４月から実施されている。

　このパブリック・コメントが、命令等制定手続（意見公募手続）として行政立法を行う際に導入された。

---

(4)　**行政手続法の適用除外**

(イ)　行政手続法３条１項１〜16号の適用除外事項である（行審７条１項１〜12号の適用除外事項参照）。この中で、以下の除外事項が重要である。12号は、公害の紛争処理のような三面構造における紛争に対する公害等調整委員会が行う裁定などで、行政手続法の対象を二面関係に限るとするものである。13号は、警察官などが公益に係わる事象が発生する現場において行う処分などで、事前手続をとることが不可能なものである。14号は、職務遂行上必要な情報の収集、いわゆる行政調査で、行政調査自体が処分の準備段階の行為であり、多

種・多様であるため、画一的に定めることはできないとされたものである。

　(ロ)　条例・規則に根拠のある地方公共団体の機関の処分と機関への届出、同機関が行う命令等の制定、すべての行政指導（行手3条3項）については、地方公共団体は必要な措置を講ずべき努力義務を負う（行手46条）。これは、地方分権改革により地方公共団体も国と対等となったため、法律ではなくて、独自の行政手続条例によって規律すべきであるという考えによる。

　(ハ)　国または地方公共団体等が固有の資格において当該処分の名あて人となる処分および行政指導、届出（行手4条1項）、特殊法人や許認可法人に対する処分で、監督に関する法令に基づいてされるもの（行手4条2・3項）。行政主体に対する処分等であり、行政手続を課す必要がないものである。

　(ニ)　命令等制定手続については、行政手続法3条2項（命令等の内容・性質による除外）、同4条4項（行政部内の財務会計的規律・組織的規律）、同39条4項（緊急の場合、国会の審議が優先される場合、第三者構成の審議会等の議を経る命令等）に除外事項がある。

2　申請に対する処分の手続

　申請とは、法令に基づき、行政庁の許可、認可、免許など自己に対し何らかの利益を付与する処分（「許認可等」）を求める行為であって、行政庁が諾否の応答をすべきこととされているものをいう（行手2条3号）。

　申請の手続は、①申請の到達、②申請の審査、③許認可等の付与か拒否処分（拒否処分には理由の提示が必要）、が通常の流れである。

(1)　審査基準と標準処理期間の設定・公表

　まず、行政庁は、許認可等の申請を判断するための審査基準を定めるものとされ、公表すべき義務を負う（行手5条）。この審査基準は、行政規則である通知・通達として示される具体的な基準であり、行政内部の規範であって法的拘束力を持たないと考えられる。しかし、伊方原発訴訟において、最高裁は、原子炉設置許可処分の具体的審査基準の合理性が、処分の違法性を審査する基準となると判示している（最判平成4年10月29日、93頁 **判例**・245頁 **判例** 参照）。また、審査基準と異なる処分をする場合には、行政庁はその合理的理由を示さなければならないとする学説もある。

　しかし、この審査基準は、法律上は裁量が認められる場合でも、具体的基準であることから、裁量判断をチェックする重要な手段でもあり、申請を判断する過程の公正性を担保するものとして重要である。

　なお、審査基準の制定については、後述の命令等制定手続を執らなければならない（行手2条8号ロ）。

　また、通常の申請を処理する期間である、標準処理期間を定めるよう努めなければならず（努力義務）、設定したときにはその公表は義務づけられている（行手6条）。

判例　最判昭和46年10月28日：個人タクシー事件

　東京陸運局長（被上告人）は、1959（昭和34）年個人タクシー983両の増車を決定し、6630件の個人タクシー事業免許申請を受理した。同局長は、道路運送法旧6条1項の免許基準を具体化した審査基準を設定し、同法旧122条の2に基づく聴聞を実施したが、聴聞担当官には審査基準の内容（「転業が困難でないこと」、「運転歴7年以上」）が周知されなかったため、この点の聴聞もなされず、上告人の申請は却下された。判決理由の中で、以下の2点が重要である。

　①道路運送法旧6条は抽象的な免許基準を定めているにすぎないから、内部的に、これを具体化した審査基準を設定しなければならない（公表までは求めていない）。

　②審査基準を適用する上で必要な事項については、申請人にその主張と証拠の提出の機会＝聴聞の機会を与えなければならない。

---

(2)　申請の処理

　申請については、申請者に対する情報提供の努力義務が行政庁に課されている。まず、申請しようとする者に、申請書の記載事項や添付書類など申請に必要な情報を提供することである。さらに、申請に関する審査の進行状況や処分の時期の見通しを示すよう、努力義務が課されている（行手9条）。

　申請が「到達」すると、行政機関は、当該申請が要件を満たさない場合には、申請者に補正を求めるか、許認可等を拒否しなければならない（行手7条）。

　「到達」とは、申請書等が行政機関に事実上届いたことである。これまでのように、適法な申請が留保されたり返戻されたりすることのないよう、行政手続法においては「受理」という用語は用いられていない。

　申請に対する処分手続において、申請者以外の者（第三者）の利害を考慮す

べきことが許認可等の要件とされている場合には、公聴会の開催などの機会を設ける努力義務がある（行手10条）。この第三者の利害を考慮すべきことが許認可等の要件とされている場合の例に、群馬中央バス事件がある（下記 **判例** 参照）。

判例 **最判昭和50年5月29日：群馬中央バス事件**

　上告人（群馬中央バス）は、1956（昭和31）年被上告人（運輸大臣）に、営業路線の延長を求めて道路運送法に基づく一般乗合旅客自動車運送事業の免許を申請した。被上告人は、聴聞の後、運輸審議会に諮問し、公聴会の開催後、1961（昭和36年）にバスの運行は免許基準に適合しないとして申請を却下すべきとの同審議会答申に基づき、申請を却下した。判決理由の中で、以下の2点が重要である。

　①本件の運輸審議会の審理につき公聴会を要求する趣旨は、客観性のある適正かつ公正な決定（答申）を保障するにあるから、公聴会における審理も、関係者に対し、決定の基礎となる諸事項に関する証拠その他の資料と意見を十分に提出してこれを審議会の決定（答申）に反映させることを実質的に可能ならしめるようなものでなければならない。

　②答申を経ないでなされた免許の決定や、答申自体に法が答申を経ることを要求した趣旨に反する瑕疵があれば、免許処分の決定自体が違法となる。

---

(3)　理由の提示

　行政庁は、申請を拒否する場合には、その相手方に拒否処分の理由を提示しなければならない。法令に定められた基準等に申請が適合しないことが明らかなときには、申請者の求めがあったときに理由を示せば足りる。また、書面で処分をする場合には書面でその理由を示さなければならない（行手8条）。

判例 **最判昭和60年1月22日：一般旅券発給拒否事件（理由の付記）**

　上告人は、1977（昭和52）年被上告人（外務大臣）にサウジアラビアを渡航先とする一般旅券の申請をしたが、「旅券法13条1項5号に該当する」との理由を付記され、申請を拒否された。最高裁は、理由付記の目的と付記すべき理由の程度について、以下のように判示した。

　最高裁は、理由付記の目的について、具体的な理由を示すことによって行政庁の恣意を抑制し、その理由を申請者に知らせることにより不服申立てに便宜を与えることにあるから、拒否処分の根拠条文のみを示しただけでは理由の不備がある、と判示した。

3　不利益処分の手続

　不利益処分とは、行政庁が、法令に基づき、許認可等を有する特定の者を名あて人として、直接に義務を課し、その権利を制限する処分をいう（行手2条4号）。ただし、行政代執行法の代執行のような事実行為や代執行の事前手続である戒告は、不利益処分に該当しない（行手2条4号イ）。また、許認可等の申請を拒否する処分は、まだ許認可等を有していない者に対する処分であるから、上述した2申請に対する処分の手続の対象とされ、不利益処分には該当しない（行手2条4号ロ）。

(1)　処分基準の設定・公表

　行政庁は、不利益処分の処分基準を設定するよう努めるとともに、公表するよう努めるものとされている（行手12条）。

　申請を判断する審査基準（行手5条）の設定・公表が、義務づけられているのに対し、処分基準の設定・公表がともに努力義務にとどまる理由は、次の2点による。①不利益処分は通例、許認可権を有するものの法令違反を対象とするものであり、不利益処分の対象をすべて具体的に規定することには無理があること、②処分基準を公表すると、不利益処分を免れようとする脱法行為が行われることを配慮したものとされている。

　なお、処分基準の制定についても、後述の命令等制定手続をとらなければならない（行手2条8号ハ）。

　判例　最判平成27年3月3日：パチンコ営業停止処分事件（処分基準の性質）

　　Xは、風俗営業許可を受けた「パチンコ屋」であるが、経営する店舗において客から特殊景品を買い取る行為をしたとして、Xらは罰金刑に処せられた。北海道公安委員会は、Xに対し聴聞を実施した上で、40日間の営業停止処分（本件処分）をした。そこでXは、Y（北海道）を被告として、本件処分の取消訴訟を提起した。1審・2審も、営業停止処分期間の経過により本件処分の法的効果が失われており、取消訴訟の訴えの利益を欠くとして、訴えを却下した。Xが上告、破棄自判（この判決については、14頁**判例**参照）。

　　①行政手続法「12条1項に基づいて定められ公にされている処分基準は、単に行政庁の行政運営上の便宜のためにとどまらず、不利益処分に係る判断過程の公正と透明性を確保し、その相手方の権利利益の保護に資するために定められ公にされるものというべきである。……処分基準において、先行の処分を受けたことを理由と

して後行の処分にかかる量定を加重する旨の不利益な取り扱いの定めがある場合
に、……当該行政庁の後行の処分における裁量権は当該処分基準に従って行使され
るべきことがき束されており、先行の処分を受けた者が後行の処分の対象となると
きは、上記特段の事情がない限り当該処分基準の定めにより所定の量定の加重がさ
れることになるものということができる。」

②風俗営業の停止命令に関し、公にされた処分基準において先行処分を受けたこ
とを理由として後行処分の量定を加重する旨の定めがある場合には、先行処分を受
けた者は、将来において後行処分に当たる処分の対象となりうるときは、「先行の
処分に当たる処分の効果が期間の経過によりなくなった後においても、当該処分基
準の定めにより上記の不利益な取り扱いを受けるべき期間内はなお当該処分の取消
しによって回復すべき法律上の利益を有するものと解するのが相当である。」

(2)　意見陳述の手続

行政庁が、不利益処分をする場合には、その相手方の意見をあらかじめ聴
く、意見陳述の手続をとらなければならない（行手13条）。意見陳述の手続に
は、聴聞の手続と弁明の機会の付与の手続がある。

①聴聞の手続　　重大な不利益処分について口頭審理を原則とする正式な手
続（行手15条以下）で、以下の場合にとられる。許認可を取り消す（撤回する）
不利益処分、名宛人の資格または地位を直接剥奪する不利益処分、さらに行政
庁が相当と認めるときである。

②弁明の機会の付与の手続　　許認可や資格・地位を奪うものではなくて、
営業の停止など軽い不利益処分について、書面審理を原則とする簡易な手続で
ある（行手29条以下）。

ただし、意見陳述のための手続（聴聞ないし弁明の機会の付与の手続）がとられ
ない場合がある（行手13条2項）。すなわち、公益上緊急に不利益処分をする必
要があって手続をとることができない場合や、納付すべき金額を確定し、納付
を命ずるなど金銭に関する処分などである。

(3)　聴聞の審理

①行政庁は、聴聞を行う前に、処分の名宛人に不利益処分の内容・根拠条
文、原因となる事実などを通知し（行手15条1項）、聴聞の期日に出頭して意見
を述べ、証拠書類を提出することができること（出頭に代え陳述書を提出するこ
ともできる）、聴聞が終結するときまで、不利益処分の原因となる事実を証する

図表11‑1　聴聞手続の流れ

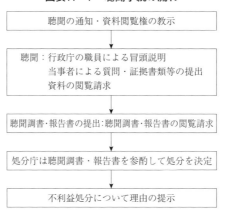

資料の閲覧を求めることができることを、教示しなければならない（同条2項）。

　②主宰者は、聴聞の冒頭において、行政庁の職員に処分の内容等を説明させなければならない（行手20条）。主宰者は、聴聞の審理について、一切の指揮権を有する。

　③当事者または参加人は、行政庁に対し、調書や資料の閲覧を請求することができる（行手18条・24条4項）。この場合、行政庁は、正当な理由がなければ閲覧を拒むことができない。この資料や調書の閲覧請求権は、聴聞の手続においてのみ認められている。

　④聴聞の審理は、行政庁が公開を相当と認める場合を除き、原則として公開されない（行手20条6項）。

　⑤主宰者は、期日ごとに聴聞調書を作成し、さらに当事者の主張について意見を記載した報告書を作成し、行政庁に提出しなければならない。この聴聞調書・報告書についても、当事者などは閲覧を請求することができる（行手24条）。

　⑥行政庁は、この聴聞調書・報告書を十分参酌して、不利益処分を決定しなければならない（行手26条）。

　⑦「聴聞」規定に基づく処分・不作為については、行政不服審査法の審査請求をすることができない（行手27条）。

⑷　弁明の機会の付与の手続

　弁明は、行政庁が口頭ですることを認めた場合を除き、弁明書を提出してす

る（行手29条）。行政庁は、弁明書の提出期限までに相手方に、弁明に必要な事項を書面で通知しなければならない（行手30条）。

(5)　理由の提示

　行政庁は、聴聞の手続ないし弁明の機会の付与の手続を経て不利益処分をする場合には、差し迫った必要性がある場合を除いて、処分の理由を提示しなければならない。不利益処分を書面でする場合には、理由の提示も書面でしなければならない（行手14条1・3項）。しかし、不利益処分を行うについて差し迫った必要性がある場合には、理由の提示なしに不利益処分をすることができるが、後から理由を提示しなければならない（行手14条1・2項。下記**判例**参照）。

判例　最判平成23年6月7日：一級建築士免許取消事件（理由の提示）

　国土交通大臣は、一級建築士の設計行為が建築士法（平成18年改正前）10条1項2号・3号に当たるとして聴聞手続を実施し、一級建築士免許を取り消す処分を行った。当時、建築士の懲戒処分については、建設省住宅局長の通知「建築士の処分等について」が懲戒処分の処分基準を示していたが、本件免許取消処分通知書は、7件の違反設計、5件の不適当設計を摘示していたが、処分基準をどのように適用したかを示していなかった。そこで、免許取消処分の名宛人が、行手法14条1項の定める理由の提示の要件を欠いた違法な処分であるとして、免許取消処分の取消訴訟を提起した。

　①行手法14条1項本文に基づいてどの程度の理由を提示すべきかは、上記の趣旨に照らし、「当該処分の根拠法令の規定内容、当該処分に係る処分基準の存否及び内容並びに公表の有無、当該処分の性質及び内容、当該処分の原因となる事実関係の内容等を総合考慮してこれを決定すべきである。」

　②「建築士に対する上記懲戒処分に際して同時に示されるべき理由としては、処分の原因となる事実及び処分の根拠法条に加えて、本件処分基準の適用関係が示されなければ、処分の名宛人において、上記事実及び根拠法条の提示によって処分要件の該当性に係る理由は知り得るとしても、いかなる理由に基づいてどのような処分基準の適用によって当該処分が選択されたのかを知ることは困難である」として、本件免許取消処分を取り消した（補足意見・反対意見あり）。

4　行政指導の手続

　行政指導とは、行政機関がその任務または所掌事務の範囲内において一定の行政目的を実現するため特定の者に一定の作為または不作為を求める指導、勧

告、助言その他の行為であって、処分に該当しないものをいう（行手２条６号）。行政指導については、第**10**章を参照。

(1) 行政指導の一般原則

行政手続法は、一般原則として次の３点を規定している。①行政指導は、行政機関の任務・所掌事務の範囲を逸脱できないこと、②行政指導の内容は相手方の任意の協力によるものであること、③相手方の非協力には不利益な取扱いをしてはならないこと、である（行手32条）。

(2) 実 体 規 定

申請の取下げまたは内容の変更を求める行政指導にあっては、相手方が行政指導に従う意思がない旨を表明した場合には、当該申請者の権利の行使を妨げるようなことをしてはならない（行手33条、最判昭和60年７月16日：品川マンション事件、129頁 **判例** 参照）。

許認可等をする権限や許認可等に基づき規制権限を有する行政機関が、当該権限を行使できない場合、または行使する意思がない場合においてする行政指導にあっては、当該権限を行使し得る旨を殊更に示すことにより相手方に当該行政指導に従うことを余儀なくさせるようなことをしてはならない（行手34条）。

(3) 行政指導の方式

行政指導に携わる者は、行政指導をする際に、相手方に対して、行政指導の趣旨および内容ならびに責任者を明確に示さなければならない（行手35条１項）。

行政指導が口頭でなされた場合に、相手方が書面の交付を求めたときには、行政指導の趣旨および内容ならびに責任者を記載した書面を交付しなければならない（同条３項）。

行政機関は、複数の者に対し行政指導をしようとするときには、あらかじめ行政指導指針を定め、公表しなければならない（行手36条）。この行政指導指針は、行政内部の規則である行政指導の要綱（要領）などに当たる。この行政指導指針についても、後述の命令等制定手続を行う必要がある（行手２条８号ニ）。

5　2014年行政手続法の改正

行政不服審査法の改正に併せ、行政手続法も一部改正され、国民の救済手段を充実・拡大するために、処分の事前手続、行政指導に関する手続が定められ

た。

　(i)行政指導に携わる者は、行政指導をする際に、行政機関が許認可等をする
権限または許認可等に基づく処分をする権限を行使しうる旨を示すときは、相
手方に対し、権限を行使し得る根拠となる法令の条項・その要件・要件に適合
する理由を示さなければならない（行手35条2項）。これは、行政手続法34条に
定められた、権限濫用型の行政指導をする際に、一定事項を明示させることに
より、このような行政指導を抑制しようとするものである。

　(ii)法令に違反する行為の是正を求める行政指導（法律に根拠があるものに限る）
の相手方が、当該行政指導が法律の規定する要件に適合しないと思料するとき
は、当該行政指導の中止その他必要な措置を求めることができる申出制度が新
設された。これは、「申出」制度であるため、行政機関には応答義務がなく、
申請権を認めたものではない。行政機関は、申出書が提出されたとき、必要な
調査を行い、当該行政指導が法律の要件に適合しないときは、行政指導の中止
や必要な措置をとることが義務付けられる（行手36条の2）。

　(iii)何人も、法令違反状態の是正のためになされるべき処分または行政指導
（法律に根拠があるものに限る）がなされていないと思料するときは、これを行政
機関に求めることができる申出制度が新設された。申出を受けた行政庁または
行政機関は、必要な調査の結果、必要な処分または行政指導をしなければなら
ない（行手36条の3）。これは、非申請型の義務付け訴訟（行訴3条6項2号）の
内容を事前手続として対応するものだが、「申出」制度であり、行政機関に応
答義務がなく、申請権を認めたものでもない。

6　届出の手続

　届出とは、行政庁に対し一定の事項を通知する行為（申請を除く）であって、
法令により直接に当該通知が義務づけられているものをいう（行手2条7号）。
具体的には、転入届（住基22条、申請と解する説あり）、生計状況の変更の届出
（生保61条）のように、一定の事項を行政機関に届け出るもので、これを怠ると
秩序罰としての過料が科される場合が多い。

　これまで、法令の定める形式や要件に適合している届出が、受理されずに留
め置かれたり、返戻される例があった。このため、行政手続法は、届出の義務

を履行した時期を行政庁の「受理」ではなくて、提出先とされている機関の事務所に「到達」したときと定めた（行手37条）。

7　命令等制定手続

　命令等制定手続（意見公募手続等）とは、行政機関が定める命令・規則などの行政立法を制定する前に、国民などの一般の意見を公募し、その意見を行政立法に反映させようとする手続である。

　命令等制定手続の対象となる「命令等」とは、内閣または行政機関が定める法令に基づく命令（処分の要件を定める告示を含む）または規則、審査基準、処分基準および行政指導指針をいう（行手2条8号イ～ニ）。

(1)　一　般　原　則

　命令等制定機関が命令等を定める行為の適正を確保するための実体的規定として、①命令等制定機関が命令等を定めるにあたり、定める根拠となる法令の趣旨に適合すること、②命令等制定機関は、制定後においても社会経済情勢の変化等を勘案し、命令等の内容について検討を加え、その適正を確保するよう努めなければならないこと、が規定されている（行手38条）。

　ここで、「法令の趣旨」とは、法令だけでなく、法令の制定時の説明や議論などの趣旨をも含み、これらにも適合することが必要とされている。

(2)　意見公募手続等

　(イ)　意見公募手続　　命令等制定機関は、命令等を定める場合には、案および関連資料を公示し、意見提出先および意見提出期間を定めて、広く一般の意見（情報を含む）を求めなければならない。意見提出期間は、原則として公示日から起算して30日以上である（行手39条）。

　意見提出をする者は、利害関係者に限られていないため、国民の参加という民主的要素が加えられたことになるが、行政手続法の目的（行手1条1項）には、国民参加や民主的参加は追加されていない。

　(ロ)　命令等制定機関の考慮義務　　命令等制定機関には、提出された意見を十分に考慮する義務が課されている（行手42条）。しかし、提出意見の内容を命令等に必ず反映する義務まで課されているわけではない。命令等制定機関は、案を修正するか否か自らの見識に従って合理的に判断することが求められる。

(ハ)　結果の公示等　　命令等制定機関は、命令等の公布または公にする行為
と同時期に、①命令等の題名、②案の公示日、③提出意見（提出意見がなかった
場合には、その旨）、④提出意見を考慮した結果および理由を公示する義務が課
されている（行手43条）。

命令等の案などや結果の公示は、電子情報処理組織を使用する方法その他の
情報通信の技術を利用する方法により行うとされた（行手45条）。具体的には、
電子政府の総合窓口（e-Gov）のパブリック・コメントにおいて、意見募集案
件とその結果が公表されている。

8　手続的瑕疵と行政処分の効力

行政処分に手続的瑕疵がある場合には、当該処分は無効ないし取消しになる
のだろうか。これについては、①行政手続を重視し、公正な手続により適法な
行政処分が生まれるものであるから、手続的瑕疵があれば処分は取消しないし
無効となるとの説、②行政手続は正しい内容の処分を担保するにすぎないとし
て、手続をやり直しても同じ内容の処分が想定される場合には、手続的瑕疵の
ある処分を取り消す必要はないとの説がある。

最高裁は、当初は②説に立ち、個人タクシー事件（最判昭和46年10月28日、149
頁 **判例**）において、行政庁が聴聞を実施し、申請人に主張・証拠の提出の機会
を与えると、異なる判断に至る可能性がなかったとはいえないとして、処分を
取り消したが、群馬中央バス事件（最判昭和50年5月29日、150頁 **判例**）において
は、適正な公聴会審理がなされたとしても、審議会の判断を左右する意見・資
料が提出される可能性がなかったとして、処分を取り消さなかった。

しかし、理由附記の瑕疵ある処分について、最高裁は、手続をやり直した結
果を考慮することなく、処分を違法として取り消している（最判昭和60年1月22
日、150頁 **判例**）し、さらに処分基準の適用関係も示されなければならないとし
て、処分を取り消している（最判平成23年6月7日、154頁 **判例**）。また、処分基
準に、先行の処分を受けたことを理由として後行の処分にかかる量定を加重す
る旨の不利益な取り扱いの定めがある場合には、行政庁の後行の処分における
裁量権は当該処分基準に従って行使されるべきことがき束されると、判示して
いる（最判平成27年3月3日、151頁 **判例**）。

　今後は、①説に立ち、行政手続が公正な手続を確保するものであれば、手続の瑕疵は処分の取消しないし無効になると判断すべきである。

―〔さらに調べてみよう〕―

・審査基準と処分基準について調べてみよう。📖佐伯祐二「審査基準・処分基準の法的性格」『行政法の争点』（ジュリスト増刊、2014年）78〜79頁

第*12*章 情報公開・個人情報保護法

I 情報公開制度

本節のポイント

・行政機関は膨大な情報を収集・蓄積しているが、情報を国民に公開するか否かは、以前は行政機関の裁量に委ねられていた。2000年に施行された情報公開法制定の意義と制度の仕組みを理解しよう。

・行政文書は開示が原則であるが、私人の権利利益や公益の保護のため不開示となる場合がある。不開示となる情報にはどのような情報があるのだろうか。

1 情報公開の意義・経緯

民主主義国家において、行政情報は、原則として国民の共有財産であって、情報公開は、国民の「知る権利」の保障、行政の説明責任、国民の行政参加、行政監視を可能とするための前提である。情報公開という文言は、多義的で、情報公開の中心となる、国民の請求に基づいて、行政機関が保有する情報を開示する制度（開示請求制度）と、行政機関の裁量により行われる情報提供制度や法令等により情報の公表が義務づけられている情報公表制度を含むものである。

わが国初の情報公開条例は、1982年に山形県金山町で制定され、同年、神奈川県が都道府県レベルでは初の条例を制定し、その後自治体で積極的に推進され、ほぼすべての自治体で制定されている。国の法整備は遅れ長年の懸案であったが、1999年5月に「行政機関の保有する情報の公開に関する法律」（情報公開法）が制定され、2001年4月から施行された。また、同年11月には「独立行政法人等情報公開法」が成立し、2002年10月から施行されている。

また、情報公開の前提となる公文書の作成、整理、保存、国立公文書館への

移管・廃棄、歴史公文書としての利用に関する統一的な規定を定めた「公文書の管理等に関する法律」（公文書管理法）が、2009年6月に成立し、7月に公布された。この法律は、公文書が「健全な民主主義の根幹を支える国民共有の知的資源として、主権者である国民が主体的に利用し得るものであること」を明確にするとともに、行政の適正かつ効率的な運営と現在および将来の国民に対する説明責任を果たすことを目的としている（公文書管理1条）。また、歴史公文書の中でも国立公文書館に移管される「特定歴史公文書等」の利用請求についても定めており（公文書管理16条）、情報公開のさらなる充実が期待されている。

2　情報公開法の概要

(1)　情報公開法の目的

　情報公開法は、同法の目的を、「国民主権の理念にのっとり、行政文書の開示を請求する権利につき定めること等により、行政機関の保有する情報の一層の公開を図り、もって政府の有するその諸活動を国民に説明する責務が全うされるようにするとともに、国民の的確な理解と批判の下にある公正で民主的な行政の推進に資することを目的とする。」と定めている（情報公開1条）。情報公開法は、開示請求権の根源を「国民主権」という憲法原理に基礎づけ、「知る権利」という文言を明記していない。それについて、国は、「知る権利」という言葉が、国民の情報公開法制に対する関心を高め、制度化を推進する役割を果たしてきた点は認めたものの、明記を避けた理由として、「知る権利」の概念については多くの捉え方があるということと、最高裁の判例において請求権的な権利として認知されていない点を挙げている。

(2)　情報公開の対象

　情報公開の対象となる機関は、国会、裁判所を除き、外交・防衛・警察等を含めたすべての行政機関と会計検査院である。

　開示請求の対象となる情報は、「行政文書」であり、行政文書とは、「行政機関の職員が職務上作成し、又は取得した文書、図画及び電磁的記録」で、「当該行政機関の職員が組織的に用いるものとして、当該行政機関が保有しているもの」である（情報公開2条2項）。つまり、情報公開法は、いわゆる組織共用

図表12-1　情報公開までの流れ

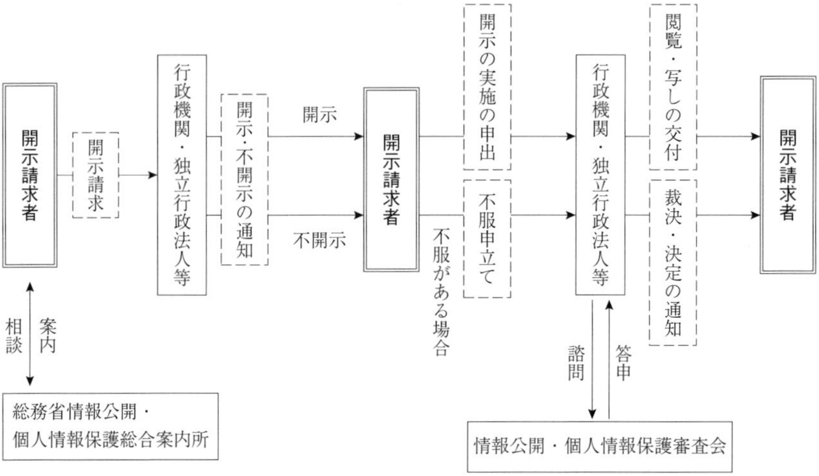

文書を対象とし、決裁、供覧などの事案処理手続を要件としていないので、起案文書等も対象となる。また、電磁的記録も対象としているので、文書や図画ばかりでなく、フロッピーディスクや光ディスク等も含まれるが、行政機関の会議の公開は対象外である。

(3)　請求権者

　情報公開法は、何人にも開示請求権を認めている（情報公開3条）。したがって、日本国民ばかりでなく、外国に居住する外国人も開示請求を行うことができ、また、自然人のみならず、法人も開示請求をすることができる。開示請求権者を限定することなく、「何人」にも認めているのは、開示を望む者が開示請求者に依頼することにより、容易に行政文書を入手することができ、限定することの実際的意義がないからである。

(4)　不開示情報

　情報公開法は、行政機関の長は、開示請求があったときは不開示情報を除き、当該行政文書を開示しなければならないとし、開示を原則とするが、開示することの利益と不開示にすることの利益を調整し、以下の7つの不開示情報を定めている（情報公開5条）。

　①個人情報　　特定の個人を識別することができる情報（他の情報と照合する

ことにより特定の個人を識別することができることとなる情報を含む）は、個人の正当な権利利益を保護する見地から不開示情報とされる。ただし、公にすることが予定された情報、人の生命、健康、財産を保護するために公にすることが認められた情報、公務員の職および職務遂行の内容に係る情報については、不開示情報から除外されている（同条1号）。

②行政機関非識別加工情報　　保有個人情報を特定の個人が識別できないように加工して得られる情報であって、当該個人情報を復元することができないようにしたもの（同条1号の2）。

③法人等事業情報　　法人に関する情報やその他事業に係る情報で、公表すると事業者の正当な利益を害するおそれのあるものや、公にしないという条件で任意に提供された情報で、非開示の取扱いをすることに合理的理由があるものは、不開示情報とされる。ただし、人の生命、健康、財産を保護するために公にすることが認められる情報は、不開示情報から除外されている（同条2号）。

④国の安全等に関する情報　　防衛、外交に関する情報で、公にすることにより国の安全を害し、または国際的信頼、外交交渉に不利益を被るおそれがあると行政機関の長が認めることにつき相当の理由がある情報は、不開示とされる（同条3号）。この判断については、行政機関の長に一定範囲の裁量が認められていると解されている。

⑤公共の安全等に関する情報　　犯罪の予防、鎮圧または捜査等に関する情報で、公にすると公共の安全と秩序の維持に支障を及ぼすおそれがあると行政機関の長が認めるにつき相当な理由がある情報は、不開示情報とされる（同条4号）。この情報の判断についても、行政機関の長に一定範囲の裁量が認められていると解されている。

⑥審議・検討情報　　行政内部において審議・検討・協議されている事項に関する情報で、公にすると、率直な意見の交換もしくは意思決定の中立性が不当に損なわれたり、不当に国民の間に混乱を生じさせまたは特定の者に不当に利益を与えもしくは不利益を与えるおそれのある情報は、不開示情報とされる（同条5号）。

⑦事務・事業情報　　国や地方公共団体が行う事務・事業に関する情報であって、公にすると、当該事務・事業の適正な遂行に支障を及ぼすおそれのあ

る情報は、不開示とされる（同条6号）。

(5)　**開示・不開示決定**

　開示請求がなされた場合、行政機関の長は、その文書に不開示情報が含まれている場合を除き開示を決定しなければならない（情報公開5条）。当該文書が不開示情報の場合には、不開示決定をし、その理由を提示し請求者に書面で通知しなければならない（情報公開9条、行手8条）。開示請求に対する決定は、原則として請求があった日から30日以内にしなければならない（情報公開10条）。ただし、事務処理上の困難その他正当な理由があるときは、30日以内を限度に延長することができる（同条2項）。また、開示請求の行政文書が大量である場合には、開示決定等の期限の特例が設けられている（情報公開11条）。

　なお、情報公開法は、請求対象文書が不開示情報を含んでいる場合でも、行政機関の長が公益上特に必要があると認めたときは、当該文書を開示することができるとする裁量的開示と、当該情報に係る行政文書が存在しているか否かを答えるだけで、不開示情報が開示されることとなる場合には、当該文書の存在を明らかにしないで、当該開示請求を拒否することができるとする存否応答拒否（グローマー拒否）を認めている（情報公開7条・8条）。

(6)　**部分開示、開示の方法**

　開示請求の対象となった行政文書に不開示情報が全くなければ、すべて開示されることになるが、その一部に不開示情報が含まれている場合が多い。この場合、全部を不開示にするのではなく、不開示情報が記録されている部分を容易に区分して除くことができるときは、当該部分を除き部分開示をしなければならない（情報公開6条1項）。ただし、不開示情報を除いた部分が、それ自体無意味な情報となってしまう場合には開示の義務は生じない（同条1項ただし書）。また、個人情報について、個人識別情報の部分（氏名、生年月日等）を除くことにより、公にしても当該個人の権利利益を害するおそれがない場合には、部分開示をしなければならない（同条2項）。

　開示の方法は、文書または図画については閲覧または写しの交付により行われる（情報公開14条1項）。電磁的記録の開示方法については政令で定める方法により行うとしている。

(7) 第三者に対する意見書提出の機会の付与

開示請求された行政文書の中に、国、独立行政法人等、地方公共団体、開示請求者以外の者（第三者）に関する情報が記録されている場合には、開示決定の際に、その第三者に意見書を提出する機会が付与されている（情報公開13条）。これは、開示決定の際に、当該第三者の意見を聴取することにより、誤った判断を回避するためである。この制度には、行政機関の長が任意で意見聴取を行うことができるもの（同条１項）と、意見聴取を義務づけられているもの（同条２項）がある。義務的意見聴取は、①個人情報・法人情報として原則不開示であるが、例外的に公益上の理由から開示する場合（同項１号）、②不開示情報が記録された文書について公益上の理由により開示する場合（同項２号）がある。

第三者が開示に反対する意見書を提出した場合でも、行政機関の長は、これに拘束されることなく開示決定をすることができる。この場合、直ちに開示されると第三者は開示決定の取消しを求めることが不可能となる。そこで、第三者の争訟の機会を保障するため、開示決定の日から開示実施の日との間に少なくとも２週間を置かなければならない（同条３項）としている。

なお、不開示決定等に対する救済制度については、後述する。

> **判例** 最判平成６年１月27日：知事交際費の情報公開請求事件
>
> 知事交際費の債権者請求書、歳出額現金出納簿ならびに支出証明書のうち、交際の相手方が識別されるものは、相手方の氏名等、交際内容等が外部に公表、披露されることがもともと予定されているものなどを除き、非公開事由に該当するとした。

> **判例** 最判平成30年１月19日：内閣官房報償費情報公開事件
>
> 内閣官房報償費は、別名、官房機密費とも呼ばれ、国の事務事業を円滑かつ効果的に遂行するために内閣官房長官の判断により機動的に支出される経費であるとされるが、その使途は明らかにされてこなかった。これに関する文書の公開請求に対し、最高裁は、支払いの相手方や具体的使途が相当程度の確実さをもって特定されうる部分については、不開示を認めたが、政策推進費の繰入れ金額や各月の支払合計額などについては開示を認めた。

> **コラム　特定秘密保護法**
>
> 　通称、特定秘密保護法、秘密保護法などと呼ばれる「特定秘密の保護に関する法律」が、第185回国会に提出され2013年12月6日成立、2014年12月10日施行された。この法律は、日本の安全保障に関する情報で、①防衛、②外交、③特定有害活動（スパイ活動等）、④テロリズムの防止に関する事項のうち「特に秘匿することが必要であるもの」を行政機関の長が「特定秘密」に指定するものである。特定秘密の有効期限は上限5年（更新可能）で通算30年までとなっており、30年を超える延長には内閣の承認が必要で60年を超えて延長することはできない。特定秘密の取扱者は、厳しい適正評価により特定秘密を漏らすおそれがないと認められた職員等に限定され、特定秘密の漏えいと取得行為に対しては罰則（懲役10年以下等）が適用される。他方、同法は、法の解釈適用として、報道や取材の自由に対する配慮についても規定しているが、国民の知る権利や人権侵害の側面から批判や課題が指摘されており、同法の今後の解釈運用については、注視する必要がある。

> **（さらに調べてみよう）**
>
> ・情報公開制度では、行政機関が保有する情報は原則開示で、例外的に不開示情報の事由も認めている。しかし、不開示情報が拡大解釈されると、情報公開制度は情報非公開制度になりかねない。不開示情報について、学説・判例はどのように判断しているのだろうか。📖 佐伯彰洋「行政情報公開と不開示情報」『行政法の争点』（ジュリスト増刊、2014年）62〜63頁

II　個人情報保護制度

> **（本節のポイント）**
>
> ・情報化社会の進展に伴い、個人情報の利用が公的部門、民間部門を問わず著しく増大する一方、その危険性が指摘されている。わが国においても、個人情報保護法制が整備されたが、その意義と仕組みを理解しよう。
> ・行政機関が個人情報を取得する際の原則、個人情報の適切な取扱いの原則を理解するとともに、自己情報コントロール権としての、自己情報の開示、訂正、利用停止等の権利がどのようなものかを理解しよう。

1　個人情報保護法制の整備

高度情報化社会の進展に伴い、プライバシー侵害の危険性が増大するように

なり、個人情報の保護の必要性が強く求められるようになった。わが国においては、1988年に電子計算機処理された個人情報を対象とした「行政機関の保有する電子計算機処理に係る個人情報の保護に関する法律」が制定されたが、2003年に同法を全面改正してマニュアル処理のものも対象とする「行政機関の保有する個人情報の保護に関する法律」（行政機関個人情報保護法）が制定された。また同年、個人情報の保護に関する基本法としての性格を有する「個人情報の保護に関する法律」（個人情報保護法）、「独立行政機関等の保有する個人情報の保護に関する法律」（独立行政法人等個人情報保護法）、「情報公開・個人情報保護審査会設置法」が制定された。また、国に先駆けてほぼすべての自治体で個人情報保護条例が制定されている。ここでは、行政機関個人情報保護法の概要について解説する。

2　行政機関個人情報保護法の概要

(1)　行政機関個人情報保護法の目的

　国の行政機関においても、電子政府の実現に向け情報化が進み、各省庁の内外とのネットワークも整備されている。また、2002年に制定された「行政手続等における情報通信の技術の利用に関する法律」の施行に伴い、各種申請・届出等の手続がオンラインで行われるようになっている。このような状況の下で、行政機関個人情報保護法は、個人情報の取扱いに関する基本的事項を定め、行政運営に配慮しつつ、個人の権利利益を保護することを第一次的目的としていたが、2016年の改正で行政機関非識別加工情報制度（前述した特定個人が識別できないように加工、かつ復元できないようした行政機関非識別加工情報を民間事業者に提供する仕組み）が導入されたことから、「行政機関における個人情報の取扱いに関する基本的事項及び行政機関非識別加工情報（行政機関非識別加工情報ファイルを構成するものに限る）の提供に関する事項を定めることにより、行政の適正かつ円滑な運営を図り、並びに個人情報の適正かつ効果的な活用が新たな産業の創出並びに活力ある経済社会及び豊かな国民生活の実現に資するものであることその他の個人情報の有用性に配慮しつつ、個人の権利利益を保護することを目的とする」ことが追記された（行政個人情報1条）。これは、行政機関が保有するパーソナルデータの適正な利活用を促進し、新産業の創出等を

目指すものである。

⑵　個人情報・保有個人情報・個人情報ファイル

　個人情報とは、生存する個人に関する情報であって、当該情報に含まれる氏名、生年月日その他の記述等により特定の個人を識別することができるもの（他の情報と容易に照合することができ、それにより特定の個人を識別することができることとなるものを含む）をいう（行政個人情報2条2項1号）。個人情報は、生存する個人に関する情報であり、死者に関する個人情報は含まれない。これは、死者が開示請求等の主体となることはできないからである。ただし、死者の個人情報が遺族の個人情報に係わる場合には、遺族が自己の個人情報として開示請求等を行うことができる。

　2016年の法改正により、個人情報として、「個人識別符号が含まれるもの」、当該情報のみで特定の個人が識別することができるものとして政令で定められた文字、番号、記号等、例えば、DNA データ、顔認証データ、旅券番号、基礎年金番号等も該当することになった（同項2号）。また、人種、病歴、犯罪歴等の差別、偏見の原因となりうる「要配慮個人情報」についても規定された（同条4項）。

　保有個人情報とは、行政文書（情報公開法で定義されている）に記録された個人情報で、個人情報ファイルとは、電子計算機を用いないマニュアル処理に係るものも含めて保有個人情報を容易に検索できるように体系的に構成したものである。同法は、行政機関が個人情報ファイルを保有しようとするときには、総務大臣に一定事項につき通知すること（行政個人情報10条）、行政機関の長は個人情報ファイル帳簿を作成・公表しなければならないとしている（行政個人情報11条）。

⑶　個人情報の適切な取扱い

　行政機関は、所掌事務の遂行に必要な範囲で個人情報を保有することができるが、その利用目的をできる限り特定しなければならない（行政個人情報3条）。そして、個人情報を取得する場合には、あらかじめ本人に対して、利用目的を明示しなければならない（行政個人情報4条）。また、利用目的の達成に必要な範囲内で、保有個人情報が過去または現在の事実と合致するよう努めなければならない（行政個人情報5条）。行政機関の長は、保有個人情報の漏えい、滅失

又はき損の防止その他の保有個人情報の適正な管理のために必要な措置を講じ（行政個人情報6条）、法令に基づく場合を除き、利用目的以外の目的のために利用し、または提供してはならない（行政個人情報8条）としている。

　なお、同法は、個人情報の取扱いに従事する行政機関の職員等の義務（行政個人情報7条）や、行政機関から保有個人情報の提供を受ける者に対する措置要求（行政個人情報9条）についても定めている。

(4)　開示、訂正および利用停止

　行政機関個人情報保護法は、何人にも行政機関の保有する自己に係る情報を請求することのできる開示請求権（行政個人情報12条）を認め、行政機関の長に、不開示情報が含まれている場合を除き、開示義務を課している（行政個人情報14条）。また、自己情報に誤りがあると思料するときには、その訂正を請求することができる訂正請求権（行政個人情報27条）、自己情報が違法に取得されたり、利用目的以外の目的のために利用ないし提供されていると思料するときには、その利用ないし提供の停止を請求することのできる利用停止請求権（行政個人情報36条）について定めている。行政機関の長は、これらの要求があったときは、原則として30日以内に請求の当否を判断し、適切な対応措置を講じなければならない（行政個人情報19条・31条・40条）。

(5)　罰　　則

　同法は、行政機関の職員または職員であった者、受託業務従事者または従事していた者が、①正当な理由がないのに、コンピュータ処理された個人情報ファイルを提供したときは、2年以下の懲役または100万円以下の罰金（行政個人情報53条）、②その業務に関して知り得た保有個人情報を自己または第三者の不正な利益を図る目的で提供・盗用したときは、1年以下の懲役または50万円以下の罰金（行政個人情報54条）に処するとしている。また、行政機関の職員が、その職権を濫用して、職務の用以外の用に供する目的で個人の秘密に属する事項が記録された文書、図画または電磁的記録を収集したときは、1年以下の懲役または50万円以下の罰金に処するとしている（行政個人情報55条）。なお、偽りなど不正な手段により、開示決定に基づく保有個人情報の開示を受けた者については、10万円以下の過料に処するとしている（行政個人情報57条）。

> **判例**　大阪高判平成13年12月25日：宇治市住民票データ流出事件
>
> 　氏名、年齢、性別および住所と世帯主のデータは、プライバシーに属する情報であり、権利として保護されるべきものである。そのようなデータを流出させたこと自体、権利侵害があったというべきであるとした。

> **コラム**　番号法（マイナンバー法）
>
> 　通称、マイナンバー法、番号法などと呼ばれている「行政手続における特定の個人を識別するための番号の利用に関する法律」が、2013年5月に制定された。この法律により、全国民に12桁の「個人番号」（法人については法人番号）が付番され、社会保障、税、災害の分野で利用、管理されることとなった。同法は、行政運営の効率化や社会保障給付の適正化と負担の確保を図ることと、行政手続の簡素化による国民の負担軽減を図ることを目的としているが、国による特定個人情報の一元管理、個人情報の名寄せ・突合などの不正利用や特定個人情報の流出などによる被害も懸念されている。そのため、同法は、個人情報の目的外利用や外部提供を厳しく制限するとともに、漏えいや不正利用を監視するための特定個人情報保護委員会（2016年1月個人情報保護委員会に改組）の設置や違反者に対する罰則、特定個人情報保護評価制度についても定めている。

> （さらに調べてみよう）
>
> ・行政機関が保有する個人情報と、民間事業者が保有する個人情報の取扱には、どのような違いがあるのだろうか。また、個人情報の性質による特殊性は、どのように考えるべきだろうか。　📖 皆川治廣「行政上の個人情報保護」『行政法の争点』70〜71頁

Ⅲ　救済手続の特例

> **本節のポイント**
>
> ・情報開示請求や個人情報の開示請求に対し、不開示決定あるいは部分開示決定が下された場合、不服申立てをすることができるが、審査庁や処分庁は情報公開・個人情報保護審査会に諮問し答申を受け判断することとなる。審査会設置の意義と審理方法を理解しよう。

　情報公開制度における開示決定等に対して、また、個人情報保護制度におけ

る開示・訂正・利用停止の決定等について不服がある場合には、いずれも行政不服審査法に基づく行政不服申立てないし行政事件訴訟法に基づく取消訴訟を提起することができる。不服申立てがなされた場合、行政機関の長は、情報公開・個人情報保護審査会に諮問し、その答申を受けた上で不服申立てに対する判断を行う仕組みになっている（情報公開18条、個人情報42条）。

　情報公開・個人情報保護審査会は、内閣府に置かれ、15人の委員で組織されている（情報公開・個人情報保護審査会設置2条・3条）。委員は、優れた識見を有する者のうちから、両議院の同意を得て、内閣総理大臣が任命する（同4条）。審査会は、必要があると認めるときは、諮問庁に対し、行政文書等または保有個人情報の提示を求めることができ、諮問庁は、この求めがあったときには、これを拒んではならない（同9条1項・2項）。つまり、審査会は、諮問庁から提示された実物を直接見分した上で審議することができるのである。これがインカメラ審理と呼ばれる審査会の調査権限である。また、審査会は、諮問庁に対し、行政文書等または保有個人情報に含まれている情報の内容を審査会の指定する方法で分類または整理した資料（ヴォーン・インデックス）を作成し、提出するよう求めることができる（同条3項）。その他、審査会は、不服申立人、参加人、諮問庁に意見書または資料の提出を求めることや、適当と認める者にその知っている事実を陳述させまたは鑑定を求めることができる（同条4項）。

　審査会の答申は、諮問庁に提出されるが、不服申立人、参加人にも答申の写しが送付され、その内容は一般にも公表される（同16条）。

　なお、審査会は、諮問機関であるので、審査会の答申に法的拘束力はないが、実際上はごくわずかの例外を除き、諮問庁は答申を尊重し従っている。

　訴訟におけるインカメラ審理については、これを認める明文の規定がないことと、裁判の公開の原則から、採用されていない。また、最高裁は、保有していないことを理由とする不開示決定の取消訴訟では、行政機関が文書を保有していたことについての主張立証責任は請求者が負うとした（最判平成26年7月14日）。

判例 最判平成21年１月15日：インカメラ審理の可能性

　最高裁は、情報公開訴訟において、証拠調べとしてのインカメラ審理を行うことは、民事訴訟の基本原則に反するから、明文の規定がない限り、許されないものといわざるをえない、と判断したが、２人の裁判官は補足意見でインカメラ審理の意義を認め、憲法82条に違反するものではないとし、立法での議論を求めている。

判例 最判平成26年７月14日：沖縄返還密約文書事件

　沖縄返還に伴う財政負担等に関する日米間の密約をめぐり、国に関連文書の開示を求めたところ、国がそれを保有していないことを理由に不開示決定をした事件で、一審は、同文書がすでに米国で公開されていることからその存在を認め開示を命じたが、二審は、文書が破棄された可能性等を否定できないとして不存在を認め、一審判決を取り消した。最高裁は、保有していないことを理由とする不開示決定の取消訴訟では、行政機関が文書を保有していたことについての主張立証責任は請求者が負うものであるとし、本件各文書が作成されたとしても不開示決定時に行政機関が保有していたとは推認できないとして、二審判断を支持した。

さらに調べてみよう

・裁判所におけるインカメラ審査の導入には、どのような議論と施策があるのか調べてみよう。📖阿部泰隆『行政法解釈学Ⅰ』（有斐閣、2008年）542～543頁

第*13*章　国家補償法

I　国家補償の意義と沿革

本節のポイント
・国や公共団体が様々な行政活動によって国民に損害や損失を与えた場合、どのような補塡の仕組みがあるのかを理解しよう。
・明治憲法下における国家賠償に対する考え方や判例を踏まえ、現憲法下における国家補償の考え方や国家賠償法制定の意義を考えてみよう。

1　行政救済法の体系

　わが国の行政救済法の体系（行政活動によって被害を受けた者を法的に救済するための法制度の体系）は、本章で解説する「国家補償」のほかに、「行政不服申立て」と「行政訴訟」の３つの柱で構成されている。これら３つの柱は、「法律による行政の原理」を担保するための「原則として事後的な救済手段」という点で共通しているが、それぞれ固有の役割がある。

　国家補償は、行政活動によって国民に生じた被害を金銭により補塡する制度であり、行政活動の是正それ自体を直接の目的とするものではない。

　これに対して、行政不服申立て（第*14*章）と行政訴訟（第*15*章）は、いずれも違法な行政活動がなされたとき、直接それを攻撃し、是正するための手段である。両者を併せて「行政争訟」という。

2　国家補償の３つの類型

　国や地方公共団体等（以下では、単に国という場合があるが、地方公共団体も含む）の行政活動が原因となって、私人の権利や自由が侵害あるいは制限された場合、その損害は補塡されなければならない。この補塡のための法制度を国家

図表13-1　国家補償の3つの類型

$$国家補償法\begin{cases} 1 & 国家賠償…不法行為 \\ 2 & 損失補償…適法行為 \\ 3 & 結果責任…違法・無過失の行為 \end{cases}$$

補償あるいは国家補償法と呼んでいる。これには国家賠償、損失補償、結果責任の3つの類型がある（**図表13-1**参照）。

　第1の類型は、例えば、警察官が故意に発砲して人を負傷させた場合や、道路に穴があいていたにもかかわらず放置されていたため、オートバイが転倒し、運転者が怪我をした場合である。前者の場合は、警察官が違法な行為によって他人に損害を加えたのであり、後者の場合は、道路の管理者が穴を埋める措置をとらない、道路管理義務の怠慢の結果生じた損害であり、違法な行為によって生じた損害といえる。このような類型を不法行為に基づく損害賠償という。

　第2の類型は、例えば、道路や飛行場建設のために、私人の所有地を土地収用法に基づき収用した場合である。この場合、収用は法律の手続に従い適法になされているが、所有者にとっては損害を与える結果となっている。この類型を適法行為に基づく損失補償という。

　第3の類型は、例えば、刑事犯の容疑者として拘留された者が、裁判の結果、無罪となった場合である。この場合、拘留されることにより当然有形無形の損害が生じ、無罪となったからといって我慢できるものではない。しかし、捜査機関の行為や検察官の公訴の提起が、第1の類型と異なり直ちに違法となるものでもなく、また第2の類型のように容疑者に損害を発生させることを目的としたものでもない。このように第1の類型や第2の類型のどちらにも入らないが、結果的に国民に損害を加えたことになる。このように発生した損害に対し、正義の観点から責任を負うのが第3の類型で、この類型を結果責任に基づく損害賠償という。

3　国家補償の意義

　不法行為に基づく損害賠償、適法行為に基づく損失補償、結果責任に基づく損害賠償の3つを総称して国家補償と呼んでいるが、国家補償という制度を全

体的にみると、現実に生じた損害から個人を救済する制度としての色彩が強く、国家補償とは、国・公共団体が、その活動により、直接又は間接に、個人にこうむらせた損失（損害）を塡補することと捉えられている。

　それは、国家補償の根拠を次のように考えるからである。

　国や公共団体の行政活動に伴い、国民の側に種々の負担や損失、損害が発生することは避けられないが、それが、特定の者に対するものであり、ある程度以上の負担あるいは損害となるものについては、個人に負担を求めるのは不公平であり、あるいは、その犠牲を放置することは許されず、社会全体の負担として救済されるべきである。すなわち、特定の者に対するある程度以上の負担や損害は、公平負担の原則で償うべきであるという、被害者保護を中心に据えた考え方である。このように考えると、国家補償を類型化する実益がないかもしれないが、3つの類型は、性質上、あるいは沿革上異なる制度として理解、説明されているので、ここでも、それに沿って解説する。

4　明治憲法下の国家賠償

　公権力を行使する公務員が、不法行為によって他人に何らかの損害を加えた場合、国や公共団体が損害賠償責任を負うべきであるという考えは、今日では常識に属する。

　しかし、明治憲法下においては、国家賠償について、憲法上はもとより法律にも一般的な規定はなく、民法の損害賠償に関する規定しかなかった。国の賠償責任については、欧米諸国と同様、むしろ国の責任を否定する「国王は悪をなし得ず」とする国家無答責の考え方が一般的であった。また、行政裁判所法16条は、「行政裁判所ハ損害要償ノ訴訟ヲ受理セス」と規定し、行政裁判所への国家賠償請求の訴えを明文で閉ざしていた。したがって、不法行為によって損害を被った場合、通常裁判所の民法の適用による救済の可能性に頼るしか道はなかったのである。

　このような実定制度の下で、判例は、権力的作用については、一貫して賠償責任を否定したが、非権力的作用のうち私経済作用については、民法の規定を適用し国や公共団体の賠償責任を認めていた。他方、非権力的作用のうち営造物の設置・管理など公行政の性格を有するものについては、変動があった。

1910（明治43）年の「陸軍省板橋火薬製造所」の爆発による損害については、火薬製造は軍事的行動の一部に起因する「公法上の行為」であるとして、民法の適用を排除、賠償責任を否定した（大判明治43年3月2日）。しかし、1916（大正5）年の「徳島小学校遊動円棒事件」では、校庭に設置した遊具の瑕疵に基づく人身事故に関し、施設に対する占有権は公法上の権力関係ではなく、私人が占有するのと同様であるとしてはじめて民法の適用を肯定し、市に対し損害賠償を命じた（大判大正5年6月1日）。この判決以降、公物の設置・管理に起因する損害についても、民事上の救済が認められるようになった。しかし、公権力の行使である権力的作用については、公法関係には民法は適用されないとの理由で、損害賠償責任は否定され、国民は泣き寝入りせざるをえない場合がしばしばあった。

5　国家賠償法の制定

憲法17条は、「何人も、公務員の不法行為により、損害を受けたときは、法律の定めるところにより、国又は公共団体に、その賠償を求めることができる」と定め、国家無答責の考えを否定し、公務員の不法行為に対する国または公共団体の賠償責任を明示した。そして、この憲法17条に基づき、国家賠償法が制定された。国家賠償法は全6条の短い法律であるが、国や公共団体の賠償責任に関する一般法であり広く活用されている。国家賠償法は、国や公共団体の不法行為による賠償責任について、①公権力の行使に基づく損害賠償責任（国賠1条）、②公の営造物の設置・管理の瑕疵に基づく損害賠償責任（国賠2条）、③民法による損害賠償責任（国賠4条）、④特別法による損害賠償責任（国賠5条）の4種の類型を挙げている。

II　公権力の行使に基づく損害賠償

本節のポイント

・国家賠償法1条は、公権力の行使に当たる公務員の不法行為に基づく国または公共団体の責任について定めているが、その責任の根拠とどのような場合に損害賠償が認められるのかを理解しよう。
・行政庁が法律上権限を有しているにもかかわらず、その権限を行使しなかった結果として損害が発生した場合にも、損害賠償を求めることができるのだろうか、考えてみよう。

1　国や公共団体の賠償責任の性質

　国家賠償法1条は、「国又は公共団体の公権力の行使に当る公務員が、その職務を行うについて、故意又は過失によつて違法に他人に損害を加えたときは、国又は公共団体が、これを賠償する責に任ずる」（国賠1条1項）とし、さらに、当該公務員に「故意又は重大な過失があつたときは、国又は公共団体は、その公務員に対して求償権を有する」（同条2項）と定めている。この規定により、公務員の公権力の行使が不法行為に当たるときには、国または公共団体が賠償責任を負うことになっているが、なぜ、公務員が他人に損害を与えたときに、国や公共団体が賠償責任を負わなければならないのか、つまり、国や公共団体の賠償責任の性質をどう理解するかについては、大別して2つの考え方がある。代位責任説と自己責任説である。

　代位責任説は、本来は行為を行った公務員が責任を負うべきであるが、公務員個人の賠償能力という点を考えると、被害者の救済が充分には達成されがたい。そこで被害者の確実な救済という政策上、国が代わって責任を負うとする。これに対して、自己責任説は、公務員が公権力を行使する際には、一定の危険が伴い、この危険の発現である損害については、権限を委ねた国が授権者としての責任を負うべきであるとする。

　代位責任説は、国家賠償法1条1項が故意・過失という公務員の主観的要素を賠償責任の成立要件としていること、また、1条2項が当該公務員に対する国の求償権を認めていることから、公務員の代位責任を前提にした仕組みに

なっているとする。通説・判例は、代位責任説を採用している。ただ、代位責任説に立つと、公務員個人の故意・過失がなければ国の賠償責任は成立しないことになり、また加害公務員を特定しなければ国の責任を問えないことになる。この点、自己責任説では、危険の発現に対する国の直接的な責任と捉えるので、加害公務員の特定などは必要なく、救済上メリットが多いとされる。

　判例でも、公務員の故意・過失、加害公務員の特定の点について、過失を抽象的過失（過失とは職務上要求される注意義務違反）と理解し、加害公務員の特定も要求しない方向にあり、実質的には自己責任説との差異はなくなってきている。

2　賠償の要件

(1)　公権力の行使

　公務員の加害行為が「公権力の行使」に該当すれば、国家賠償法1条1項が適用され、そうでなければ、民法の規定（民709条・715条等）が適用されるので、「公権力の行使」の概念は重要である。

　「公権力の行使」の意味については、次の3つの学説がある。狭義説は、公権力を国家統治権に基づく優越的な意思の発動たる権力作用に限定して捉えるものである。すなわち、それまで民法の適用されなかった本来的な権力行為を指すとするものである。広義説は、公権力を広く解して、権力作用のみならず非権力作用を含み、その中から民法の適用のある私経済作用と国家賠償法2条にいう営造物の設置・管理作用を除いたものとする。したがって、行政指導や教育活動などが含まれることになる。最広義説は、私経済作用も含めたすべての国家作用とする。通説・判例は広義説を採っている（182頁 判例 参照）。

　ここでいう公権力には、行政権のみならず、立法権、司法権も含まれる。立法行為（立法不作為も含む）について、最高裁は、立法内容の違憲性と立法行為の違法は区別されるべきであるとし、「立法の内容が憲法の一義的な文言に違反しているにもかかわらず国会があえて当該立法を行うというごとき、容易に想定し難いような例外的な場合でない限り、国家賠償法1条1項の規定の適用上、違法の評価を受けない」とした（最判昭和60年11月21日）。しかし、その後、在外国民の選挙権行使を制限したことが争われた在外国民選挙権訴訟で、「立法の内容又は立法不作為が国民に憲法上保障されている権利行使の機会を

確保するために所要の立法措置を執ることが必要不可欠であり、それが明確で
あるにもかかわらず、国会が正当な理由なく長期にわたってこれを怠る場合な
どには、国会議員の立法行為又は立法不作為は、国家賠償法１条１項の規定の
適用上、違法の評価を受ける」として、国の賠償責任を認めた（最大判平成17
年９月14日）。最高裁は、再婚禁止期間違憲訴訟（最大判平成27年12月16日）につ
いて、平成20年当時、民法733条の規定の100日超過部分の違憲性が国会にとっ
て明白であったということは困難であるとして、立法措置をとらなかった立法
不作為は、国家賠償法上は違法ではないとした。

　司法作用の裁判について、最高裁は、「（損害賠償）責任が肯定されるために
は、当該裁判官が違法又は不当な目的をもつて裁判をしたなど、裁判官がその
付与された権限の趣旨に明らかに背いてこれを行使したものと認めうるような
特別の事情があることを必要とする」とした（最判昭和57年３月12日）。この事
案は、民事の確定判決の違法を主張して国家賠償を求めたものであるが、最高
裁は、刑事事件の上告審で確定した有罪判決が再審で取り消され無罪判決が確
定した場合にも、同判決の法理が当てはまるとしている（最判平成２年７月20日）。

(2)　公　務　員

　「公務員」とは、国家公務員法や地方公務員法によって公務員の身分を有す
る者だけでなく、広く公務を委託された私人も含まれると解されている。つま
り、ここでの判断のポイントは、私人であっても公権力の行使を委ねられた者
は、国家賠償法１条でいう「公務員」となり、逆に、公務員という身分を有す
る者であっても、当該行為が公権力の行使でなければ、国家賠償法は適用され
ないことになる。最高裁は、県の措置により社会福祉法人が設置運営する児童
養護施設に入所した児童が、他の入所児童の暴行を受け障害を負った事案につ
いて、施設の長は本来都道府県が有する公的な権限を委譲されてこれを都道府
県のために行使するものと解され、施設職員等による養育監護行為は都道府県
の公権力の行使に当たる公務員の職務行為であるとして、県の賠償責任を認め
た（最判平成19年１月25日）。

(3)　職務を行うについて

　「職務を行うについて」とは、職務行為自体よりは広く、職務を行うに際し
てのすべての行為よりは狭いとされ、職務行為そのものの他、職務を遂行する

手段として行われる行為や、職務と密接に関連し、職務行為に付随してなされる行為を含むものと解されている。

　判例は、警察官が非番の日に制服制帽を着用の上、私欲を図る目的で職務質問を装って金を奪う際相手を射殺した事件について、「公務員が主観的に権限行使の意思をもつてする場合にかぎらず自己の利をはかる意図をもつてする場合でも、客観的に職務執行の外形をそなえる行為をしてこれによつて、他人に損害を加えた場合には、国又は公共団体に損害賠償の責を負わしめて、ひろく国民の権益を擁護することをもつて、その立法の趣旨とする」（最判昭和31年11月30日）と判示した。被害者救済の見地からすると正当であろう。このように、「客観的に職務執行の外形をそなえる行為」について、国や公共団体の賠償責任を認める考え方を「外形主義（外観主義）」という。この考え方では、公務員が当該行為をするにあたって内心どのように思っていたかを問わない。「職務行為」を厳密に考えると、被害者救済の見地から問題が生じるので、通説・判例は、外形主義をとっている。

(4)　故意または過失

　国家賠償法1条は、過失責任主義をとっている。「故意」とは、損害を与えることを知りながらあえてある行為を行い、他人に損害を与えるものであるので行政法学上あまり議論はないが、「過失」の捉え方については議論がある。

　「過失」とは、損害を与えることを知るべきであったが本人の不注意でそれを知らずにある行為を行い、他人に損害を与えることであり、過失の有無は、加害者の主観的な事情によって決まるものである。しかし、過失の有無を加害者である公務員の主観的能力や認識能力にあわせ判断すると、認定に差異が生じ、被害者の側からすると、不公平な場合が生じうる。そこで、最近では、公務員個人の内心に立ち入って判断する（具体的過失）のではなく、公務員が職務上要求される標準的な注意義務に違反しているかどうかで判断される（抽象的過失）ようになった。これを過失の客観化という。

　そのため本来であれば、加害公務員を特定し、過失を認定しなければならないが、前述のように公務員個人の内心に立ち入る必要がなくなったことから、多数の公務員が関与した場合などに加害者を特定する必要がなくなった。加害者が公務員であり、その職務執行行為が不法行為の要件を備えてさえいれば、

本条の責任が肯定されるようになった（最判昭和57年 4 月 1 日）。

　さらに最近では、公務員個人の過失ではなく、組織としての公務運営上の瑕疵をもって過失と判断する判例（例えば、予防接種被害について、東京高判平成 4 年12月18日）がみられるようになった。これを「組織過失」と呼んでいる。

　前述のように、過失とは、客観的な注意義務違反であるが、過失が認められるには、予見可能性（損害の発生を事前に予測できたかどうか）と回避可能性（予測できた場合に、それを避けることができたかどうか）の両方が必要であると解されている。

(5)　違法な加害行為

　「違法」とは、厳密な法規違反に限定すべきでなく、客観的に正当性を欠く行為であればよい。人権の尊重、権力濫用、信義誠実、公序良俗などの法の一般原則違反も違法となる。加害行為が、このような法規などに違反したかどうかによって判断する考え方を行為不法説という。これに対して、警察官が逮捕、検察官が起訴したが、裁判の結果無罪となった場合などに、これらの行為を違法と判断する見方、つまり、被害者の受けた被害という結果に着目して違法であるかどうかを判断する考え方を結果不法説という。

　結果不法説で判断が難しい裁判官・検察官・国会議員・警察官などの特殊な公務に係わる事件についても、判例は、公務員として職務上尽くすべき義務を尽くさなかった場合に、違法となるという職務行為基準説をとっている。

　なお、過失と違法性の関係についてみると、過失は公務員の主観的な事情にかかわるものであり、違法性は客観的な法規違反であるので、本来両者は異質のものであるが、前述のように、過失の客観化により両者は限りなく接近している。そのため、違法性があることから過失の存在が認定されたり、逆に、過失があることから違法性の存在が認定されたり、あるいは、両者が共に認定される場合がある。旧監獄法施行規則事件で、最高裁は、旧監獄法規則を委任の範囲を超えた無効なものとし、幼年者に対する接見拒否処分を違法とししつ、接見を許さなかった拘置所長の過失を否定している（最判平成 3 年 7 月 9 日）。

　以上の他、国家賠償法 1 条による賠償責任が認められるためには、加害行為と損害の発生という結果との間に相当因果関係がなければならない。行政処分が違法であることを理由に直接国家賠償請求訴訟を提起できるかについて、最高裁はそれを認めている（次頁 判例 参照）。

> **判例** 最判昭和62年2月6日：教育活動が公権力の行使に当たるとされた事例
>
> 　市立中学の体育の授業中、教師の指導の下、プールで飛び込み練習が行われたが、生徒が水底に頭を激突させ、傷害を負い重篤な後遺症を負った事故について、最高裁は、教師の教育活動も「公権力の行使」に含まれ、教師は、危険を伴う技術指導をする場合には、事故の発生を防止するために十分な措置を講じるべき注意義務があるとした。

> **判例** 最判平成22年6月3日：課税処分と国家賠償
>
> 　行政処分が違法であることを理由に国家賠償請求訴訟を提起する際、あらかじめ当該処分の取消しや無効確認の判決を得る必要はないと解されていたが（最判昭和36年4月21日）、金銭の納付を命ずるような処分については解釈が分かれていた。最高裁は、固定資産税等の金銭の納付を命ずる処分についても、取消訴訟を経ずに国家賠償請求訴訟が提起できるとした。

3　不作為に対する賠償責任

　国家賠償法1条1項で定める「公権力の行使」の中には、行政の不作為、権限の不行使も含まれている。現代社会において、国民は自然界や人間社会における危険にさらされており、行政にはその危険から国民を守る責任が求められている（危険防止責任）。行政庁がそのような危険を規制する法的権限を有しているにもかかわらず、当該権限を行使しなかった結果、国民に被害を与える事案が多々みられる。このような場合に、国や公共団体に賠償責任を問うことができるかどうかが問題となる。

　従来の理論では、規制権限の発動は行政の公益判断によって行われるので、権限行使をするかしないかは行政庁の裁量であり、規制によって利益を受ける者がいたとしてもそれは反射的利益にすぎず、規制権限の発動を求める権利はないものとされてきた。いわゆる自由裁量論や反射的利益論を克服することが課題であった。この点について、権限行使が行政庁の裁量であったとしても、被害の発生が切迫しているなど特別な状況の下においては、権限行使が義務づけられるとする裁量収縮論（ゼロ収縮）や不作為が裁量権の逸脱・濫用に当たるときには違法となるとする裁量権消極的濫用論などの理論がある。

　裁量収縮論をとる学説・判例は、裁量権が収縮する要件として、①国民の生命・身体・健康等への危険の切迫、②予見可能性、③結果回避可能性、④補充

性、⑤権限行使に対する国民の期待などを挙げている。

　判例は、警察官が、酩酊者がナイフを所持していることを知りながら、これを提出させ、一時保管の措置をとらなかったため、人が傷害を負った事件（最判昭57年1月19日）や、警察官が、海岸に打ち上げられた砲弾を知りながら、適切な措置をとらなかったため砲弾が爆発した事件（最判昭和59年3月23日、前掲94頁**判例**参照）で、職務上の義務違反に当たるとして賠償責任を認めている。また、キノホルム製剤の大量投与による被害者が提訴したスモン訴訟（東京地判昭和53年8月3日）では、裁量収縮論がとられたが、クロロキン製剤の副作用による被害者が提起したクロロキン訴訟では、権限の不行使がその許容される限度を逸脱して著しく合理性を欠くと認められる場合にのみ違法となるとし（最判平成7年6月23日、下記**判例**参照）、裁量権消極的濫用論をとりつつ、結論として違法性を否定した。

　その後、最高裁は、筑豊じん肺訴訟（最判平成16年4月27日）で、大臣の鉱山保安法に基づく保安規制権限の不行使を、法の趣旨・目的に照らし、著しく合理性を欠き違法であるとした。また、水俣病関西訴訟（最判平成16年10月15日）では、国については水質2法に基づく規制権限の不行使を、県については、漁業調整規則に基づく規制権限の不行使を、著しく合理性を欠くものとし、ともに違法であると判断した。上記の判決後、最高裁は、国による規制が遅れたため石綿（アスベスト）の吸入により石綿関連疾患に罹患したとする大阪府泉南地区の石綿製品工場元従業員等の第二陣泉南訴訟（最判平成26年10月9日）で、1958年頃には、石綿肺に関する医学的知見が確立し、局所排気装置設置の技術的知見も存在していたので、同年以降、労働大臣は省令制定権限を行使して局所排気装置を設置すべきであったとし、設置が義務づけられた1972年までの権限の不行使を違法であるとした。

判例 **最判平成7年6月23日：クロロキン訴訟**
　クロロキン製剤の副作用による被害者が提起した損害賠償訴訟で、最高裁は、副作用を含めた医薬品に関するその時点における医学的、薬学的知見の下において、薬事法の目的および厚生大臣に付与された権限等に照らし、権限の不行使がその許容される限度を逸脱して著しく合理性を欠くと認められる場合には、副作用による被害者との関係において違法となると判示した。

4 求 償 権

国家賠償法1条2項は、国が被害者に対し損害賠償をした場合において、加害行為を行った公務員に、故意または重大な過失があったときは、国は当該公務員に求償権を行使することができる。軽過失の場合には、国は求償権を有しない。その理由は、軽過失の場合でも、いちいち公務員に求償すると、公務員が職務執行について萎縮してしまい、正当な職務執行さえ停滞させてしまうおそれがありうるからである。

被害者が、直接公務員個人に対して、賠償を求めることができるか否かについては、学説は分かれているが、通説・判例は、公務員個人の責任を否定している（最判昭和30年4月19日）。それは、国家賠償が認められれば損害は塡補されることになるので、公務員個人に賠償請求をする必要性はないからである。

> **さらに調べてみよう**
> ・国家賠償法1条は、賠償の要件のひとつとして過失責任主義を採用しているが、なぜ過失責任主義が採用されたのか、無過失責任を採用することはできないのだろうか調べてみよう。📖 福士明「行政上の無過失責任」『行政法の争点』（ジュリスト増刊、2014年）144〜145頁

Ⅲ 営造物の設置・管理の瑕疵に基づく損害賠償

> **本節のポイント**
> ・国家賠償法2条1項は、公の営造物の設置管理の瑕疵に基づく国または公共団体の責任を定めているが、どのような場合に損害賠償が認められるのかを理解しよう。
> ・営造物の設置管理の瑕疵をどのように捉えるのかについては、学説上分かれるところである。学説によって賠償にどのような違いが生じるのかを理解しよう。

1 国家賠償法2条の意義

国家賠償法2条1項は、「道路、河川その他の公の営造物の設置又は管理に瑕疵があつたために他人に損害を生じたときは、国又は公共団体は、これを賠

償する責めに任ずる」と定めている。明治憲法下においても、公の営造物の設置・管理の瑕疵に基づく損害については、前述の1916（大正5）年の「徳島小学校遊動円棒事件」を契機として、必ずしも一貫していたとはいえないが、民法717条の適用によって賠償責任を認める方向に向かった。したがって、国家賠償法2条は、民法717条に対応する確認的規定であると解されてきたが、その対象範囲を広げ（民法では土地の工作物、国家賠償法では営造物）、占有者の免責規定を置いていない。そのため、被害者保護に手厚い規定であり、国家賠償法2条に基づく請求訴訟も多くなっている。

2　賠償の要件

(1)　公の営造物

　行政法学上、営造物とは、国または公共団体により特定の行政目的に継続的に供用される人的手段と物的施設の総合体として理解されてきた。しかし、国家賠償法上の営造物とは、人的手段を含まず、道路、河川、港湾、水道、下水道、官公庁舎、国公立学校・病院等、国または公共団体によって直接に公の目的に供用される有体物を指し、行政法学上の「公物」概念と同義である。したがって、不動産ばかりでなく動産も含むとする解釈は一般化しており、営造物概念は広く理解されている。判例では、例えば、官庁用自動車（札幌高裁函館支判昭和29年9月6日）、公立中学校の工作用電気かんな（広島地三次支判昭和42年8月30日）、テニスの審判台（最判平成5年3月30日、188頁 判例 参照）などを公の営造物と解している。

　本条の営造物には、道路のような人工公物に限らず、河川、海浜、湖沼などの自然公物も含まれる。また、公物の中には、国や公共団体が所有権を有する自有公物と私人が所有権を有する他有公物（例えば、公共団体が私有地を賃借して公園として使用している場合など）があるが、他有公物も公の営造物に含まれると解されている。

　なお、公の目的に供されない国公有財産（普通財産）は、営造物に当たらず、民法717条の問題として処理される。

(2)　設置・管理の瑕疵

　国家賠償法2条による責任は、営造物の設置者の故意・過失を問わない、無

過失責任である。要件は、公の営造物の設置・管理に瑕疵があることである。設置・管理の瑕疵をどのように理解するかについては、学説は分かれている。設置・管理の瑕疵を、当該営造物の設置と維持・修繕等が不完全で、社会通念からみて安全性を欠いている状態、つまり、営造物の物的欠陥に求めるものを客観説という。これに対して、営造物の設置・管理の瑕疵とは、営造物の管理者がこれを安全に管理すべき義務に違反して営造物を安全性を欠く状態に放置していることと解するものを主観説という。

　最高裁は、高知落石事件で、「国家賠償法 2 条 1 項の営造物の設置または管理の瑕疵とは、営造物が通常有すべき安全性を欠いていることをいい、これに基づく国および公共団体の賠償責任については、その過失の存在を必要としないと解するを相当とする」（最判昭和45年 8 月20日）と判示し、瑕疵について、「営造物が通常有すべき安全性を欠いていること」とし、客観説をとっている。この立場によると、例えば、道路に穴があいていることにより事故が生じた場合、国や公共団体は、事故が天災か不可抗力によって生じたなど特別な事情を立証しない限り、責任を免れることはできないということになる。その他、舗装道路に直径 1 メートル、深さ10〜15センチの穴があったとき（最判昭和40年 4 月16日）、それ自体は問題がなかったが水深 1 メートルの浅瀬にあった飛込台（東京高判昭和29年 9 月15日）、国道に87時間にわたり故障車が放置されていたところ、原動機付自転車がその故障車に追突した事故で、道路管理の瑕疵を認めた事例（最判昭和50年 7 月25日）などがある。他方、最高裁は、夜間、道路工事現場に設置されていた赤色灯標柱を他車が倒したため、その直後に通行した車が事故を起こした事例では、道路管理者として遅滞なくこれを原状に復旧し道路を安全良好な状態に保つことは不可能であったと認められるから、道路管理に瑕疵があったとはいえないと判示した（最判昭和50年 6 月26日）。この判例は、主観説の要素を取り入れて、客観説を修正したものといわれている。

　もっとも、瑕疵を通常有すべき安全性を欠いた状態と理解したとしても、営造物およびその利用状況の多様性から考えると、一律の基準で瑕疵を判断することは困難である。このため、判例は、通常有すべき安全性の有無の判断に当たっては、「当該営造物の構造、用法、場所的環境及び利用状況等諸般の事情を総合考慮して具体的個別的に判断すべき」としている（最判昭和53年 7 月 4 日）。

　近年、営造物の本来の利用者に対してではなく、第三者との関係で瑕疵を認める事例がみられる。例えば、空港や道路から発生する騒音、振動、排気ガス等のように、営造物の供用に関連する瑕疵である。この瑕疵は機能的瑕疵または供用関連瑕疵と呼ばれている。大阪空港訴訟で最高裁は、「安全性の欠如」とは、「ひとり当該営造物を構成する物的施設自体に存する物理的、外形的な欠陥ないし不備によつて一般的に右のような危害を生ぜしめる危険性がある場合のみならず、その営造物が供用目的に沿つて利用されることとの関連において危害を生ぜしめる危険性がある場合をも含み、また、その危害は、営造物の利用者に対してのみならず、利用者以外の第三者に対するそれをも含む」と判示した（最判昭和56年12月16日）。いわゆる国道43号線訴訟判決（最判平成7年7月7日）では、国道それ自体に物的欠陥ではなく、国道を走行する自動車がもたらす騒音、振動、大気汚染が問題となったが、最高裁は同様な考えから損害賠償請求を認めた。このような事例では、第三者に対する被害が、受忍限度を超えるのか否かが瑕疵の判断基準となる。

　ところで、自然災害による事故に対する国の損害賠償責任については、予想をはるかに上まわる自然力による災害の場合には、不可抗力が認められ、営造物の設置または管理に瑕疵があるとはいえないであろう（名古屋地判昭和37年10月12日）。一連の水害訴訟で判例は、河川を未改修河川と改修済河川に分けて判断している。未改修河川に関して、最高裁は大東水害訴訟において、治水事業には財政的・技術的・社会的制約が及ぶので、未改修河川については過渡的安全性があれば足りるとの立場に立ち、河川管理の瑕疵判断の基準として、「同種・同規模の河川の管理の一般的水準および社会通念に照らして是認しうる安全性を備えていると認められるかどうかを基準として判断すべきである」として賠償責任を否定した（最判昭和59年1月26日）。しかし、改修済河川に関しては、最高裁は多摩川水害訴訟において、本件河川が、工事実施基本計画に定める計画高水流量規模の洪水における流水の通常の作用から予測される水害の発生を防止するに足りる安全性を具備しなければならないとし賠償責任を認めた（最判平成2年12月13日）。

　なお、予算上の制約が免責理由となるかについて、最高裁は前記の高知落石事件で、「その費用の額が相当の多額にのぼり、上告人県としてその予算措置

に困却するであろうことは推察できるが、それにより直ちに道路の管理の瑕疵によって生じた損害に対する賠償責任を免れうるものと考えることはできない」と判示している。

判例　最判平成5年3月30日：校庭開放中の事故による損害賠償請求事件

　5歳あまりの幼児が公立中学に設置されていたテニスの審判台を後部から降りたため審判台が転倒し下敷きとなり死亡した事故について、最高裁は、通常予測しえない異常な方法で使用しないという注意義務は、利用者である一般市民の側が負うのが当然であり、幼児については第一次的には保護者にあるとし、幼児の行動は極めて異常で審判台の本来の用法と異なることはもちろん、設置管理者の通常予測しえないものであったと判示した。

3　求償権と賠償責任者

　国家賠償法2条の責任を負うのは、国または公共団体であるが、同法2条2項は「他に損害の原因について責に任ずべき者があるときは、国又は公共団体は、これに対して求償権を有する」と規定している。これは、第一次的には国または公共団体が責任を負うが、そのことにより営造物の瑕疵に原因を与えた者が不当に利得することとなる場合が考えられることから、損害の原因について責めに任ずべき者に対して求償することができるとして均衡を図ったものである。例えば、営造物の設計や建築にあたった者や公務員なども含まれるが、公務員については、1条2項との均衡から重過失が要件であると解されている。

　国家賠償法3条1項は、「前二条の規定によつて国又は公共団体が損害を賠償する責に任ずる場合において、公務員の選任若しくは監督又は公の営造物の設置若しくは管理に当る者と公務員の俸給、給与その他の費用又は公の営造物の設置若しくは管理の費用を負担する者とが異なるときは、費用を負担する者もまた、その損害を賠償する責に任ずる」と規定し、2項は「前項の場合において、損害を賠償した者は、内部関係でその損害を賠償する責任ある者に対して求償権を有する」と規定している。この規定は、公務員の選任・監督者と給与等の負担者、あるいは営造物の設置・管理に当たる者と費用負担者が同一であれば問題ないが、もしこれらが異なる場合に誰が賠償責任を負うのかを明らかにするとともに、被害者が被告の選択の際に間違えることがないようにとの

趣旨で定められていると解されている。この規定により、営造物の設置・管理者と費用負担者が異なる場合（例えば、国道の管理は政令による指定区間は国土交通大臣が行うが、管理費用については国も都道府県もそれぞれ一部負担している）には、被害者はそのいずれに対しても賠償請求をすることができる。この場合、同法3条2項は、現実に損害を賠償した者は、内部関係で、損害を賠償すべき者に対し求償権を有すると定めるのみで、最終の負担割合については明確に示していない。

　なお、国が自治体に補助金を交付している場合に、国を費用負担者とみることができるかについて、最高裁は、国が、①自ら設置すべき営造物を自治体に設置させ、②その設置費用につき自治体の負担割合と同等もしくはそれに近い補助を供与し、③営造物の危険防止につき措置要求をなしうる立場にあるときには、国も費用負担者であるとしている（最判昭和50年11月28日）。また、最高裁は、公立中学校教諭が生徒に与えた損害につき賠償した県（給与負担者）は、国家賠償法3条2項に基づき、その全額を学校設置者である市に対し求償することができるとした（最判平成21年10月23日）。

4　民法・特別法の適用

　国家賠償法4条は、「国又は公共団体の損害賠償の責任については、前三条の規定によるの外、民法の規定による」と定めているが、これには2つの意味が含まれている。1つめは、1条・2条の適用範囲外にある私経済作用には民法が適用されること、2つめは、1条・2条が適用されても国家賠償法に規定されていない、過失相殺、消滅時効等については民法の規定が適用されることである。例えば、国立病院の医師の医療過誤は、国家賠償法1条1項の適用の余地もあるが、判例は民法715条1項を適用している（最判昭和36年2月16日）。私立病院における場合と法的性質は異ならないから、民法の適用は正当であろう。なお、4条でいう「民法の規定」には、民法典ばかりでなく、民法の付属法規も含まれると解されている。失火責任法の適用について学説は分かれるが、判例は、消防職員の消火ミスに対して、同法の適用を認めている（最判昭和53年7月17日）。

　国家賠償法5条は、「国又は公共団体の損害賠償の責任については民法以外

の他の法律に別段の定があるときは、その定めるところによる」と定めている。これは、国家賠償について特別な規定がある場合は、一般法たる国家賠償法に優先してその規定が適用されることを意味している。消防法、国税徴収法、郵便法等があるが、判例は、国家賠償法よりも責任を軽減した郵便法68条・73条の書留郵便物および特別送達郵便物にかかる免責または責任制限について、憲法17条に反し違憲であると判示した（最大判平成14年9月11日）。

5　相互保証主義

　国家賠償法6条は、「この法律は、外国人が被害者である場合には、相互の保証があるときに限り、これを適用する」と定めている。この規定の趣旨は、ある外国人の母国において日本人が被害者になったときに、国家賠償制度により救済される場合に限って、その外国人にもわが国の国家賠償法による救済を認めるということである。憲法17条が、「何人も……その賠償を求めることができる」と定めていることから、相互保証主義は違憲ではないか、との見解もある。いずれにしても、人権保障の普遍性ということから考えると、相互保証主義をいたずらに厳格解釈すべきではないだろう。

> **さらに調べてみよう**
> ・国家賠償法2条は、営造物の設置・管理の瑕疵を責任要件としているが、瑕疵については、学説上多様な見解がある。また、近年では「供用関連瑕疵」といわれる判例も出てきている。瑕疵についての理解をさらに深めよう。📖 小幡純子「営造物の管理の瑕疵の意義」前掲『行政法の争点』156〜157頁

Ⅳ　損　失　補　償

> **本節のポイント**
> ・損失補償とは、国または公共団体の適法な行為によって私人に損失を与えた場合に、その損失を補塡するものであるが、損害賠償とどこが異なるかを理解しよう。
> ・損失補償は、どのような場合に認められるのか。損失補償の法的根拠、補償の要否、補償の内容・程度について理解しよう。

1　損失補償とは何か

　国の違法行為により国民に損害が生じたときには、先に述べたように国はその損害を賠償しなければならないが、適法な行為でも国民に損害が生じ、国がその損害を補填しなければならない場合がある。例えば、道路や飛行場などを建設する場合に、強制的に私人の土地に立ち入って調査・測量をしたり（公用制限）、その土地の所有権を取得したりする場合（土地収用）である。この場合、国の行為は、法に基づく適法な行為であるが、私人の側からみれば、財産権の侵害にほかならない。したがって、財産権の侵害である以上、これを補填すべきであるとの要求は当然である。つまり、このような公共事業執行の際に土地所有者のみに不利益を与え、放置することは財産権の保障を崩壊させることになり、許されるものではない。そこで、国民全体の利益に資する公共事業などで財産権を制限ないし収用され、損失を受けた者に対して、社会全体の「公平負担」の見地から、これを調整する必要がある。この利害調整のための制度が、損失補償である。

　損失補償とは、一般的には、適法な公権力の行使により、特定の者に財産上の特別の犠牲が生じた場合に、公平負担の原則に基づき、その損失を補填するものである。

2　損失補償の法的根拠

　損失補償については、国家賠償における国家賠償法のような一般的規定はない。個々の法令、例えば、土地収用法、自然公園法、森林法などで、個別的に定められているにすぎない。

　そこで、個別法に損失補償に関する規定がない場合に、何を根拠に損失補償を求めることができるのかが問題となる。本来必要な損失補償規定を欠く法律はそもそも憲法違反で、効力がないとする違憲無効説と、そのような法律による財産権の収用・制限を有効と解し、憲法29条3項に基づき、直接損失補償を請求できるとする請求権発生説がある。請求権発生説が通説であり、最高裁もこの見解をとっている（最大判昭和43年11月27日）。つまり、憲法29条3項は、単なるプログラム規定ではなく、損失補償について法的効果を有するものであると解されている。

3　損失補償の要否

　憲法29条3項は、「私有財産は、正当の補償の下に、これを公共のために用ひることができる」と定めている。したがって、私有財産を「公共のために用いる」場合に損失補償が必要となるが、今日では、この文言は広く、公共のために財産権を侵害する場合をすべて含むものと解されている。しかし、その場合でもすべての場合に損失補償が必要とされるわけではない。財産権に内在する一般的社会的制約で当然に受忍すべきものである場合には、補償は必要とされない。それでは、どのような場合に受忍限度を超えたものとなるのか、その判断の基準として用いられているのが「特別の犠牲」という基準である。つまり、私有財産に対して、「特別の犠牲」を課す場合には、損失補償が必要になる。

　「特別の犠牲」に該当するか否かは、①その財産に対する侵害行為が一般的か特定的か、つまり、規制が国民の不特定多数の者に及ぶものか、少数特定の者に限定されるのか（形式的基準）と、②その侵害行為が財産権の本質まで侵害する強度のものかどうか、つまり、一般社会通念上、財産権に内在すると思われる限界を超えて、財産権を規制するものなのかどうか（実質的基準）という、この2つの要素を総合的に判断する方法である。しかし、この判断方法に対しては、一般的か、特定的かの基準は相対的で評価が異なることから、むしろ実質的基準をより重視し、財産権の本来の効用の発揮を妨げる制限は、権利者の側にこれを受忍すべき理由のない限り、損失補償が必要であるとの批判的見解がある。また、規制目的の視点から、公共の安全・秩序の維持という消極目的のために課せられる財産権の制限（警察制限）の場合には、補償の必要性は低く、他方、公共の福祉の増進という積極目的のための制限の場合には、補償の必要性が高くなるとの見解などがある。

判例　最大判昭和38年6月26日：奈良県ため池条例事件
　条例による財産権の制限に伴う損失補償の要否について、最高裁は、災害を防止し公共の福祉を保持する上で社会生活上やむをえないものであり、そのような制約は、ため池の堤とうを使用しうる財産権を有する者が当然受忍しなければならない責務というべきものであって、憲法29条3項の損失補償はこれを必要としないと解するのが相当であると判示した。

4　損失補償の内容

　(1)　特別な犠牲に対しては、憲法は「正当な補償」を求めている（憲29条3項)。「正当な補償」の内容については、完全補償説と相当補償説がある。

　完全補償説は、被侵害財産の客観的価値を補償しなければならないとし、相当補償説は、時の社会通念に照らして客観的に公正・妥当であればよく、市場において成立する価格より下まわってもよいとする。両説のいずれが妥当であるかは、固定的に考えるのではなく、事案の内容によって区別すべきであろう。判例は、戦後実施された農地改革のための農地買収について、大地主の農地所有権を制限するものであるが、日本の民主化のための社会改革であったことから、相当補償説を採用した（最判昭和28年12月23日)。他方、損失補償が必要とされる代表的な場合である土地収用については、判例は、「土地収用法における損失の補償は、特定の公益上必要な事業のために土地が収用される場合、その収用によつて当該土地の所有者等が被る特別な犠牲の回復をはかることを目的とするものであるから、完全な補償、すなわち、収用の前後を通じて被収用者の財産価値を等しくならしめるような補償をなすべきであ(る)」と判示し、完全補償説をとっている（最判昭和48年10月18日)。

　(2)　損失補償の典型例は、特定の公共事業のため財産権を強制的に取得する公用収用の場合の損失補償であるが、損失補償の対象と範囲を、公用収用の一般法である土地収用法でみてみると次のようになる。

　土地所有権その他財産的価値を有する権利（永小作権、抵当権、使用貸借権、鉱業権等）の消滅に対する権利補償については、その権利に見合った完全な補償が要求される。土地収用法70条は、金銭補償の原則を採用し、補償額については、「近傍類地の取引価格等を考慮して算定した事業の認定の告示の時における相当な価格に、権利取得裁決の時までの物価の変動に応ずる修正率を乗じて得た額」と定めている（土収71条)。

　その他、財産権の収用に伴って付随的に生ずる損失に対する通損補償として、土地の一部を収用したことにより、残地の価格が下落した場合の残地補償（土収74条)、土地の一部を収用したことによって、残地に、道路、みぞ、かき等を新築、改築等する必要が生ずる場合の工事費用の補償（みぞかき補償、土収75条)、収用する土地に物件があるときに、物件を移転させる場合の移転料補

償（土収77条）、上記以外の土地を収用することによって通常受ける損失、例えば、営業上の損失、建物の移転による賃貸料の損失等に対する通常損失の補償（土収88条）等がある。なお、精神的損失（例えば、土地に対する愛着等）は、一般的にはこの損失に含まれないと解されている。

　(3)　収用補償と対比されるものとして、公共事業の施行過程で生じる騒音、臭気、日照障害等の事業損失があるが、現在のところ、これを補償する制度はなく、損害賠償の問題として処理されている。土地収用法は、みぞかき補償を定めているが、その他の損失については、補償の対象としていない。

　今日問題となっているものに、例えば、ダム建設により集落全体が消失し、土地ばかりでなく生活基盤そのものが失われた場合に、収用財産に対する金銭補償のほかに、生活を再建するための措置としての生活再建補償がある。都市計画法74条は、都市計画事業の施行に必要な土地等を提供したために生活の基盤を失うこととなる者は、生活再建のための措置として、土地や建物の取得、職業の紹介等の「あっせん」を施行者に申し出ることができると定めている。しかし、あくまでも施行者の努力義務にとどまっている（都計74条2項）。また、集落の大部分が収用され移転した結果、取り残された少数の者に対する少数残存者補償の問題があるが、行政上の措置として認められるようになっている。

> **判例**　最判昭和58年2月8日：石油貯蔵タンク移設事件
>
> 　Yは、国道に隣接する地下にガソリンタンクを適法に設置していたが、X（国）が新設した地下道とタンクの距離が消防法が定める離隔距離規定違反の状態となったため、タンクを移設した後、道路法に基づいて損失補償を求めた。最高裁は、警察法規が一定の危険物の保管場所等につき保安物件との間に一定の隔離距離を保持すべきことなどを内容とする技術上の基準を定めている場合において、道路工事の施工の結果、警察違反の状態を生じ、危険物保有者が基準に適合するように工作物の移転等を余儀なくされて損失を被ったとしても、それは警察規制に基づく損失が道路工事の施行によってたまたま現実化するに至ったものにすぎず、道路法70条1項の定める補償の対象には属しないとした。

┌───┐
│ **さらに調べてみよう** │
│ ・公の安全や秩序の維持といった消極目的のための警察制限と公益上必要な特定事業の需 │
│ 　要を満たすといった積極目的のための公用制限があるが、近年はそれ以外の財産権に対 │
│ 　する制限もみられる。制限の目的によって、損失補償の要否、補償内容、補償方法に違 │
│ 　いがあるのか調べてみよう。📖 野呂充「警察制限・公用制限と損失補償」前掲『行政法の │
│ 　争点』164〜165頁 │
└───┘

V　結果責任に基づく損害賠償

┌───┐
│ **本節のポイント** │
│ ・国または公共団体の違法行為により生じた損害を補填する国家賠償と、適法行為 │
│ 　により生じた損失を補填する損失補償のいずれによっても救済されない場合があ │
│ 　るが、どのような損害の場合か考えてみよう。 │
│ ・損害賠償と損失補償の谷間、または、結果責任に基づく損害賠償といわれるこの │
│ 　問題の解決策を考えてみよう。 │
└───┘

1　損害賠償と損失補償の谷間

　これまで述べてきた不法行為に基づく損害賠償と適法行為に基づく損失補償
によっては救済を期待できない場合がある。前者は違法な公権力の行使による
損害で、公務員の故意または過失を賠償の要件としている。そのため公務員の
行為が無過失であった場合には救済されない。また、後者は適法な行為で発生
が予定されている財産的損失行為に対する補償である。したがって、生命、身
体など財産以外に損失が生じた場合には損失補償でも救済されないこととな
る。このような損害賠償と損失補償のいずれの制度によっても救済されない状
態が「国家補償の谷間」と指摘される問題である。しかし、これらの損害が国
の活動によって生じている以上、被害者個人の責任として放置することは不合
理であり、許されることではない。このような損害を発生させた行為の適法
性・違法性や、行為を行った当該公務員の故意・過失を問わず、損害が発生し
たという結果に対して責任を負うことによって、この谷間を埋めようとするの
が結果責任の分野である。

2　国家補償の谷間をどのようにして埋めるのか

　結果責任という考え方に立って、この谷間を埋めようとする場合、次の3つのアプローチの仕方が考えられる。

　第1は、国家賠償法1条・2条の要件をできるだけ被害者救済の方向で解釈することである。具体的には、過失要件をより広く認定することである。

　第2は、個別的立法によって補償を行うことである。例えば、刑事補償法は、犯罪の嫌疑により逮捕・抑留または拘禁を受けた者が無罪の判決を受けた場合、拘禁日数に応じ一定額の補償金を支払うとしている。また、消防法は、消防長等による防火対象物の改修命令が取消訴訟により取り消された場合には、当該命令によって生じた損失を時価で補償するとしている。

　第3は、予算の裏付けを伴う行政措置として補償を行う方向である。例えば、前述した少数残存者補償、離職者補償や、法務省訓令である「被疑者補償規程」による犯罪の被疑者が抑留または拘禁された後、不起訴となった場合の補償がある。

さらに調べてみよう

・予防接種の被害に対する救済については、予防接種法の改正より、過失の有無を問わず補償給付がなされているが、補償額に上限があり、それを超える損害の補塡を求めるには訴訟を提起せざるをえなかった。そのため、憲法29条3項を援用した損失補償による救済策、過失認定を広く解し損害賠償による救済策等が提唱された。学説と判例を調べてみよう。📖宇賀克也「予防接種被害に対する救済」前掲『行政法の争点』162～163頁

第**14**章　行政不服申立て

I　行政不服申立ての意義と種類

> **本節のポイント**
> ・行政不服申立制度の必要性と役割について、行政訴訟制度と対比させながら理解しよう。
> ・行政不服審査法が2014年に全面改正された理由を学ぶ。
> ・異議申立てが廃止され審査請求に一元化されたことの意義を理解しよう。

1　行政不服申立ての意義

⑴　行政不服申立てとは

　行政不服申立てとは、国民からの申立てに基づいて、行政機関自身が違法・不当な行政活動を是正し、国民の権利利益の救済を図る制度である。行政機関の判断や決定に不服のある国民にとって、簡易かつ迅速な権利救済手段としての役割が期待されている制度である。

　行政訴訟制度も国民の権利利益の救済を図ることを目的としているが、行政不服申立てには行政訴訟制度と異なる役割がある。行政訴訟は、行政権から独立した地位を有する裁判所が裁断することからより公正・中立な審理を期待できる。他方で、慎重な手続の結果、ともすれば決着がつくまで長期間を要し、費用も高額となるなど、国民にとって行政訴訟を利用するにはハードルが高い。

　これに対して、行政不服申立ては、裁判手続と比べると簡易かつ迅速な権利救済手段であり、国民にとっても負担が少なくてすむ利点があると同時に、司法の場で争う前に紛争が解決され、あるいは争点が整理されることで、司法の負担を軽減するという役割もある。

⑵　行政不服申立てに関する法制度の変遷

　わが国の行政不服申立制度は、1890（明治23）年の「訴願法」に始まる。訴願法は、訴願の対象について列記主義を採用し、短い訴願期間を定め、また訴願前置主義の下、行政の自己統制という性格の強い手続を定めていた。

　その後1962（昭和37）年に「行政不服審査法」が制定された。同法は一般概括主義を導入し、不利益変更の禁止や教示制度を定めるなど違法・不当な行政活動から国民を救済する姿勢を強く打ち出した。

　しかし、行政活動の拡大に伴う紛争状況の変化および国民の権利意識の高まりなどを受けて、行政不服審査における公正さと客観性が不十分であるといった批判が強くなってきた。特に1993（平成5）年の行政手続法の制定（第 **11** 章参照）、2004（平成16）年の行政事件訴訟法の大幅な改正（第 **15** 章参照）を受けて、行政不服審査制度の抜本的な見直しの必要性が高まり、2014年6月に「行政不服審査法」（平26法68号）が成立した。

⑶　行政不服申立ての目的と特色

　行政不服申立制度の目的は、①簡易迅速かつ公正な手続により国民の権利利益の救済を図ること、②行政の適正な運営を確保すること、の2つである（行服1条）。「公正な手続」の文言は2014年改正により追加されたものであり、これにより行政不服審査における公正性と客観性の向上を図るための各種の手続（審理員制度や行政不服審査会への諮問など）が整備されることとなった。また利便性の向上という観点から、不服申立て期間を延長し、不服申立前置を大幅に見直した。

　行政不服申立制度の特色は、簡易迅速な手続による救済という制度目的から審理手続において書面審理や職権主義が採用されていること、さらに行政の適正な運営の確保という制度目的の下、「不当な」行政活動についても審査できることにある。

2　行政不服申立ての種類

　行政不服申立ての基本は審査請求であるが、そのほかに、個別の法律の定めるところにより、再調査の請求と再審査請求が認められる。

　㈠　審査請求　　行政庁の処分および不作為（法令に基づく申請に対して何ら

図表14-1　不服申立ての種類

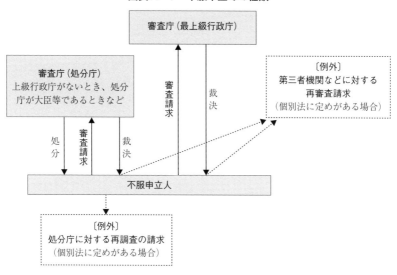

の処分をもしないことをいう）についての原則的な不服申立てが審査請求である（行審2条・3条）。審査請求は、原則として処分庁・不作為庁の最上級行政庁に対して、上級行政庁がない場合は当該処分庁・不作為庁に対して審査を求める不服申立てである（行審4条）。

　㈥　再調査の請求　　再調査の請求（行審5条）は、処分の事案や内容について把握することが容易な処分庁自身が、簡易な手続により処分を見直す手続である。上級行政庁に審査請求できる場合に限り、選択することができる。再調査の請求においては、審理員による審理や行政不服審査会への諮問は必要ではない。

　再調査の請求は法律が認めている場合にのみ行うことができる。課税処分や公害健康被害補償請求など不服申立てが大量に行われる処分について定められている（国税通則75条、関税89条、公害健康被害補償106条など）。

　㈦　再審査請求　　再審査請求は、審査請求の裁決に不服がある者が、さらにもう一段階の不服を申し立てる手続である（行審6条）。再審査請求には、専門的な第三者機関による慎重な審査を受ける機会を保障するという意義があ

る。個別法律に根拠がある場合にのみすることができる（社会保険や労働保険の分野のほか、建基95条や生保66条など）。

　なお、審査請求の裁決に対しては、再審査請求をせずに直ちに取消訴訟を提起することができる（行訴3条3項）。

　㈡　審査請求と再調査の請求の関係　　再調査の請求は個別法に定めがあるときに処分庁に対してすることができるが、このような場合であっても再調査の請求を経ないで、処分庁以外の行政庁に対して、直ちに審査請求を選択することもできる（行審5条1項ただし書）。

　ただし、審査請求を選択したときは再調査の請求をすることはできない（行審5条1項ただし書）。また再調査の請求を選択したときは、原則としてその決定を経なければ、審査請求をすることができない（行審5条2項）。

> **さらに調べてみよう**
> ・行政上の救済制度としては、ほかにも苦情処理制度、行政審判制度、ADR、オンブズマンなどがある。それぞれの特徴を整理しよう。📖 大久保規子「行政機関によるADR」『行政法の争点』（ジュリスト増刊、2014年）100頁以下、塩野宏『行政法Ⅱ〔第6版〕』（有斐閣、2019年）42頁以下（行政審判）、58頁以下（苦情処理・オンブズマン）

Ⅱ　行政不服申立ての要件

> **本節のポイント**
> ・不服申立てを提起して処分の違法や不当を争うにはクリアしなければならないハードル（要件）がある。不服申立ての要件にはどのようなものがあるか。
> ・複雑な不服申立制度を適切に利用するためには、「教示制度」が重要な役割を果たしている。処分庁はどのようなことを教示しなければならないのか。また誤った教示の場合はどうしたらよいだろうか。

1　行政不服申立ての要件

　不服申立てを提起して行政庁の処分または不作為が違法・不当かどうかの本案の審理をしてもらうためには、いくつかのハードル（要件）をクリアしなければならない。これを不服申立ての要件といい、これを欠く不服申立ては不適

法なものとして却下される。

⑴　不服申立ての対象

　審査請求をすることができる行政活動は、「行政庁の処分」（行審2条）と「行政庁の不作為」（行審3条）である。なお、再調査の請求と再審査請求は、行政庁の処分に限られ、不作為に対してはすることができない（行審5条1項・6条1項）。

　㈠　処分　　「行政庁の処分その他公権力の行使に当たる行為」が処分とされる（行審1条2項）。「処分」が何を意味するかについては、取消訴訟におけるのと同様に解される（第 **15** 章Ⅲ参照）。

　また、「公権力の行使に当たる事実上の行為で、人の収容、物の留置その他その内容が継続的性質を有するもの」（2014年改正前の行審2条1項）も処分に含まれることが前提となっている（行審46条1項・47条・48条）。したがって、不法入国者の送還前の収容、感染症患者の強制入院措置、貨物の収容などの権力的事実行為は、処分に当たるといえよう。

　㈡　不作為　　不作為とは、「法令に基づく申請に対して何らの処分をもしないこと」（行審3条かっこ書）をいい、このような不作為が相当の期間継続したときに、審査請求を提起することができる（行審49条1項）。

　すなわち申請に対する不作為が違法・不当であるときは、不作為庁に対して申請認容などの一定の処分をすべき措置をとることができる（行審49条3項）。

　義務付け訴訟の法定化（行訴3条6項2号）や許認可申請に対する行政庁の審査応答義務（行手7条）を踏まえた重要な改正であり、これにより申請に対する不作為に係る紛争の一回的解決が図られるようになった。

　ただし、規制権限の発動を求めるような不服申立ては認められていない。これについては、2014年の行政手続法改正により一定の対応がなされている（行手36条の3。第 **11** 章Ⅱ5参照）。

　㈢　適用除外　　行政庁の処分または不作為であっても、不服申立ての対象とならない行為がある。第1に、国会や裁判所による処分、学校等における処分、刑務所等における処分、外国人の出入国等に関する処分など12項目の処分について適用除外としている（行審7条1項）。第2に、行政主体間・行政機関相互間の処分・不作為についても適用を除外している（行審7条2項）。

(2)　不服申立期間

　不服申立期間とは、不服申立てをすることができる期間であり、これを徒過した不服申立ては不適法である。審査請求は、処分があったことを知った日の翌日から起算して３カ月以内にしなければならない（行審18条１項）。これを主観的審査請求期間という。また、処分があった日の翌日から起算して１年を経過したときも、することができない（行審18条２項）。これを客観的審査請求期間という。再調査の請求についても同様の定めがある（行審54条）。

　再調査の請求を経て審査請求をするときは、当該再調査の請求についての決定があったことを知った日の翌日から起算して１カ月以内、また決定の日から１年以内でなければならない（行審18条１項・２項かっこ書）。

　再審査請求をするときは、原裁決（審査請求に対する裁決）があったことを知った日の翌日から起算して１カ月以内である（行審62条１項）。客観的請求期間は１年である。

　不服申立期間については、いずれも「正当な理由」があれば例外が認められる。

(3)　不服申立適格

　処分について審査請求できる資格を有するものは、「行政庁の処分に不服がある者」である（行審２条。再調査の請求については同５条１項）。これについて最高裁は主婦連ジュース訴訟において「法律上の利益」を有する者のみが不服申立てをすることができるとし、取消訴訟の原告適格と同様の解釈（法律上保護された利益説）を採用している（第**16**章Ⅰ３参照）。

　不作為に対しては、「法令に基づき行政庁に対して処分についての申請をした者」が審査請求をすることができる（行審３条）。

> **判例**　最判昭和53年３月14日：主婦連ジュース訴訟
> 　公正取引委員会が、果汁を含まない飲料についても「合成着色料使用」と付記すれば「果汁飲料」と表示することを認める公正競争規約を認定したことに対して、主婦連などの団体がこの表示は消費者に誤解をもたらすものであるとして、景品表示法に基づいて不服申立てをした事件。「当該処分について不服申立てをする法律上の利益がある者、すなわち、当該処分により自己の権利若しくは法律上保護された利益を侵害され又は必然的に侵害されるおそれのある者」が不服申立てをすることができ、主婦連などはこれに当たらないとした。

2　教示・情報提供

⑴　教　　　示

　国民による不服申立ての提起に便宜を図るため、処分をするときに不服申立てに関する情報を提供する制度を「教示」という。

　処分行政庁は、不服申立て（審査請求・再調査の請求に限られず、他の法令に基づく不服申立てを含む）をすることができる処分を書面で行う場合に、その相手方に対し、①当該処分について不服申立てができる旨、②不服申立てをすべき行政庁、③不服申立てをすることができる期間、を教示しなければならない（行審82条1項）。

　また、処分の相手方ではない利害関係人から処分庁に教示の請求があったときは、処分庁は教示しなければならない（行審82条2項）。

　教示を怠る場合、教示の内容に誤りがある場合などについては、救済措置が定められている。例えば、必要な教示がなされなかったときは処分庁に不服申立書を提出すればよいし（行審83条1項）、審査請求をすべき行政庁を誤っているときは、教示された行政庁に審査請求書を提出すれば、適法な審査庁に送付される（行審22条）。また、不服申立期間に誤りがあったときは教示された期間内に不服申立てをすれば、適法な不服申立てとして処理される（行審18条1項ただし書）。

　なお、再調査の請求に対する決定および再審査請求に対する裁決についても教示が義務づけられている（行審60条2項・50条3項）。

⑵　不服申立てについての情報提供

　さらに救済を求める国民に便宜を図る趣旨から、求めに応じて不服申立てに必要な情報の提供および不服申立ての処理状況の公表について、行政庁の努力義務を定めている（行審84条・85条）。

Ⅲ　行政不服申立ての審理手続

本節のポイント

・行政不服審査法は「公正な手続」を目的に掲げるが、これはどのように具体化されているのだろうか。
・行政不服審査の特色である書面審理主義と職権主義に注目しながら、不服申立人の手続的権利を理解しよう。
・仮の権利救済制度の意義と執行停止制度の内容を理解しよう。

1　審査請求の手続

行政不服審査法の2014年改正によりその目的に「公正な手続」が追加され、これを具体化するために標準審理期間、審理員による審理制度、行政不服審査会等への諮問制度などが新たに導入された。

(1)　標準審理期間

標準審理期間とは、審査請求からこれに対する裁決までに通常要すべき標準的な期間であり、審査庁はこれを定めるよう努めるとともに、定めたときは公にしておかなければならない（行審16条）。審査請求における審理の遅延を防止し、国民の予測可能性を高めるための措置である。

再調査の請求および再審査請求についても準用される（行審61条・66条）。

(2)　審　理　員

従前、審査請求の審理にあたる職員については定めがなかったため係争の処分等に関与した職員が審理することも排除されていなかった。

そこで2014年改正により、審理を担当する「審理員」について新たに規定した。すなわち審査庁（最上級行政庁または処分庁・不作為庁）は、原則として処分に関与した者や、不作為に係る処分に関与している者以外の職員の中から審理員を指名する（行審9条1項・2項）。この審理員が、審査請求における主張や証拠を整理し、口頭意見陳述を主宰し、審理員意見書（審査庁がすべき裁決の案）を作成するなど、審理手続（行審28条以下）を統括する。なお、再調査の請求に対する決定に関与した職員も審理員から除外される（行審9条2項）。

審理員は、審査庁に所属する職員の中から審査請求のつど指名される。ま

図表14-2　審査請求の手続の流れ

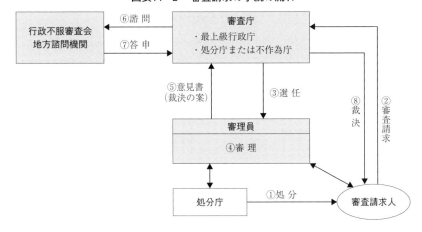

た、あらかじめ審理員候補者名簿（行審17条）が作成されているときは、その中から指名される（行審9条1項）。

　なお、一定の場合（例えば、いわゆる行政委員会等が審査庁であるときや審査請求を不適法却下するときなど）にあっては審理員による審理手続の適用が除外される（行審9条1項ただし書）。

(3)　行政不服審査会等への諮問

　行政不服審査会は、審査請求に対する裁決の客観性および公正性を担保するために、審査庁から独立した第三者機関である。

　審査庁は、審理員から意見書の提出を受けたときは、審査庁が国の機関であるときは行政不服審査会に、審査庁が地方公共団体の長であるときは地方設置の第三者的機関に諮問し、その答申を受けて裁決をすることになっている（行審43条1項）。

　これらの行政不服審査会等への諮問手続は、審理員による審理手続や法令解釈の適否を第三者の立場からさらにチェックするものである。

　行政不服審査会は総務省に設置され、9人の委員で組織される（行審67条・68条）。地方公共団体においては、執行機関の附属機関として恒常的に設置することも、または条例によって事件ごとに設置することも可能である（行審81条1項・2項）。

　なお、手続の過重な負担を回避するために、一定の場合には行政不服審査会等への諮問手続が除外されている（行審43条1項各号）。すなわち、処分や裁決が、他の法令に基づき第三者機関の議を経てなされている場合（同項1号・2号）、審査請求人が諮問を希望しない場合（同項4号）などである。

　行政不服審査会は、書面により調査審議を行うのが原則であるが、職権によって調査審議することもできる（行審74条）。他方、審査請求人等は行政不服審査会に対して、口頭意見陳述の機会を申立て（行審75条）、その主張を記載した書面や資料を提出できる（行審76条）。さらに、行政不服審査会に提出された書面や資料の閲覧、その写しの交付を請求することができる（行審78条1項）。

　なお、再調査の請求や再審査請求については、行政不服審査会等への諮問手続は定められていない。

コラム　行政不服審査会

　行政不服審査会は、2016年4月から活動を開始した。2019年度までの4年間の諮問・答申状況は、以下の通りである（https://www.soumu.go.jp/main_sosiki/singi/fufukushinsa/index.html）。

諮問件数 （繰越を含む）	答申件数	審査庁の判断を妥当でないとした件数 （一部妥当でないを含む）
325件	241件	35件

　また国および自治体の行政不服審査の裁決（約5000件）および行政不服審査会等の答申（約4200件）はすべてデータベース化され様々な検索が可能となっている（行政不服審査裁決・答申検索データベース、https://fufukudb.search.soumu.go.jp/koukai/main）。これまで行政不服申立てがどのように処理されるのか一般にはブラックボックスであったが、裁決や答申が公開されることにより行政不服審査の研究、特に不当性の研究に大いに寄与するものと思われる。

　また、行政不服審査会は、審査請求に係る処分の根拠法令の運用が不適切であると考えた場合や、行政不服審査法に基づく審理手続が不当であると考えた場合等について、その改善を求める観点から、答申において、問題点を指摘し、必要な措置について付言している。これまでのところ、法律が求める省令の未整備に関するもの、行政処分の理由付記に関するものが多い（付言と類似の内容等を指摘する準付言もある）。このような指摘は行政運営を公正なものにするために重要である。

2　審理手続

　㈠　手続の開始　　審査請求は、口頭でできる場合を除いて、審査庁に対して請求の趣旨や理由などを記載した書面が提出されることでその手続が開始する（行審19条1項）。

　審査庁は、審査請求書に不備があるときは相当の期間を定めて補正を命じなければならない（行審23条）。審査請求の要件を欠くとき、または補正に応じないときは、却下裁決をすることができる（行審24条）。

　㈡　書面審理と口頭意見陳述　　審査請求の審理は書面審理が原則である（書面審理主義）。審理員は、審査請求書を処分庁・不作為庁に送付し、弁明書の提出を求める。弁明書には、処分の内容と理由などが記載される（行審29条）。これに対して審査請求人は反論書を提出できる（行審30条1項）。また、参加人は意見書を提出できる（同条2項）。

　以上のような書面審理主義の例外として、審査請求人または参加人の申立てがあったときは、口頭で審査請求に係る事件に関する意見を述べる機会を与えなければならない（行審31条1項）。

　審査請求においては、審理員の下での対審的な構造を採用するため、口頭意見陳述に処分庁・不作為庁も出頭することが義務づけられ、そして審査請求人・参加人は、処分庁・不作為庁に対して質問を発することができる（行審31条2項・5項）。これも公正な審理という目的達成のための重要な手続である。

　㈢　職権主義と審理手続の計画的遂行　　審査請求の審理における証拠調べについては、審理員の職権によることが広く認められている（職権主義）。すなわち、審理員は、審査請求人・参加人または処分庁等に対して証拠書類や証拠物等の提出を求め、物件を留置できる（行審32条・33条）。また、参考人に陳述または鑑定を求め（行審34条）、そのほか、必要な場所についての検証（行審35条）、処分庁等を含む審理関係人への質問（行審36条）を、職権で行うことができる。

　また、審理員による審理手続が計画的に遂行できるよう「意見聴取手続」が規定されている。すなわち、審理員は、審理すべき事項が多数でありまたは錯綜している事件について、審理関係人を招集して意見の聴取を行うことができる（行審37条1項）。審理員と審理関係人とのやりとりの中で事件の争点を明確

にし、主張・立証事項を確認することにより、審理手続を計画的に遂行するねらいがある。

　㈡　証拠書類閲覧請求権と謄写権　　審査請求人は、処分庁から提出された書類等の物件だけでなく、審理員の要求に応じて提出されたすべての書類等について閲覧請求権が認められ、その写し等の交付を求めることができる。この場合、審理員は、第三者の利益を害するおそれがあるときなどを除いては、閲覧または交付を拒むことができない（行審38条1項）。

　㈤　参加人の手続的権利　　参加人とは、処分・不作為について利害関係を有する者のうち、審理員の許可を得て審査請求に参加する者をいう（行審13条4項）。審査請求をできる立場であるがそれをしない者や処分等の取消しなどによって不利益を被る者などがこれに当たる。書類等の閲覧請求権やその写しの交付請求権（行審38条1項）に加えて、口頭意見陳述における処分庁等への質問（行審31条1項・5項）、審理員意見書の写しの送付（行審43条3項）などが新たに規定された。三面的・多面的な行政紛争に対応するための取り組みである。

　㈥　審理員意見書　　審理員は、審理手続を終結したとき（行審41条）は、遅滞なく審査庁がすべき裁決に関する意見書（審理員意見書）を作成し、事件記録とともに速やかに審査庁に提出しなければならない（行審42条1項・2項）。審理意見書には、事案の概要と審理関係人の主張を整理し、事件の争点を明示した上で、審査請求に対する結論およびその理由を記載する必要がある（行審50条1項）。

　審理員意見書は、審査庁の裁決を法的に拘束するものではない。ただし、審査庁が審理員意見書と異なる内容の裁決をする場合には、その理由を裁決書に記載しなければならない（同条1項4号）。

3　裁　　決

　審査庁は、行政不服審査会から答申を受けたとき、または行政不服審査会への諮問を要しない事案にあっては審理員から意見書が提出されたときに、遅滞なく裁決をしなければならない（行審44条）。これにより審査請求は終了する。なお、審査請求人は、裁決があるまではいつでも審査請求を取り下げることが

できる（行審27条1項）。

　審査庁は、行政不服審査会の答申と異なる内容の裁決をすることを妨げられない。ただし、その場合には理由を裁決書に記載しなければならない（行審50条1号・4号）。

(1)　裁決の種類

　裁決には、却下、棄却、認容の3種類がある。却下裁決は、審査請求が不適法である場合になされる（行審45条1項）。棄却裁決は、本案についての裁決であって、審査請求に理由がない（すなわち違法でも不当でもない）場合になされる（同条2項）。

　棄却裁決の一種に事情裁決がある。事情裁決は、処分が違法または不当ではあるが、これを取り消しまたは撤廃することにより公の利益に著しい障害を生じ、公共の福祉に適合しないと認めるときは、審査庁は、裁決で、当該審査請求を棄却することができる。この場合、裁決の主文で、当該処分が違法または不当であることを宣言しなければならない（同条3項）。

　認容裁決は、処分が違法または不当であり、したがってこれに対する審査請求に理由がある場合になされる。この場合、審査庁は、処分にあってはその処分を取り消しまたはこれを変更する（行審46条1項）。事実上の行為にあっては、裁決でその旨を宣言した上で、処分庁が審査庁であるときは、これを撤廃しまたは変更するほか、上級行政庁が審査庁であるときは、処分庁にこれを命ずる（行審47条1号・2号）。なお、審査庁が処分庁の上級行政庁または処分庁のいずれでもない場合（行審46条1項・47条）は、処分を変更すること、および事実上の行為の変更を処分庁に命ずることができない。

　なお、処分や事実上の行為を変更する必要があるときでも、審査請求人に不利益になるような変更はできない（不利益変更の禁止。行審48条）。

(2)　裁決の効力と訴訟の提起

　裁決は、処分庁その他の関係行政庁に対して拘束力を持つ（行審52条1項）。したがって審査庁が原処分を取り消した場合には、処分庁は当該裁決に対して取消訴訟を提起することができない。

　また、裁決および再調査の請求に対する決定も1つの処分であり、公定力その他の効力を有する（第**8**章Ⅰ参照）。裁決または決定に不服があるときは、取

消訴訟を提起するのが原則である。ただし、裁決・決定の取消訴訟においては原処分の違法を主張することはできず、裁決・決定の固有の瑕疵を主張しなければならない（原処分主義という。行訴10条2項。第 **15** 章Ⅲ1参照）。

4　仮の権利救済

　仮の権利救済は、不服申立てに対する裁決がなされるまでの間、申立人に回復困難な損害が生じることを避けるための制度である。行政不服審査法は執行停止制度を定める。

(1)　執行不停止の原則

　行政不服審査法は、「審査請求は、処分の効力、処分の執行又は手続の続行を妨げない」と規定し（行審25条1項）、執行不停止原則を採用する（再調査の請求および再審査請求についても同様である。行審61条・66条1項）。行政活動の停滞を回避し、迅速な行政運営を確保することを重視している。

　したがって、処分の執行等を停止するには、審査請求人からの申立てが必要となる。ただし、審査庁が処分庁またはその上級行政庁であるときは、職権によっても執行停止をすることができる（行審25条2項）。

　執行停止権限は審査庁に属するが、審理員は必要があると認めるときは、審査庁に執行停止すべき旨の意見書を提出できる（行審40条）。

(2)　執行停止の種類

　執行停止の内容としては、「処分の効力の停止」、「処分の執行の停止」、「手続の続行の停止」、「その他の措置」の4つがある。このうち、「処分の効力の停止」は補充的な措置であり、他の3つの措置によって目的が達成できるときは、することができない（行審25条6項）。

(3)　執行停止の要件

　(イ)　義務的執行停止　　執行停止の申立てがあった場合において、処分の執行等によって生ずる「重大な損害を避けるために緊急の必要があるとき」は、審査庁は執行停止をすることが義務づけられている（同条4項）。「重大な損害」が生ずるか否かを判断するに当たっては、損害の回復の困難さを考慮すること、損害の性質と程度および処分の内容と性質をも勘案することが求められる（同条5項）。

　㈡　裁量的執行停止　　審査庁は、「必要あると認める場合」に執行停止をすることができる（同条２項）。これを裁量的執行停止といい、行政不服審査制度に特有な執行停止である。義務的執行停止の要件に該当しないときであっても柔軟に判断する余地を考慮したものである。

　㈢　執行停止の消極要件　　義務的執行停止の要件を満たしている場合であっても、執行停止決定により公共の福祉に重大な影響を及ぼすおそれがあるとき、または本案について理由がないとみえるときは、執行停止をしないでよい（同条４項ただし書）。また、執行停止を決定した後でも審査庁は執行停止を取り消すことができる（行審26条）。

> ╭─ さらに調べてみよう ─
> ・行政不服審査法の2014年改正によって、審査請求が行政実務においてどのような変化が生じているか、調べてみよう。

第15章　行政事件訴訟概説

I　行政事件訴訟の系譜と沿革

本節のポイント

・大陸型の行政裁判所と英米型の通常裁判所は、どのように異なるのか。
・日本の行政訴訟制度は、戦前は行政裁判所が審査し、戦後は通常裁判所が審査するようになったが、なぜだろうか。

　行政事件訴訟とは、行政上の法律関係に関する紛争を、裁判所が正式の訴訟手続によって裁判する手続である。簡易迅速な救済手段である行政不服申立て（第**14**章参照）と比べると、裁判所は独立で公正な立場で判断し、当事者も十分に主張立証を行うことができる。私人が違法な行政により権利・利益を侵害された場合、その救済手続として最も完備したものが裁判所による手続である。

1　行政訴訟制度の制度的系譜

　行政上の法的紛争をどのような裁判所で解決するかは、大陸型と英米型の2つの系譜がある。

　大陸型は、公法・私法の二元化を前提とし、公法法規が適用される行政事件と私法法規が適用される民事事件を区別し、行政事件に関する裁判は、司法裁判所の権限から除外され、行政系統内に独立の地位を有する行政裁判所を設けて管轄させた。これは、行政権と司法権の観念的区別に基づき、行政作用に対する司法権の干渉を排除することにあった。この型をとる国を一般的に行政国家とよび、ドイツとフランスを代表とするが、今日では、一般の行政と行政裁判の分離が進み、行政裁判所は独立して裁判権を行使する真の裁判所であると評価されている。

　これに対し、英米のいわゆる司法国家においては、公法・私法の二元化をそもそも認めず、いずれも普通法（コモン・ロー）によって規律され、行政事件訴訟も法の解釈運用である点では民・刑事の裁判と同じであるから、これを法の解釈運用を使命とする司法裁判所に管轄させる。すなわち、行政事件も民事事件と同じ手続によって審理され、行政事件の手続上の特殊性はほとんど認められてこなかった。

2　わが国の行政訴訟制度の沿革

　明治憲法61条は、「行政官庁ノ違法処分ニ由リ権利ヲ傷害セラレタリトスルノ訴訟ニシテ別ニ法律ヲ以テ定メタル行政裁判所ノ裁判ニ属スヘキモノハ司法裁判所ニ於テ受理スルノ限ニ在ラス」と規定し、大陸型の行政訴訟制度が採用された。これは、司法権から行政権を独立させることによって、行政権の自律性を確保し、行政権の権威性を保障する制度であった。また、行政裁判所については、出訴事項を限定列挙し、訴訟手続も不備が多く、東京に１カ所あるだけで、私人の権利保護という面からみると極めて不十分であった。

　日本国憲法76条は、「すべて司法権は、最高裁判所及び法律の定めるところにより設置する下級裁判所に属する」（１項）、「特別裁判所はこれを設置することができない」（２項）と規定し、行政事件の裁判も司法権の管轄に属することになり、英米型への転換を明らかにした。新憲法施行直後に制定された「日本国憲法の施行に伴う民事訴訟法の応急措置に関する法律」は、「行政庁の違法な処分の取消又は変更を求める訴」の出訴期間を６カ月以内と抗告訴訟の出訴期間を規定した（８条）だけで、行政事件も民事訴訟手続と同じように扱われていた。

　しかし、平野事件を契機に、1948年「行政事件訴訟特例法」が制定され、抗告訴訟について、訴願前置主義、６カ月の出訴期間、執行不停止原則と内閣総理大臣の異議、事情判決などが定められた。この特例法も、行政権優位に配慮した制度を定めていたが、あくまで民事訴訟法の「特例法」であり、全文わずか12カ条で、解釈運用上しばしば疑義が生じた。そこで、1962年「行政事件訴訟法」が制定された。これは、①従来まちまちであった行政事件訴訟についての解釈上の疑義を立法的に解決すること、②国民の権利を救済し、国民主権下

の法制にふさわしい制度にすること、③行政事件訴訟特例法が民事訴訟法の特例法にすぎなかったものを、行政事件訴訟の一般法として整備すること、を目的とした。

3　2004年改正行政事件訴訟法

行政事件訴訟法については、その後「著しい機能不全」も指摘されるようになった。すなわち、①訴訟要件が厳格に判断され、本案審理に入らずに却下される「門前払い」の事例が多い、②本案審理に入っても、行政裁量と判断されると裁判所の審理が及ばない、③執行不停止が原則とされ、仮の権利救済制度が利用されない、などの問題点が示されていた。

2004年改正行政事件訴訟法の主要な改正点を以下に挙げておく。

①救済範囲の拡大
　・取消訴訟の原告適格の拡大（9条2項）
　・義務付け訴訟の法定（3条6項、37条の2、37条の3）
　・差止訴訟の法定（3条7項、37条の4）
　・確認訴訟を当事者訴訟の一類型として明示（4条）
②審理の充実・促進
　・釈明処分の特則の新設（23条の2）
③行政訴訟をより利用しやすく、分かりやすくするための仕組み
　・抗告訴訟の被告適格を行政庁から行政主体に改める（11条）
　・抗告訴訟の管轄裁判所の拡大：特定管轄裁判所の追加（12条）
　・出訴期間を6カ月に延長（14条）
　・取消訴訟等の提起に関する事項の教示制度の新設（46条）
④仮の救済制度の整備
　・執行停止の要件の緩和（25条）
　・仮の義務付け・仮の差止め制度の新設（37条の5）

╭ さらに調べてみよう ╮

・戦後の占領軍（GHQ）は、当初は行政事件訴訟を民事訴訟と同様に扱おうとしていたが、行政事件訴訟特例法を制定するよう方針転換をした。その契機となった「平野事件」を調べてみよう。📖 岡田正則「平野事件」『法学教室』349号10～11頁

Ⅱ 行政事件訴訟の類型

本節のポイント

・行政事件訴訟の類型の中で、「法律上の争訟」に該当する主観訴訟とは何か、また「法律上の争訟」に該当しない客観訴訟とは何か。
・行政事件訴訟の中で重要な訴訟は、抗告訴訟、特に取消訴訟である。
・当事者訴訟は、「公権力の行使」に該当しない当事者間の訴訟であるが、「公権力の行使」に該当しないとすれば民事訴訟で争ってもよいはずであるが、なぜ当事者訴訟で訴えなければならないのだろうか。
・客観訴訟である民衆訴訟と機関訴訟は、誰が、どのような場合に利用できる訴訟なのか確認しよう。

　行政事件訴訟法は、行政事件訴訟の類型として、抗告訴訟、当事者訴訟、民衆訴訟、機関訴訟の４種を定めている（行訴２条）（**図表15-1参照**）。これに対して、行政事件訴訟特例法は、行政事件訴訟を「行政庁の違法な処分の取消又は変更に係わる訴訟」と「その他公法上の権利関係に関する訴訟」に区別する（１条）のみで、無効確認訴訟を予定しておらず、また民衆訴訟や機関訴訟についても規定がなかった。

1　主観訴訟と客観訴訟──法律上の争訟

　裁判所法３条１項は、裁判所の権限を「一切の法律上の争訟」を裁判すると規定する。この「法律上の争訟」とは、あらゆる法的紛争を意味するのではなく、「法令を適用することによって解決し得べき権利義務に関する当事者間の紛争をいう」（最判昭和29年２月11日）。

　すなわち、裁判所は、当事者間に具体的な権利義務の存否や法律関係に争いがあり、一方の当事者から訴えが提起されてはじめて裁判するのである。これを事件性の要件という。さらに、裁判所は、法令を適用することによって解決することのできる紛争でなければ裁判することができない。法令を適用することによって解決できない紛争とは、例えば、芸術上の評価の争い、学問上の争い、政治や経済政策の当否の問題などである。

図表15‐1　行政事件訴訟の種類

> **主観訴訟**：法律上の争訟に該当する。
> 　①抗告訴訟
> 　　・取消訴訟
> 　　・無効等確認訴訟
> 　　・不作為の違法確認訴訟
> 　　・義務付け訴訟
> 　　・差止訴訟
> 　②当事者訴訟
> **客観訴訟**：法律上の争訟に該当しない、法定主義。
> 　③民衆訴訟
> 　④機関訴訟

　抗告訴訟と当事者訴訟は、原告が自己の権利・利益の救済を目的とするもので、この法律上の争訟に該当する主観訴訟である。これに対し、民衆訴訟や機関訴訟は、自己の権利利益に関わらない資格で訴えるもので、法律上の争訟に該当しないことから、法に明文の定めがあってはじめて認められる客観訴訟である（法定主義、行訴42条）。

2　抗　告　訴　訟

　抗告訴訟とは、行政庁が公権力の行使、すなわち行政権が優越的地位においてなす行政作用に対する不服の訴訟をいう（行訴3条1項）。行政事件訴訟法は、抗告訴訟を6種類に分けるが、抗告訴訟の典型は、取消訴訟、すなわち行政行為の違法性を争い、その取消しを求める訴訟である（本章Ⅲ参照）。

　抗告訴訟は行政事件訴訟の中核をなしており、行政事件訴訟法の定めも抗告訴訟を中心に定め、当事者訴訟、民衆訴訟、機関訴訟は、それぞれに特有な規定のほかには、抗告訴訟の規定を準用する形式となっている。

3　当事者訴訟

　当事者訴訟は、公権力の行使を争う訴訟ではなく、対等な権利主体相互間の法的紛争の解決を目的とする訴訟である。公権力の行使に該当しない法的紛争であれば、抗告訴訟では争えないが、民事訴訟において争ってもよいはずである。しかし民事訴訟は私法上の権利に関する紛争を対象としているため、公務

員の給与請求権など公法上の権利に関する紛争は民事訴訟の対象とはならない。そこで、抗告訴訟や民事訴訟の対象とならない公法上の権利に関する法的紛争を対象とする訴訟を、当事者訴訟としたのである。

4　民衆訴訟

　民衆訴訟とは、国または公共団体の機関の法規に適合しない行為の是正を求める訴訟で、選挙人たる資格その他自己の法律上の利益にかかわらない資格で提起するものをいう（行訴5条）。この訴訟は、自己の権利・利益の救済を目的とする主観訴訟ではなく、行政の客観的適法性の確保を目的とする客観訴訟であり、法律に明文の規定がなければ提起できないし、この訴訟の原告となりうる者は「法律に定める者」（行訴42条）に限られる。

　民衆訴訟の例は、地方自治法上の住民訴訟（地自242条の2）、公職選挙法による選挙訴訟（公選202条以下）などである。

5　機関訴訟

　機関訴訟とは、国または公共団体の機関相互間における権限の存否またはその行使に関する紛争についての訴訟をいう（行訴6条）。機関訴訟も、客観訴訟であり、法律に明文の規定がある場合に法律に定める者に限り、提起することができる（行訴42条）。

　本来権利主体ではない行政機関が訴訟の当事者となるのは、法理論的にはおかしいともいえる。しかし、機関相互間の紛争であっても、第三者たる裁判所の公正な判断による解決が望ましい場合には、法律により、機関訴訟が認められることになる。

　機関訴訟の例は、地方自治法における長と議会の間の訴訟（地自176条7項）、法定受託事務に関する代執行訴訟（地自245条の8）などである。

さらに調べてみよう

・わが国の戦前と戦後の行政訴訟制度がどのように変化したか、さらに考えてみよう。
　📖 高木光「行政事件と司法権の範囲」『行政法の争点』（ジュリスト増刊、2014年）108〜109頁

III　抗告訴訟の類型

本節のポイント

・抗告訴訟の中で、処分の取消訴訟と裁決の取消訴訟の関係についての、原処分主義と裁決主義とはどういうことだろうか。
・処分が無効であるならば、その相手方は、民事訴訟や当事者訴訟を提起することができる。このため、無効等確認訴訟が補充的訴訟といわれるが、どのような意味か理解しよう。
・義務付け訴訟と差止訴訟は、どのような場合に利用できるのだろうか。

　抗告訴訟とは、行政庁の公権力の行使に関する不服の訴訟をいう（行訴3条1項）。行政事件訴訟法が抗告訴訟の類型として挙げるのは、①処分の取消訴訟、②裁決の取消訴訟、③無効等確認訴訟、④不作為の違法確認訴訟、さらに2004年改正行政事件訴訟法により⑤義務付け訴訟、⑥差止訴訟が追加され、法定抗告訴訟は6種類となった。また行政事件訴訟法は、これ以外の抗告訴訟を認めないという趣旨ではなく、新たな法定外抗告訴訟（無名抗告訴訟）も認められる可能性がある。

　抗告訴訟の中心は取消訴訟であり、行政事件訴訟法は取消訴訟を中心に規定し、その他の抗告訴訟は、その訴訟に特別の規定のほかは、取消訴訟の規定を準用している（行訴38条）。

1　処分の取消訴訟と裁決の取消訴訟の関係

　処分の取消訴訟とは、行政庁の処分その他公権力の行使に当たる行為の取消しを求める訴訟をいう（行訴3条2項）。処分取消訴訟の対象は、行政法学上の行政行為が中心である。処分を取り消す旨の判決があった場合には、処分の効力は、処分時に遡って消滅する。裁決の取消訴訟とは、審査請求その他の不服申立てに対する行政庁の裁決、決定その他の行為の取消しを求める訴訟をいう（行訴3条3項）。裁決も行政庁の公権力の行使の一種であるが、行政事件訴訟法は、処分取消訴訟と裁決取消訴訟を明確に区別するとともに、その関係を次のように規定した。

　原処分の違法は、処分の取消訴訟においてのみ主張することができ、原処分を維持した裁決の取消訴訟においては、原処分の違法を理由として裁決の取消しを求めることはできない（行訴10条2項）。これを原処分主義という。裁決の取消訴訟においては、裁決固有の違法（例えば、裁決手続の違法、裁決機関の構成の違法）しか主張できない。

　この原処分主義は、処分の取消訴訟と裁決の取消訴訟をともに提起できる場合のことである。しかし、法律が、処分の取消訴訟を認めず、裁決の取消訴訟のみを出訴できると規定する場合がある（例、電波96条の2、地税434条2項など）。これを裁決主義というが、この場合には、裁決の取消訴訟において原処分の違法も主張することができる。

2　無効等確認訴訟

　無効等確認訴訟とは、処分もしくは裁決の存否またはその効力の有無の確認を求める訴訟をいう（行訴3条4項）。この訴訟の中心は、課税処分や土地収用裁決の無効を確認する訴訟であるが、それ以外にも処分の効力や失効を確認する訴訟などが含まれるが、多くの訴えは無効確認訴訟である。

　行政処分の無効とは、処分（行政行為）に重大かつ明白な瑕疵がある場合をいう。無効の行政行為には公定力がなく、何人もその無効を主張しそれを無視することができる（第*8*章Ⅳ参照）。私人は、処分の無効を前提に、現在の法律関係に関する訴え（公法上の当事者訴訟や民事訴訟）により、自己の権利を主張することができる。そこで行政事件訴訟法は、無効確認訴訟の原告適格を制限し、無効確認訴訟によらなければ権利利益を保護されない場合にのみ、出訴できることにした（行訴36条）。すなわち、無効確認訴訟は、他に適切な手段がない場合に認められる補充的救済手段である。また、不可争力もないことから、出訴期間の制限もない（行訴38条が14条を準用していない）。

3　不作為の違法確認訴訟

　不作為の違法確認訴訟とは、行政庁が法令に基づく申請に対し、相当の期間内に何らかの処分または裁決をすべきにもかかわらず、これをしないことについて違法の確認を求める訴訟をいう（行訴3条5項）。例えば、営業許可を申請

し相当の期間が経過したにもかかわらず、何らの処分もしないのは違法である
との確認を求める訴訟である。原告は、法令に基づく申請をした者に限られる
（行訴37条）。

　不作為の違法確認訴訟が導入されたのは、本法制定当時、義務付け訴訟を認
めるまでには至らず、不作為の違法確認であれば行政庁の第一次的判断権を侵
害しないとされたことによる（第一次的判断権は、次の**4**義務付け訴訟参照）。

　この不作為の違法確認訴訟は、行政庁が申請に対し何らの処分をしない不作
為状態の違法を攻撃するもので、行政庁の処分を促すにすぎない。申請どおり
の処分を義務づけるものでも、自己に有利な処分をしないことが違法であると
の確認を求める訴訟でもない。

4　義務付け訴訟

　義務付け訴訟とは、行政庁に対し一定の処分をするよう命じる判決を求める
訴訟をいう。義務付け訴訟について、本法制定当時通説であった学説は、行政
庁の第一次的判断権の尊重を理由に、この訴訟に対し否定的であった。すなわ
ち、抗告訴訟とは、行政庁の第一次的判断（処分）を媒介として生じた違法状
態を排除することを目的とする訴訟であり、裁判所がすでになされた処分を事
後的に審査するものとした。義務付け訴訟は、行政庁がいまだ第一次的判断を
なしていないにもかかわらず、行政庁に作為を命じるもので、行政庁の第一次
的判断権を侵害し、権力分立の原則に反するとされたのである。

　近年は、憲法に基づく司法国家の原則と私人の権利利益の有効な救済を理由
に、義務付け訴訟を肯定する立場が次第に有力になっている。義務付け訴訟の
要件として、有力な学説は、①行政庁の作為・不作為の義務の存在が一義的に
明白であり、②行政庁の作為・不作為により私人に重大な損害ないし危険が切
迫しており、③他に適切な救済の方法がないこと、を挙げていた。2004年改正
行政事件訴訟法により、この義務付け訴訟が法定された（行訴3条6項）。

　義務付け訴訟とは、行政庁が一定の処分または裁決をすべき旨を命ずること
を求める訴訟であり、①申請権を前提とせず、行政庁が第三者に対し一定の処
分をすべきことを義務づけるもの（非申請型の義務付け訴訟）と、②行政庁に対
し一定の処分または裁決を求める法令に基づく申請または審査請求がなされた

場合において、当該行政庁がその処分または裁決をすべきであるにもかかわらずこれをしないときに一定の処分または裁決をすべきことを義務づけるもの（申請型の義務付け訴訟）、の2種類がある。義務付け訴訟の要件は、第**18**章3を見よ。

5　差止訴訟

差止訴訟は、予防的不作為命令訴訟とも呼ばれ、行政権の行使によって権利・利益が侵害されるおそれのある場合に、事前に、行政庁の侵害行為を予防することを目的とする訴訟をいう。例えば、公務員に対する懲戒処分の差止訴訟、課税処分の差止訴訟、埋立免許の交付の差止訴訟（広島地判平成21年10月1日：鞆の浦景観訴訟）、埋立事業費支出の差止訴訟（福岡高那覇支判平成21年10月15日：泡瀬干潟訴訟）などがある。

差止訴訟ないし予防的不作為命令訴訟について、学説は、違法な行政処分が明白に予見でき、当該処分が差し迫っており、事前に差止めが認められなければ私人が回復困難な損害を受けるときには、差止訴訟が認められる余地を認めていた。最高裁判所も、不作為の予防確認訴訟について、「〔不利益〕処分を受けてからこれに関する訴訟のなかで事後的に義務の存否を争ったのでは回復しがたい重大な損害を被るおそれがある等、事前の救済を認めないことを著しく不相当とする特段の事情がある場合」には、その可能性を認めていた（最判昭和47年11月30日）。

しかし、最高裁判所が差止訴訟を認容した例はなく、2004年改正行政事件訴訟法がこれを法定したのである（行訴3条7項）。差止訴訟の要件は、第**18**章4を見よ。

さらに調べてみよう
・義務付け訴訟と差止訴訟について、その要件、問題点をさらに考えてみよう。📖大貫裕之「義務付け訴訟・差止訴訟」前掲『行政法の争点』134〜135頁

第**16**章　取消訴訟の訴訟要件と仮の権利救済

I　取消訴訟の訴訟要件

本節のポイント

・取消訴訟の対象である処分には、行政行為のほかにどのような行政活動が該当するのだろうか。

・原告適格に関する「法律上の利益」の解釈について、法律上保護された利益説と法的保護に値する利益説があるが、両説はどのように原告適格を判断するのであろうか。

・狭義の訴えの利益が消滅する場合や回復すべき法律上の利益を有する場合とは、どのような場合があるのだろうか。

訴訟要件とは、訴えを適法とする要件であり、本案審理をするために具備していなければならない要件をいう。訴訟要件を1つでも欠く訴えは、不適法であり、処分・裁決の取消請求の当否＝本案を判断することなく却下される。

1　管轄裁判所

訴訟を提起するとき、どの裁判所に出訴すればよいのか、これが裁判管轄の問題である。旧憲法下では、行政事件訴訟は、行政権内部に設けられた、一審かつ終審の行政裁判所が管轄していた。しかし、現行憲法下においては、すべての行政事件訴訟は、通常裁判所の管轄するところとなった（裁3条2項）。

(1)　事物管轄

第一審の裁判所を、簡易裁判所、地方裁判所、高等裁判所のいずれにするかが事物管轄の問題である。訴訟物の価額に関係なく、地方裁判所が第一審管轄裁判所とされ、簡易裁判所と地方裁判所の支部は管轄権を有しない（裁24条1号・33条1項1号、地方裁判所及び家庭裁判所支部設置規則1条2項）。

図表16‑1　取消訴訟の訴訟要件

①管轄裁判所

②処分の存在（処分性）

③原告適格

④狭義の訴えの利益

⑤被告適格

⑥前置手続の経由（審査請求前置）

⑦出訴期間など

＊原処分主義については、第 *15* 章Ⅲ 1 参照。

(2)　土 地 管 轄

　行政事件訴訟法は被告行政庁所在地の裁判所としていたが、2004年改正行政事件訴訟法により行政主体を被告とすることに変更されたため（行訴11条 1 項）、「被告の普通裁判籍の所在地を管轄する裁判所又は処分若しくは裁決をした行政庁の所在地を管轄する裁判所」に改められた（行訴12条 1 項）。

　普通裁判籍とは、事件の種類を問わず一般的に認められる裁判籍で、原則として、自然人は住所により、法人等はその主たる事務所または営業所により定まる（民訴 4 条 2 項・ 4 項）。また、国の普通裁判籍は、訴訟について国を代表する官庁の所在地により定まり（民訴 4 条 6 項）、法務大臣が国を代表することから（国の利害に関係のある訴訟についての法務大臣の権限等に関する法律 1 条）、法務大臣の所在地を管轄する東京地方裁判所となる。

　また、国または独立法人を被告とする取消訴訟は、「原告の普通裁判籍の所在地を管轄する高等裁判所の所在地を管轄する地方裁判所」（特定管轄裁判所）にも訴訟を提起することができる（行訴12条 4 項）。特定管轄裁判所とは、東京、大阪、名古屋、広島、福岡、仙台、札幌、高松の 8 地方裁判所である。

　この他に、 2 つの特別裁判籍がある。①土地の収用、鉱業権の設定その他不動産にかかわる処分（例えば、違法建築物の除却命令、採石権の設定、保安林の指定）または裁決についての取消訴訟は、その不動産または場所の所在地の裁判所にも、提起することができる（行訴12条 2 項）。例えば、熊本県のダム建設用地の収用のために国土交通大臣が行った事業の認定を争う場合、普通裁判籍では東京地裁に出訴しなければならないが、特別裁判籍により熊本地裁にも出訴

することができる。②取消訴訟は、当該処分または裁決に関し事案の処理に当たった下級行政機関の所在地の裁判所にも、提起することができる（行訴12条3項）。「事案の処理に当たった」とは、処分の成立に、下級行政機関が積極的に関与し意思形成に重要な影響を与えたことをいう。

2　処分の存在（処分性）

　取消訴訟の対象となる処分が存在しない場合、その訴えは不適法なものとして却下を免れない。裁決の取消訴訟の対象は、審査請求に対する裁決であり、その範囲は明瞭で問題はあまりない。処分の取消訴訟の対象については問題がある。処分の取消訴訟の対象は「行政庁の処分」と「その他公権力の行使に当たる行為」である（行訴3条2項）。

(1)　行政庁の処分

　通説的な学説は、これを講学上の行政行為とほぼ同義に解している。最高裁判所もこのような立場に立ち、行政庁の処分とは、「公権力の主体たる国または公共団体が行う行為のうち、その行為によって、直接国民の権利義務を形成しまたはその範囲を確定することが法律上認められているもの」（最判昭和39年10月29日：東京都ごみ焼却場設置事件）としている。

　判例によれば、公定力を持つ行政行為を取消訴訟の対象たる行政庁の処分と解することから、次のような行為は、処分とはいえない。

　①私法上の契約　　私法上の契約の形式で行われる行為は、公権力の行使ではないので、処分ではない（上掲ごみ焼却場設置事件）。

　②法令・条例　　法令は一般的には処分ではない。ただし、直接特定人の権利・利益を侵害する場合は処分性が認められる場合もある。例えば、昇給延伸条例（盛岡地判昭和31年10月15日）、横浜市立保育所を廃止する改正条例（最判平成21年11月26日）に処分性が認められた。

　③内部的行為　　行政庁の内部行為は、私人の権利義務に直接に影響を及ぼさないので処分ではない。例えば、日本鉄道建設公団の成田新幹線工事実施計画に対する運輸大臣の認可は、行政機関相互の行為であり、行政行為として外部に対する効力を有するものではないので行政処分ではない（最判昭和53年12月8日）。

④行政指導　　行政指導は、私人に任意の協力を求めるもので、処分ではない（行手2条6号・32条）。しかし、医療法による知事の行う病院開設の中止勧告ないし病床数削減の勧告は、行政指導であって処分ではないが、この勧告に従わないものには病院を開設しても保険医療機関の指定を受けることができなくなることが確実であり、処分性があるとされた（最判平成17年7月15日、前掲130頁**判例**参照）。

⑤行政計画　　行政上の計画は、設計図面のように青写真的性格しかなく、具体的に私人の権利を確定しない限り処分ではない。

土地区画整理事業計画の公告は、抗告訴訟の対象とならない（最大判昭和41年2月23日）とされてきた。しかし、この青写真論は、市町村の施行に係る土地区画整理事業の事業計画の決定が、施行地区内の宅地所有者等の法的地位に変動をもたらすものであって、抗告訴訟の対象とするに足りる法的効果を有するものということができ、実効的な権利救済を図るという観点からみても、これを対象とした抗告訴訟の提起を認めるのが合理的であるとして、最高裁も判例を変更した（最大判平成20年9月10日、80頁**判例**参照）。

第2種市街地再開発事業計画の公告について、最高裁は、それが土地収用法の事業認定と同様の効果を持つことなどを理由に、抗告訴訟の対象となると判示した（最判平成4年11月26日）。

(2)　その他公権力の行使に当たる行為

公権力的事実行為も処分に含まれ、取消訴訟の対象となる。公権力的事実行為とは、例えば、感染症患者の強制収容、精神障害者の強制入院、税関長による旅客の携帯品留置等をいい、行政機関の一方的判断に基づいて行われる権力的行為である（道路工事や建築工事等の単純な事実行為は含まれない）。このような公権力の行使に当たる行為は、民事訴訟による救済が困難であるので（行訴44条）、取消訴訟に服させる実益があるといえる。

(3)　処分性の拡大の傾向

通説的見解や最高裁判例に従い、行政庁の処分を狭く解すると、私人の権利・利益の救済の途が閉ざされてしまうことが近年問題となってきた。すなわち、行政行為という概念には当てはまらない行為でも、救済の必要性が認められる場合は、それに準ずるものとして抗告訴訟の対象として扱い、権利・利益

の実効的救済を図らなければならないとするのである。このような行為を、形式的行政行為と呼んでいる。形式的行政行為は、もともと非権力的行政であり本来の行政行為と異なり公定力・不可争力を持たない行為であるが、それを形式的に行政行為として把握し、行政庁の「その他公権力の行使に当たる行為」（行訴3条2項）に当たるものとして抗告訴訟の対象にするものである。

　例えば、関税定率法に基づく、税関長の輸入禁制品に当たるという通知は、観念の通知であり処分ではないが、これ以外の通知はなく貨物が輸入できなくなるという法的効果を有すると考え、処分性が認められた（最判昭和54年12月25日）。そのほか通知に処分性を認めた最高裁判所の判例には、食品衛生法に基づく当該食品が法違反であるとの検疫所長の通知（最判平成16年4月26日）、登録免許税法上の還付拒否の通知（最判平成17年4月14日）がある。

　なお、2004年改正行政事件訴訟法は処分性の拡大について触れていないが、これまで処分性が否定されてきた、行政指導、行政立法（特に通達）、行政計画などについて当事者訴訟（行訴4条）の活用が促された。

3　原告適格

　行政処分その他公権力の行使に当たる行為を争って出訴する資格を有する者は誰か、これが原告適格の問題である。原告適格を持たない者の訴えの提起は不適法なものとして却下される。取消訴訟を提起できる者を、行政事件訴訟法は「法律上の利益」を有する者に限るとしている（行訴9条1項）。自己の法律上の利益に関係なく（行訴10条1項）、単に正義の実現とか、法秩序の維持、公共の福祉等を主張して抗告訴訟を提起することは許されないのである。

(1)　「法律上の利益」の解釈

　「法律上の利益」が、厳格な意味での権利を含み、それより広い概念であることについては問題ない。従来の通説的立場や判例は、「法律上保護された利益」はこれに含まれ、単なる「反射的利益」は含まれないとしていた（「法律上保護された利益説」）。法律上保護された利益とは、処分の根拠条文が原告の利益を直接保護している利益をいうが、法律が特定個人の利益を保護する例はほとんどなく、原告適格が多くの判例で否定されてきた。

　原告適格をさらに広く認める、「法的保護に値する利益説」もある。これは、

法律上保護された利益のみならず実体法上積極的に保護されていない利益であっても、原告が現実に被る不利益の性質、程度等に着目し、訴訟によって救済されねばならないほどの利益、すなわち、「法的保護に値する利益」を侵害された者に原告適格を認めるのである。しかしこの説に対しては、その判断基準が不明確であり、抗告訴訟を民衆訴訟化させるもので法の趣旨に沿わないとの批判があった。

　それではどのような場合に原告適格が問題となるか。まず、一般に権利・利益を侵害する処分を受けた者、すなわち不利益処分の相手方ないし名宛人が原告適格を有するのは当然であり、反対に、授益的な処分を受けた者は原告適格を有しない。原告適格の有無が問題となるのは、主として、処分の相手方以外の第三者や地域住民の場合、例えば環境訴訟や消費者訴訟においてである（一般消費者の不服申立資格を否定した事例として、最判昭和53年3月14日：主婦連ジュース訴訟、202頁**判例**参照）。

(2)　原告適格拡大のための解釈規定

　これまでの判例が、法律上保護された利益説により、処分の根拠法令の文言解釈を重視し、原告適格を狭く解しすぎるとの批判が強かったため、2004年改正行政事件訴訟法により解釈規定（行訴9条2項）が新設された。これにより、裁判所は、第三者の原告適格を判断する際には、以下の事項を考慮すべきものとされた。

　名宛人以外の第三者の原告適格を判断するにあたって、裁判所は、①「当該法令の趣旨及び目的」、②「当該処分において考慮されるべき利益の内容及び性質」を考慮することが義務づけられた。これは、もんじゅ訴訟において最高裁判所が示した考慮事項でもある（下記**判例**参照）。

判例　**最判平成4年9月22日：もんじゅ訴訟**

　旧動力炉・核燃料開発事業団が高速増殖炉「もんじゅ」の建設計画につき内閣総理大臣から、核原料物質、核燃料物質及び原子炉の規制に関する法律に基づく原子炉設置許可を受けたが、周辺住民は「もんじゅ」により生命・身体等に重大な被害を受けるとして、原子炉設置許可の無効確認訴訟と原子炉の建設・運転の民事差止訴訟を提起した。

　最高裁は、行政事件訴訟法36条の「法律上の利益を有する者」も同法9条と同義

に解するとして、原告適格を有するかについては、許可処分を定めた「当該行政法規の趣旨・目的、当該行政法規が当該処分を通して保護しようとしている利益の内容・性質等を考慮して判断すべきである」として、周辺住民の原告適格を認めた。

　さらに、①の「当該法令の趣旨及び目的」を考慮するにあたっては、③「当該法令と目的を共通にする関係法令があるときはその趣旨及び目的」をも参酌するものとされた。これは、新潟国際空港訴訟において最高裁判所が判示した内容でもある（下記 **判例** 参照）。

> **判例**　最判平成元年２月17日：新潟国際空港訴訟
>
> 　運輸大臣（当時）が航空法に基づき日本航空に与えた新潟―ソウル間の定期航空事業免許について、空港周辺の住民が騒音被害などを理由に免許の取消しを求めた事件。
> 　最高裁は、処分の根拠法令である航空法の目的に航空機騒音の防止が含まれ、関係法令である「飛行場周辺航空機騒音防止法」が運輸大臣に騒音等を防止するための措置を行う権限を与えていることから、周辺住民に免許の取消しを求める原告適格を認めた。

　また、②の「当該処分において考慮されるべき利益の内容及び性質」を考慮するにあたっては、④「当該処分又は裁決がその根拠となる法令に違反してされた場合に害されることとなる利益の内容及び性質並びにこれが害される態様及び程度」を勘案するものとされた。これは、紛争実体の考慮を義務づけるもので、法的保護に値する利益説に近い発想といわれている。

　このような改正に基づく判例が、小田急線高架化訴訟（最大判平成17年12月7日、次頁 **判例** 参照）である。小田急線訴訟判決は、これまで都市計画事業認可の取消訴訟に関する原告適格を、当該都市計画事業地内の地権者のみに限っていた、環状6号線訴訟判決（最判平成11年12月7日）を変更し、事業地外の一定範囲に居住する住民（第三者）に原告適格を拡大したものである。今後、この解釈規定や判例に基づき、原告適格を拡大する方向で、判例の見直しがなされることを期待したい。

> **判例**　最大判平成17年12月7日：小田急線高架化訴訟（原告適格）
>
> 　東京都が小田急線の一部区間を高架化する鉄道事業に変更した都市計画に建設大臣（当時）から認可が与えられたが、沿線住民が騒音や振動を理由にこの都市計画事業認可の取消しを求めた事件。
>
> 　最高裁は、行政事件訴訟法9条2項の解釈事項に基づき、都市計画法上の周辺住民が有する利益、被害の内容・性質などを考慮し、関係法令である東京都環境影響評価条例が保護している住民の利益を参酌し、周辺住民に原告適格を認めた。

　その後、原告適格を容認した判例としては、自転車競技法に基づく場外車券発売施設の設置許可につき、施設周辺の医療施設開設者には原告適格は認められるが、周辺住民の原告適格は否定された事例（場外車券発売施設設置許可事件、最判平成21年10月15日）、産業廃棄物処理業及び特別管理産業廃棄物処理業の許可処分等に対する取消訴訟及び無効確認訴訟において、処分場の周辺住民のうち、環境影響調査報告書の調査対象となる地域に居住する住民には原告適格が認められた事例（産業廃棄物等処分業許可事件、最判平成26年7月29日）などがある。

4　狭義の訴えの利益

　取消訴訟が適法なものとして受理されるためには、紛争が裁判によって解決されるという現実的な利益がなければならない。すなわち、取消判決によって、原告の権利・利益が現実に救済される状況にあることが必要である。これを狭義の訴えの利益という。例えば、建築確認の取消訴訟提起後に建築工事が完了した場合には、建築確認の効力が完了してしまうので、狭義の訴えの利益は失われるし（最判昭和59年10月26日）、メーデー集会のための皇居外苑の使用許可申請に対する不許可処分の取消しを求める訴えについて、訴訟の係属中に期日が過ぎてしまった場合にも、訴えの利益は失われる（最判昭和28年12月23日）。

　しかし、処分の効果が期間の経過等により失効した後でも、処分の取消しを求める訴えの利益が認められる場合がある。行政事件訴訟法9条1項カッコ書が、「処分又は裁決の効果が期間の経過その他の理由によりなくなつた後においてもなお処分又は裁決の取消しによつて回復すべき法律上の利益を有する者」に訴えの利益を認めたことがそれである。例えば、免職処分を受けた公務

員が市議会議員に立候補すると公務員を辞職したものとみなされ（公選90条）、免職処分が取り消されても元の地位は回復できない。しかし、その処分さえなければ公務員として有するはずであった給料請求権その他の権利・利益につき回復すべき利益がある場合には、免職処分の取消しを求める訴えの利益が認められている（最判昭和40年4月28日）。

　そのほか、回復すべき利益があると認められた判例として、市街化調整区域内の開発許可事件がある。開発許可は、開発許可に係る開発行為に関する工事が完了し、当該工事の検査済証が交付されたときは、開発許可の有する法的効果は消滅する。しかし、市街化調整区域においては、開発許可に関する工事が完了し検査済証が交付された後に、予定建築物等の建築等が可能となるという法的効果が生ずる。したがって、市街化調整区域内の土地について、開発許可の取消しを求める者は、工事の検査済証が交付された後においても、当該開発許可の取消しによって、その効力を前提とする予定建築物等の建築等が可能となるという法的効果を排除することができ、訴えの利益は失われないとされた（最判平成27年12月14日）。また、後行処分の量定を加重する処分基準の判例（最判平成27年3月3日、151頁**判例**）も、営業停止期間が経過した後においても加重可能性のある3年間は回復すべき利益を有するとされている。

　自動車運転免許関係では、以下の3判例が重要である。①運転免許取消処分の取消訴訟提起後に運転免許の有効期間が経過した場合には、処分の取消しが確定して免許証を行使できる状態に至れば、更新できると解すべきであるから、訴えの利益は消滅しない（最判昭和40年8月2日）。②運転免許停止処分後、1年間の無事故無処分により過去3年間の前歴も抹消されるので、名誉の侵害を理由に運転免許停止処分の取消しを求めた場合には、訴えの利益は消滅する（最判昭和55年11月25日）。③運転免許の更新に当たり、優良運転者との記載のない免許証を交付された者は、優良運転者として更新を受ける法律上の地位を回復するため、当該更新処分の取消しを求める訴えの利益を有する（最判平成21年2月27日）。

5　被告適格

　誰を相手に訴えを提起するか、これが被告適格の問題である。これまで、取

消訴訟の被告を処分庁や裁決庁としていた。これは、国（代表者は法務大臣）や
地方公共団体（代表者は長）を被告とするよりも、処分を行った行政庁を被告
とする方が直接的であり、攻撃防御にも便宜である、という考え方による。し
かし、処分庁が必ずしも明確でなく被告を誤ることが稀でなかったために、
2004年改正行政事件訴訟法により、行政主体を被告とすることに変更された。
すなわち、処分または裁決をした行政庁（処分または裁決があった後に当該行政庁
の権限が他の行政庁に承継されたときは、承継を受けた行政庁）が国または公共団体
に所属する場合に、処分の取消訴訟の被告は、処分庁の所属する国または公共
団体となり、裁決の取消訴訟の被告は、裁決庁の所属する国または公共団体と
なる（行訴11条1項）。

　処分または裁決をした行政庁が国または公共団体に所属しない場合には（弁
護士会など）、当該行政庁を被告とするが（同条2項）、被告とすべき国もしくは
公共団体または行政庁がない場合には、当該処分または裁決に係る事務の帰属
する国または公共団体を被告とする（同条3項）。

　請求関係を明確にするために、以下の手続が新設された。国または公共団体
を被告として取消訴訟を提起する場合、原告は、訴状に処分庁または裁決庁を
記載するものとされ（同条4項）、また国または公共団体を被告として取消訴訟
が提起された場合には、被告は、遅滞なく裁判所に対し、処分庁または裁決庁
を明らかにしなければならない（同条5項）。なお、処分または裁決をした行政
庁は、当該処分または裁決に係る国または公共団体を被告とする訴訟につい
て、裁判上の一切の行為をする権限を有する（同条6項）。

6　前置手続の経由

　行政処分に対して審査請求ができる場合、私人は審査請求をしてもよいし、
処分の取消訴訟を提起してもよい（行訴8条1項）。あるいは両者を同時に提起
することもできる（この場合、裁判所は裁決があるまで訴訟手続を中止することがで
きる。同条3項）。これを自由選択主義という。

　しかし、法律によって、審査請求に対する裁決を経た後でなければ、処分の
取消訴訟を提起できないとされる場合がある。この場合は、審査請求を前置し
なければならない（同条1項ただし書）。審査請求前置主義がとられている場合

に、審査請求を行わずに直接出訴をすれば、不適法な訴えとなり却下される。

　審査請求前置主義がとられている例としては、①大量的に行われる処分であって、裁決により行政の統一を図る必要のあるもの、②専門技術的性質を有する処分で、専門家による審査が必要であるもの、③裁決が第三者的機関（行政委員会等）によって行われるものとされているが、審査請求前置主義をとる法律は2014年改正行政不服審査法・整備法により半減された。

　審査請求前置が要求されている場合でも、審査請求があった日から3カ月を経過しても裁決がないとき、処分の執行等により生ずる著しい損害を避けるため緊急の必要があるとき、その他裁決を経ないことにつき正当な理由があるときには、裁決を経ないで処分の取消訴訟を提起することができる（同条2項）。

7　出訴期間

　取消訴訟を提起するには、一定の期間内でなければならない。この期間を出訴期間という。出訴期間を徒過して提起された訴えは、不適法なものとして却下される。

　民事訴訟では、出訴期間という訴訟要件はない。取消訴訟に出訴期間という制限が設けられた理由は、いったん行政行為がなされると、それに基づいて種々の法律関係が形成されるため、その安定性を早期に確保する必要に基づく。

　どの程度の期間を出訴期間とするかは、処分の早期確定の要請（短期論）と私人の出訴権尊重の要請（長期論）を考慮して決定される。取消訴訟の出訴期間は処分または裁決があったことを知った日から3カ月とされていたが、これでは短期にすぎるとの批判があり、2004年改正行政事件訴訟法は6カ月に延長した（行訴14条1項本文）。また、出訴期間は不変期間とされていたが、期間を経過しても正当な理由があるときには取消訴訟を提起することができることとされた（同条1項ただし書）。

　処分または裁決の効力発生は到達主義であるから、出訴権者が処分のあったことを知らなければ、いつでも出訴し当該処分を争うことができることになってしまう。これは不合理であるので、処分または裁決の日から1年を経過すると訴えを提起できないことにし、法律関係の安定化を図った（除斥期間）。ただ、出訴権者が1年たっても処分があったことを知らなかったことについて正

当な理由があるときは、出訴が許される（同条2項）。

　さらに、審査請求を経た、処分または裁決に係る取消訴訟は、裁決があったことを知った日から6カ月を経過したときまたは当該裁決の日から1年を経過したときはすることができないものとした（同条3項）。これは、出訴期間を6カ月に延長し、初日不算入を原則としたものである。（この例外として土地収用法133条1項がある。収用裁決の取消訴訟は、収用委員会の裁決書正本の送達を受けた日から3カ月の不変期間内に提起しなければならない）。

8　訴えの形式

　行政事件訴訟法には、訴え提起の方式については、特段の規定はない。行政事件訴訟法に定めがない事項については、民事訴訟の例により（行訴7条）、民事訴訟の一般原則に従うことになる。訴状は、当事者・法定代理人と請求の趣旨および原因を記載し、管轄裁判所に提出しなければならない（民訴133条）。

9　出訴期間等の情報提供（教示制度）

　これは、訴訟要件ではないが、ここで説明しておく。

　教示制度は、行政不服審査法により不服申立てに関して設けられていたが、2004年改正行政事件訴訟法により、行政庁が取消訴訟と形式的当事者訴訟について出訴期間等の情報を提供する義務（教示制度）が新たに規定された。

(1)　取消訴訟についての教示

　行政庁は、取消訴訟を提起することができる処分または裁決をする場合には、その相手方に、取消訴訟の被告とすべき者、取消訴訟の出訴期間、法律に当該処分についての審査請求に対する裁決を経た後でなければ処分の取消訴訟を提起することができない旨の定め（審査請求前置）があるときはその旨を書面で教示しなければならないものとされた。ただし、当該処分を口頭でする場合は教示はなされない（行訴46条1項ただし書）。

　また、行政庁は、法律に処分についての審査請求に対する裁決に対してのみ取消訴訟を提起することができる旨の定め（裁決主義）がある場合には、その相手方に対し、法律にその定めがある旨を書面で教示しなければならない（同条2項）。

(2)　形式的当事者訴訟についての教示

　行政庁は、当事者間の法律関係を確認しまたは形成する処分または裁決に係る訴訟で法令の規定によりその法律関係の当事者の一方を被告とするもの、いわゆる形式的当事者訴訟を提起することができる処分または裁決をする場合にも、当事者の被告とすべき者および当該訴訟の出訴期間を書面で教示しなければならない。ただし、当該処分を口頭でする場合は教示はなされない（同条3項）。

　　さらに調べてみよう

・処分性、原告適格、狭義の訴えの利益については、多くの判例がある。『行政判例百選
　Ⅱ〔第7版〕』152～181事件で、判例の内容を確認してみよう。

Ⅱ　仮の権利救済——執行停止、内閣総理大臣の異議

　　本節のポイント

・仮の権利救済とは、判決の確定まで、原告の権利を仮に保全することをいう。しかし、民事保全法の仮処分は排除されているが、なぜだろうか。
・執行不停止制度を原則としながら、執行停止の申立てについて、さらに内閣総理大臣の異議制度が設けられているが、その理由は何だろうか。

1　執行停止制度

(1)　執行不停止の原則

　処分の取消訴訟が提起された場合、その処分の効力はどのようになるのか。私人の権利・利益の救済という面を考えると、裁判の結果が確定するまでとりあえず処分の執行を停止すべきであろう。他方、訴訟提起があれば直ちに処分の執行を停止させるようでは、行政の円滑な運営が確保できない、という考えも成り立つ。ドイツの行政裁判所法は執行停止の原則を、アメリカやフランスは執行不停止原則を採用している。わが国では、処分の取消訴訟の提起は、処分の効力、処分の執行または手続の続行を妨げないと、執行不停止の原則がとられている（行訴25条1項）。

(2)　仮の権利救済と仮処分の排除

　取消訴訟が提起され、本案判決が確定するまでには長期の期間が必要となる。その判決の確定までの間、原告の権利を保全するために、仮の権利救済が必要となる。特に、執行不停止が原則となると、本案判決が得られるまで、原告である私人の権利・利益は侵害されたままであり、場合によっては勝訴をしても原状回復ができない場合もある。ここで、民事保全法の仮処分の制度が利用できないかが問題となる。仮処分とは、本案判決の確定にいたるまで、差し迫った危険や損害を防止するために設けられた制度であり、比較的容易に認められる。

　しかし、行政事件訴訟法44条は、行政庁の処分その他公権力の行使に当たる行為については、民事保全法に規定する仮処分をすることはできないと定め、公権力の行使に当たる行為については仮処分が排除されている。その理由は、当事者間の利害調整を行いながら、比較的容易に認められる仮処分制度は、公権力の行使の分野にはなじみにくいとされている。

　なお、仮の義務付けについては第*18*章3(4)を、仮の差止めについては4(3)を見よ。

(3)　執行停止の制度

　公権力の行使に当たる行為に対して仮処分を排除したことに伴い、行政事件訴訟法は、執行不停止原則の例外として、執行停止の制度を設け、原告の権利・利益を保全しようとする。すなわち、処分、処分の執行または手続の続行により生ずる重大な損害を避けるため緊急の必要があるときは、裁判所は、申立てにより、決定をもって処分の効力、処分の執行または手続の続行の全部または一部の停止をすることができる（行訴25条2項）。

　処分の効力の停止とは、営業許可の取消処分の効力の停止のように、効力そのものを差し止めることであり、処分の執行の停止とは、代執行の停止のように、処分内容の強制的執行を差し止めることであり、手続の続行の停止とは、課税処分に続く滞納処分手続の停止のように、当該処分が有効なことを前提として行われる後行処分の差止めを意味する。処分の効力の停止は、処分の執行または手続の続行の停止によって目的を達することができる場合には、することができない（同条2項ただし書）。

　2004年改正行政事件訴訟法により、「回復困難な損害」が「重大な損害」に改められた。また、裁判所は、重大な損害を生ずるか否かを判断するにあたっては、「損害の回復の困難の程度を考慮する」ものとし、「損害の性質及び程度並びに処分の内容及び性質をも勘案する」ものとされた（同条3項）。この改正は、執行停止の要件を緩和し、仮の権利救済を充実させるものであるから、執行停止の考慮事項については柔軟に判断することが期待される。

(4)　執行停止の要件

　執行停止が認められるためには、次の4つの要件を満たす必要がある。

　①適法な取消訴訟が係属していること。執行停止は、処分の取消訴訟の提起があった場合において申立てをすることができる（行訴25条2項）。仮処分とは異なり、常に本案訴訟の提起が前提となっている。

　②重大な損害を避けるため緊急の必要があること（同条2項）。これまでの「回復の困難な損害」が、損害の回復の困難性を中心に厳格に解釈され、なかなか執行停止が認められなかったことから、これを「重大な損害」に改め、柔軟な解釈により執行停止を適切に利用できるようにしたものである。

　③公共の福祉に重大な影響を及ぼすおそれのないこと（同条4項）。執行停止を行うにあたっては、公共に及ぼす影響も考慮すべきである。ただし、個人の権利・利益を犠牲にしても執行しなければならないような重大な公益性があるかどうかは慎重に判断されなければならない。

　④本案について理由があるとみえること（同条4項）。本案について理由がない、すなわち敗訴が確実である場合に、仮の保護をする必要はない。

(5)　執行停止の決定と即時抗告

　執行停止は、当事者の申立てに基づいてのみ、裁判所がその許否を決定する（行訴25条2項）。その管轄裁判所は、本案の取消訴訟が係属する裁判所である（行訴28条）。執行停止の決定は疎明に基づいて行われ（行訴25条5項）、口頭弁論を経ないで行いうるが、あらかじめ当事者の意見をきかなければならない（同条6項）。

　裁判所が下す決定に対しては、即時抗告が許される（同条7項）。執行停止の決定に即時抗告があった場合にも、決定の執行は停止されない（同条8項）。

　執行停止の決定が確定した後において、裁判所は、その理由が消滅したり、

その他の事情の変更によって執行停止が妥当でないと判断したときには、相手方の申立てによって、執行停止決定を取り消すことが認められている（行訴26条1項）。

2　内閣総理大臣の異議

執行停止の申立てがあった場合に、内閣総理大臣は、裁判所に対し異議を述べることができる（行訴27条1項）。この異議があったとき、裁判所は、執行停止をすることができず、またすでに執行停止の決定をしているときはこれを取り消さなければならない（同条4項）。内閣総理大臣の異議は、司法権の執行停止の権限を奪うものとして、絶対的拒否権とも表現されている（原田尚彦『行政法要論〔全訂7版補訂2版〕』〔学陽書房、2012年〕425頁）。

(1)　異議の方法

内閣総理大臣の異議には、理由を付さねばならず（同条2項）、その理由においては、処分の効力を存続し、処分を執行しまたは手続を続行しなければ、公共の福祉に重大な影響を及ぼすおそれのある事情を示すものとされている（同条3項）。理由が付記されていない異議は、要件を欠き無効である。

異議の内容については、裁判所は審査権を有しないと解されている（東京地判昭和44年9月26日）。すなわち、行政事件訴訟法27条3項の趣旨に沿った理由が付記されていれば、裁判所は、執行停止をすることができず、またすでに執行を停止しているときはこれを取り消すことになる。

このように、執行を停止することができるか否かの最終的決定権は内閣総理大臣の手中にあるので、異議の申述は慎重でなければならない。行政事件訴訟法も、異議の申述がやむをえない場合でなければならないこと、次の常会において国会に報告することを要求している（同条6項）。

なお、異議の申述は、執行停止の決定の前後を問わず行いうる（同条1項）。

(2)　異議制度の合憲性

内閣総理大臣の異議の制度の合憲性については議論がある。合憲論者の論拠は次のとおりである。①執行停止の裁判は、本案訴訟における終局判決と異なり、行政処分的性質の強いものである。それゆえ行政権がそれに制約を加えても、司法権を侵すものではない。②執行停止が公共の福祉に重大な影響を及ぼ

す場合、政治的・行政的責任を負っている内閣総理大臣としては無関心ではおれない。他方、裁判所には、公共の福祉について十分かつ妥当に考慮するという保証がない、などである。

　しかし、憲法81条、76条２項の精神からして、司法国家体制による行政権の監視こそが重要であり、内閣総理大臣の異議は、人権擁護の使命を持つ司法権に対する侵害である可能性が強い。異議制度は、官僚主義的行政権優位思想の名残りであり、現実には、行政権が政治権力と結びつき、いささか濫用されたきらいがある。

　さらに調べてみよう

・執行停止と内閣総理大臣の異議について、さらに村上裕章「執行停止と内閣総理大臣の異議」『行政法の争点』（ジュリスト増刊、2014年）128〜129頁を読んでみよう。

第**17**章　取消訴訟の審理と終結

I　関連請求の併合、訴えの変更と訴訟参加

本節のポイント

・同一処分に関連する紛争を一挙に解決するための関連請求には、どのような請求
　が認められているのだろうか。
・当事者以外のものを訴訟に参加させることを訴訟参加といい、これには第三者と
　行政庁の参加があるが、参加人の地位は同じであろうか。

1　関連請求の併合

　相互に関連する訴訟が別々の裁判所で審理判断されると、審理が重複し、判決が矛盾抵触する可能性もある。そこで同一処分に関連する紛争を一挙に解決し、判決の矛盾抵触を避けるために、1つの訴訟手続で複数の請求を一括して審理することが訴訟経済上有益である。行政事件訴訟法は、次のものを取消訴訟の関連請求として挙げ（行訴13条）、同時に請求の併合を関連請求に制限した。

① 　当該処分または裁決に関連する原状回復または損害賠償の請求（行訴13
　　条1号）。例えば、違法な処分によって第三者の取得した財産の返還請求
　　または国家賠償請求と、当該処分の取消請求の併合。

② 　当該処分とともに一個の手続を構成する他の処分の取消しの請求（同条
　　2号）。例えば、農地買収計画の取消請求と買収処分の取消請求の併合。

③ 　当該処分に係る裁決の取消請求（同条3号）。

④ 　当該裁決に係る処分の取消請求（同条4号）。

⑤ 　当該処分または裁決の取消しを求める他の請求（同条5号）。例えば、1
　　つの処分によって権利・利益を侵害された者が複数人ある場合、1つの取
　　消請求と他の取消請求の併合。

⑥　その他当該処分または裁決の取消しの請求と関連する請求（同条6号）。

2　併合の類型

　行政事件訴訟法は、取消訴訟と関連請求の併合の類型として、次の4種を挙げている。なお、2004年改正行政事件訴訟法により、取消訴訟の被告が行政主体に改められたことにより、国家賠償請求訴訟や当事者訴訟との併合が利用しやすくなった。

　①請求の客観的併合　　1人の原告から1人の被告に対し、1つの訴えをもって複数の請求をする場合をいう。例えば、処分取消しの請求に、裁決の取消請求、あるいは処分の無効確認請求の併合がこれに当たる（行訴16条1項参照）。

　②請求の主観的併合（共同訴訟）　　数人の原告からの請求、または数人の被告に対する請求が、取消しの請求と関連請求である場合に限り、共同訴訟人として訴え、または訴えられることができる（行訴17条1項）。

　③第三者による請求の追加的併合　　裁判所に継続中の取消訴訟につき、第三者は、その訴訟の当事者の一方を被告として、関連請求に係る訴えをこれに併合して提起することができる（行訴18条）。

　④原告による請求の追加的併合　　裁判所に継続中の取消訴訟につき、原告は、関連請求に係る訴えをこれに併合して提起することができる（行訴19条1項）。関連請求の相手は、取消訴訟の被告と同一であるかを問わない。

3　訴えの変更

　訴えの変更とは、取消訴訟継続中に原告の申立てにより、その訴訟手続に併合して、従来の請求にかえ新たな請求を提起することをいう。原告の権利救済・訴訟経済の観点から、訴えの変更の制度を認める実益がある。

　例えば、取消訴訟の提起後、当該処分が取り消されたり、期間満了等の理由で失効した場合、訴えの利益がなくなり、訴えは却下されることになる。このような場合、取消請求を、違法処分を理由とする国家賠償請求等に変更できるならば、従前の訴訟資料を利用でき訴訟経済上からみて好ましいことであるし、原告の救済にも適している。そこで、行政事件訴訟法は、「裁判所は、取消訴訟の目的たる請求を当該処分又は裁決に係る事務の帰属する国又は公共団

体に対する損害賠償その他の請求に変更することが相当であると認めるときは、請求の基礎に変更がない限り、口頭弁論の終結に至るまで、原告の申立てにより、決定をもつて、訴えの変更を許すことができる」（行訴21条1項）と明文で、これを認めた。訴えの変更を許すかどうかは、裁判所の裁量による。訴えの変更を許す決定をするには、あらかじめ当事者および損害賠償その他の請求に係る訴えの被告の意見をきかなければならない（同条3項）。

4　訴 訟 参 加

　取消訴訟は、行政庁の所属する国または公共団体（行政主体）を相手として提起する訴訟であるが、当事者以外にも重大な利害関係を持つ第三者がいる場合がある。例えば、新規の公衆浴場主に対する営業の許可を、既存の浴場主が、違法な処分と主張して取消しを求めて訴えを提起した場合である。この場合、原告は既存の浴場主であり、被告は許可を与えた行政庁の属する公共団体である。新規の浴場主は、自己に対する許可が争われているにもかかわらず、訴訟に加われないのであろうか。

　他方、行政庁に関しても、処分または裁決を行った行政庁以外の行政庁を訴訟に参加させる必要がある。例えば、実質的に処分の内容を決定した下級行政庁などである。

　このような第三者たる利害関係人や関係行政庁にも攻撃防御の機会を与えることは、紛争の合理的解決という面から必要なことである。行政事件訴訟法は、これらの者の、職権または申立てによる訴訟参加について規定している。

(1)　第三者の訴訟参加

　第三者の訴訟参加の制度は、第三者の権利・利益を守るために不可欠である。裁判所は、訴訟の結果により権利を害される第三者があるときは、当事者もしくはその第三者の申立てによりまたは職権で、決定をもって、その第三者を訴訟に参加させることができる（行訴22条1項）。その際、裁判所は、あらかじめ当事者および第三者の意見をきかなければならない（同条2項）。

　この第三者は、参加させる決定があった場合、民事訴訟法40条が準用されることから（行訴22条4項）、必要的共同訴訟における共同訴訟人に準ずる地位に立つことになる。第三者にこのような重要な地位が認められる理由は、判決の

効力が第三者にも及ぶからである（行訴32条１項）。

(2)　行政庁の訴訟参加

　裁判所は、処分庁または裁決庁以外の行政庁を訴訟に参加させることが必要であると認めるときは、当事者もしくはその行政庁の申立てによりまたは職権で、決定をもって、その行政庁を訴訟に参加させることができる（行訴23条１項）。その際、裁判所は、あらかじめ当事者および当該行政庁の意見をきかなければならない（同条２項）。関係行政庁を参加させるのは、資料を豊富にし、被告行政主体を補助させるためである。

　訴訟に参加した行政庁には、民事訴訟法45条が準用される（行訴23条３項）ことから、補助参加人に準ずる地位に立つことになる。したがって、参加を認められた関係行政庁の訴訟行為が被告行政主体の訴訟行為と抵触するときは、その効力を有しない（民訴45条２項）。

さらに調べてみよう

・関連請求の併合とは、取消訴訟に関連請求を併合することをいうが、国家賠償請求に損失補償請求を併合することは認められるのだろうか。📖 最判平成５年７月20日『行政判例百選Ⅱ〔第７版〕』210事件

Ⅱ　取消訴訟の審理

本節のポイント

・要件審理と本案審理があるが、それぞれの審理の対象は何だろうか。
・取消訴訟の審理は、民事訴訟の例により当事者主義を原則とするが、職権証拠調べも認められているのはなぜだろうか。
・立証責任とは何か。また、原告と被告のどちらが負担するのだろうか。

1　要件審理と本案審理

　要件審理とは、提起された取消訴訟が訴訟要件（第 *16* 章Ⅰ参照）を備えているかどうかの審理である。訴訟要件を備えているかどうかは、裁判所が職権で調査する。訴訟要件を欠く訴えは、不適法なものとして却下される。

図表17-1　取消訴訟における裁判所の審理と判決の関係

①**要件審理**

　↓→要件を満たしていない　却下の判決（門前払い）

　要件を満たしている

　↓

②**本案審理**

　↓→請求に理由がない　棄却の判決（原処分の追認）

　請求に理由がある

　↓→事情判決による棄却

認容の判決（処分・裁決の取消し）

　訴訟要件をすべて備えている場合、請求の当否——請求に理由があるかないか——を審理する。これが本案審理である。取消訴訟の審理の対象は、処分の違法性一般である。

2　釈明処分の特則

　行政庁の処分に対して、私人がその防御権を行使するためには、行政側が保有している文書等の閲覧が是非とも必要になる。しかし、文書等の閲覧に関しては、これまで行政事件訴訟法は特段の規定を設けていなかったため、民事訴訟法の文書提出義務（民訴220条以下）として論じられていた。2004年改正行政事件訴訟法により、民事訴訟法上の釈明処分の特則として、裁判所が、訴訟の早期の段階で行政庁に対し、資料の提出を求めることないし送付の嘱託をすることができることになった（行訴23条の2）。これは、当事者訴訟、民衆訴訟・機関訴訟、争点訴訟について準用されている（行訴41条1項・43条1項・45条4項）が、取消訴訟と無効等確認訴訟以外の抗告訴訟には準用されていない（行訴38条）。

　釈明処分の特則の対象となる文書は、①行政庁に対し、処分または裁決の内容、根拠法令の条項、原因となる事実その他処分または裁決の理由を明らかにする資料、②処分についての裁決を経た後に取消訴訟が提起されたときに、行政庁に対し、当該審査請求に係る事件の記録である。これらの記録を、被告である国または公共団体に所属する行政庁以外の行政庁が保有する場合には、当

該行政庁にその送付を嘱託することができる（行訴23条の２第１・２項）。

3　職権証拠調べ

　裁判所が審理判断するためには資料が必要である。資料の提出を当事者に負担させるか、裁判所が自ら収集するか、という問題が生ずる。前者を弁論主義、後者を職権主義という。

　民事訴訟法においては、審理は弁論主義を原則としている。民事訴訟は、私的紛争の解決を目的とするものであるから、当事者は自己に有利な資料を十分に収集し提出することを期待できるし、たとえそうでなくとも、その責任は当事者に負担させてよいだろう。

　行政事件訴訟も弁論主義を原則とする（行訴７条）。しかし、処分取消訴訟が民事訴訟と異なる点は、訴訟の対象が行政処分であり、行政処分は公共の利害と密接な関連を有する点である。判決の結果によっては、原告のみならず、広い範囲の人々に影響を及ぼすことが考えられる。そこで、行政事件訴訟においては、適正な裁判を確保する必要から、裁判所は、必要があると認めるときは、職権で証拠調べをすることができる（行訴24条）こととされた。ここで職権による証拠調べとは、当事者が主張した事実について十分な心証が得られない場合に、裁判所が職権で証人を喚問したり、物証の提出を命ずる等、証拠調べを行うことができることを意味し、職権探知（当事者が主張していない事実まで斟酌し、必要な証拠を調べること）は含まれないと解されている。証拠調べの結果については、当事者の意見をきかなければならない（同条ただし書）。

4　立　証　責　任

(1)　立証責任の意義

　請求の当否を判断するためには、事実を認定しなければならない。取消訴訟では、原則として当事者が事実の存否を確定するための証拠を提出する。裁判所は、当事者の提出した証拠が不十分で、公正な心証を形成できない場合には、職権で証拠調べをすることもできるが、それでも事実の存否が確定できない場合がある。このような場合でも裁判所は、判決を下し紛争を解決しなければならない。このように事実の存否が不明な場合、当事者のどちらの不利益に

判断すべきかという問題がある。事実存否不明の場合に、一方の当事者の負う危険または不利益を立証責任と呼んでいる。

(2)　立証責任の分配

事実存否不明の場合、どちらの当事者がその危険や不利益を負担するのかが立証責任の分配の問題である。これについて、行政事件訴訟法には格別の規定がなく、学説は次のように分かれている。

①原告が立証責任を負うとする説、②被告が立証責任を負うとする説があるが、常に一方の当事者に立証責任を負担させるのは、そもそも「分配」の原則を排除するものであり、現実的に妥当とはいえない。

③法律要件により分配するとする説は、民事訴訟と同様な分配原則が行政事件訴訟においても妥当するとする説である。すなわち、権利発生事実については被告行政主体が、権利障害事実については原告が立証責任を負うとする。例えば行政庁の課税処分が争われている場合、課税処分の権利発生事実（例：所得の発生原因である不動産譲渡）については、権限行使をする行政庁の属する行政主体が立証責任を負い、租税債権の消滅原因となる要件事実（例：不動産譲渡が取り消された）については原告が立証責任を負うとする。

④個別事案に応じて分配するとする説は、行政法関係の特殊性、行政行為の特質、立証の難易を考慮し、正義公平に合致するよう立証責任を分配すべきとする。そのためには、一義的な原則を立てるのは困難で、具体的事案ごとに、妥当な分配を定めるべきとする。

⑤行政行為の内容により分配するとする説は、私人の権利・自由を制限する行為（いわゆる侵害的行政行為）が争われている場合は、行政主体が立証責任を負い、私人の側から自己の利益の拡張を求めようとする場合は、原告がその請求権の発生を根拠づける事実の立証責任を負うとする。

以上のように、立証責任の分配に関しては、確立した学説はなく、判例の蓄積も十分ではない。その中で、立証責任に言及した２つの判例が重要である。

> **判例**　最判平成４年10月29日：伊方原発訴訟
> 　伊方原発訴訟の専門技術的事項について、最高裁判所は、原子炉設置許可処分の取消訴訟においては、原則として原告に立証責任があるが、「当該原子炉施設の安

全審査に関する資料をすべて被告行政庁の側が保持していることなどの点を考慮すると、被告行政庁の側において、まず、その依拠した前記の具体的審査基準並びに調査審議及び判断の過程等、被告行政庁の判断に不合理な点のないことを相当の根拠、資料に基づき主張、立証する必要があり、被告行政庁が右主張、立証を尽くさない場合には、被告行政庁がした右判断に不合理な点があることが事実上推認されるものというべきである」と判示して、専門技術的判断事項に鑑み、原告の立証責任を軽減している（93頁**判例**も参照）。

判例　**最判昭和42年4月7日：無効確認訴訟における立証責任**
　また、無効確認訴訟における無効原因についての立証責任に関して、最高裁判所は、裁量的行政処分の無効確認訴訟においては、「その無効確認を求める者において、行政庁が右行政処分をするにあたつてした裁量権の行使がその範囲をこえまたは濫用にわたり、したがつて、右行政処分が違法であり、かつ、その違法が重大かつ明白であることを主張および立証することを要するものと解するのが相当である」と判示して、原告側に無効原因についての立証責任を負わせている。

5　違法判断の時期

　行政法規は比較的頻繁に改廃が行われるし、また事実状態も絶えず変動する。処分時に違法であったものが、その後の変化で適法となったり、あるいはその逆の場合もある。裁判所は、どの時点を基準として、違法・適法を判断すべきか。これが違法判断の基準時の問題である。学説は、処分時説と判決時説に分かれる。

　①処分時説　　これは、行政処分が行われた時点を基準とする。その根拠は、裁判所が、処分時において処分が適法であったか否かを事後的に審査する権限を持つにすぎず、処分後の事情を考慮するのは許されないとする。

　②判決時説　　これは、口頭弁論終結時を基準とする。その根拠は、取消訴訟の目的が、行政庁の責任の追及にあるのではなく、その処分の効力を現在維持すべきかどうかを判断することにある。この場合、判決時に適法なものは、たとえ処分時に違法があっても取り消されるべきではないことになる。

　学説の多くは、処分時説をとる。最高裁判所も処分時説をとり、次のように判示している。「行政処分の取消又は変更を求める訴において裁判所の判断すべきことは係争の行政処分が違法に行われたかどうかの点である。行政処分の

行われた後法律が改正されたからと言って、行政庁は改正法律によって行政処分をしたのではないから裁判所が改正後の法律によって行政処分の当否を判断することはできない」（最判昭和27年1月25日）。

さらに調べてみよう

・行政裁量行為について裁判所の審査はどのようになされるのかを考えてみよう。亘理格「行政裁量の法的統制」『行政法の争点』（ジュリスト増刊、2014年）118〜121頁

Ⅲ　取消訴訟の終了

本節のポイント

・取消訴訟は、終局判決の確定のほかに、どのような場合に終了するのだろうか。
・判決の種類には、どのようなものがあるのだろうか。行政事件に特有な事情判決は、なぜ必要なのだろうか。

1　取消訴訟の終了

　民事訴訟は、終局判決の確定によって終了するが、その他に訴えの取下げ、請求の認諾、裁判上の和解等によっても終了する。取消訴訟も終局判決によって終了するのは当然であるが、終局判決以外の事由によって、取消訴訟の終了が許されるかどうかが問題となる。

(1)　訴えの取下げ

　訴えの取下げとは、原告が自己の提起した訴えを撤回することをいう。訴えの取下げにより訴訟は終結し、訴訟ははじめから係属しなかったことになる（民訴262条）。民事訴訟において、原告は、判決の確定に至るまでいつでも訴えを取り下げることができる（民訴261条）。取消訴訟においても、民事訴訟法の原則が適用されることになる（行訴7条）。

(2)　請求の認諾・和解

　請求の認諾とは、被告が原告の請求を理由ありと認める陳述をいう。民事訴訟で請求の放棄・認諾があると、裁判所が裁判をする必要がなくなったことになる。請求の放棄・認諾を調書に記載したとき、訴訟は終了し、確定判決と同

一の効果が生じる（民訴267条）。

　取消訴訟の場合は、請求の認諾は許されないと解する立場がある。民事訴訟においては、自己の権利関係を自由に処分することが認められているのに対し、取消訴訟においては、このような自由な処分権はないと考えるのである。すなわち、訴訟の対象となっている行政処分の効力を維持したり取り消したりすることを、全くの自由意思で行うことは許されないとするのである。しかし、訴訟継続中に行政庁が処分に瑕疵があることを認めたような場合は、認諾を認めて差し支えないと思われる。

　裁判上の和解とは、訴訟継続中に、当事者双方が権利関係の主張について互いに譲歩することにより、訴訟を終了させる旨の合意をいう。和解が調書に記載されるとその記載は確定判決と同一の効力を持ち（民訴267条）、裁判は終了する。民事訴訟においては、訴訟継続中、和解が許されるが、取消訴訟においてはどうか。行政は法と公益に合致しなければならず、被告行政主体が原告と馴れ合う危険性を持つ裁判上の和解は許されないとする説もある。請求の認諾と同様な理由で許されると解されよう。実務の上では、処分取消しを内容とする和解はめずらしくないとされている。

2　判決の種類

　取消訴訟の判決の種類としては、まず訴訟判決・本案判決がある。訴訟判決とは訴訟要件の存否につき下す判決であるのに対し、本案判決は本案、すなわち請求の当否につき下す判決である。

　つぎに、取消訴訟の判決は、その内容により、以下の３種類に分かれる。

　①訴え却下の判決　　却下の判決は、訴訟要件を欠くために、不適法な訴えとして本案の審理を拒絶する判決である。しかし、この却下判決によって当該処分の適法性が確定されるわけではない。したがって同一事案について、訴訟要件を備えた訴訟が提起されれば（出訴期間内でなければならないが）、裁判所はこれを審理・判断しなければならない。

　②請求棄却の判決　　請求棄却の判決は、本案の審理に入った結果、原告の請求に理由がないとして、その主張を排斥する判決である。その最も一般的な場合は、係争処分に原告の主張するような違法性がない場合において行われ

る。例外として、事情判決による棄却（行訴31条）がある。

　③請求認容の判決　　請求認容の判決は、請求棄却の判決とは反対に、本案審理の結果原告の請求に理由ありとして、処分の全部または一部を取り消す判決である（行訴33条）。

3　事情判決

　違法な処分により権利・利益を侵害された個人を救済するために、その違法な処分を取り消すことが取消訴訟の存在意義である。しかし、処分の取消しは、場合によっては、社会に大きな影響を及ぼし公益に反することもありうる。例えば、発電用のダムが完工した後、用地の土地収用の手続が違法であったとして、収用処分を取り消す場合である。裁判所が取り消した収用処分は、その処分時に遡って効力を失い存在しなかったものと扱われる。そうなればダムを撤去することになるが、これでは公益上の損失があまりにも大きい。

　そこで、行政事件訴訟法31条は、処分または裁決が違法として取り消されることにより公の利益に著しい障害を生ずる場合に、一切の事情を考慮したうえ、処分または裁決を取り消すことが公共の福祉に適合しないと認めるときは、裁判所は、請求を棄却することができると定める。これを事情判決という。事情判決を下した例としては、土地改良区設立認可処分の取消訴訟＝最判昭和33年7月25日、近年では、二風谷ダム建設に伴う収用委員会がした収用裁決の取消訴訟＝札幌地判平成9年3月27日などにおいてである。

　事情判決制度は、公益を理由として違法な処分を存続せしめる制度である。ダムの撤去のような場合には、事情判決により訴えを棄却することはやむをえないだろう。しかし、事情判決制度が必要になった根源を考えてみると、いわゆる処分の執行不停止を原則にしていることにあろう。違法な処分の取消訴訟を提起しても、執行は停止されないので、違法な既成事実が積み重ねられることになる。「公益保護」の名目の下に、違法な処分が温存されることになるとしたら、私人の権利・利益の保護を目的とする取消訴訟制度の目的に反することになろう。

　それゆえ、事情判決はきわめて例外的なものとして理解されねばならない。事情判決を行う場合、裁判所は、当該判決の主文において処分または裁決が違

法であることを宣言しなければならない（行訴31条1項）。また、当該処分により受けた損害の賠償を請求できるのは当然である。

4　取消判決の効力

取消訴訟の判決の効力としては、既判力、形成力、拘束力の3つが挙げられる。行政事件訴訟法は形成力と拘束力に関する規定を置いているが、既判力については民事訴訟の一般理論によることとされている。

(1)　既　判　力

既判力とは、確定した判決の判断内容が当事者・裁判所を拘束し、後訴において、当事者はそれと矛盾する主張をすることはできないし、裁判所もこれに抵触する判断ができないことをいう。既判力は、紛争を最終的に解決し法律生活を安定させるために、判決に一般的に認められている効力である。

請求棄却の判決が確定した場合は、当該処分の違法性が存在しないことについて既判力が生じる。すなわち適法であることが確定される。原告はもはや、他の違法事由を主張したとしても、同一処分の取消しを求めて訴えを提起することはできないことになる。既判力は、同一訴訟物について再度の裁判を許さないという訴訟上の効果であり、行政庁に実体法上の義務を課すものではないので、行政庁が職権で当該処分を取り消すことを妨げるものではない。

請求認容の判決が確定した場合は、当該処分の違法性が確定されることになる。したがって、例えば、取消訴訟において処分の違法性が確定した場合、その処分の違法を理由とする国家賠償請求訴訟において、被告はその処分の適法性を主張できなくなる。

既判力の及ぶ範囲は、訴訟当事者およびその承継人に限られる（民訴115条）から、取消訴訟の場合は被告である行政主体に及ぶ。

(2)　形　成　力

取消判決が確定すると、当該処分は処分時に遡って効力を失い、はじめから処分がなかったものと同じ状態となる。これを取消判決の形成力という。形成力の及ぶ範囲について、行政事件訴訟法は、第三者に対しても効力を有する（対世効、行訴32条1項）と規定した。これは、判決によって処分を取り消した場合の効果が、当事者と第三者とで異なれば、原告の救済に十分でないし、行

政上の法的安定を確保できないからである。例えば、新規の公衆浴場主に対する許可処分を、既存浴場主が原告として争い、許可処分の取消判決を得た場合、その効果は、訴訟では第三者である新規の浴場主にも及ぼす必要がある。しかし、この第三者が訴訟に参加していなかった場合には、処分が取り消されることにより、自己の権利・利益が不当に侵害されることもある。行政事件訴訟法は、この第三者を保護するため、第三者の訴訟参加（行訴22条）や第三者の再審の訴え（行訴34条）を規定する。

　ここで、第三者効力の第三者の範囲については、検討を要しよう。上記の新規の浴場主の場合は問題ないが、道路の供用開始、タクシー料金値上げの認可、都市計画決定のような一般処分の場合などは問題がある。仮に、これらの処分が取り消された場合、これらの処分は、その処分の対象となっている原告以外の人々に対しても効力を失うかどうかである。厚生大臣（当時）の医療費値上げの職権告示の取消しを求めた事件において、東京地裁は、行政事件訴訟法32条１項の第三者効力が「原告に対する関係で行政庁の行為が取り消されたという効果を第三者も争い得なくなること、換言すれば、原告は何人に対する関係においても以後当該行政庁の行為の適用ないし拘束を受けないことを意味するにとどまり……、それ以上に取消判決の効果を第三者も享受し、当該行政庁の行為がすべての人に対する関係で取り消されたことになること、すなわち、何人も以後当該行政庁の行為の適用ないし拘束を受けなくなることを意味するものではない」と判示し（東京地決昭和40年４月22日）、第三者効力を否定した。取消訴訟の目的を個人の権利・利益の保護のための制度と考えたものである。

⑶　拘 束 力

　取消判決の拘束力とは、原告の権利救済を実現するため、行政庁に対し直接に、判決に示された判断を遵守しそれに従って行動することを義務づける効力である（行訴33条１項）。形成力は、処分の効力を遡って失わせるだけの効力であるので、処分庁が再び同じ内容の処分をすることを阻止することはできない。そこで行政事件訴訟法33条１項は、形成力とは別の効力として拘束力を認めている。

　拘束力の効果として、行政庁は、原告に対し、同一事情の下で同一理由に基

づき同一内容の処分を行うことができなくなる。ただし、判決で取り消された理由と異なる理由であれば同一の処分をすることを妨げるものではないと解されている。

　申請に基づく拒否処分が取り消された場合、判決の拘束力はどのようになるか。申請は取り消された処分とともに消滅するのではなく、申請が係属している状態に戻るので、行政庁は判決の趣旨に従い、改めて処分をしなければならないことになる（認容処分または別の理由による拒否処分をすることになる）。

　申請を認容した処分が第三者の訴えにより取り消された場合には、判決の拘束力はどのようになるのか。このときは、場合を分けて考える必要がある。まず第1に、処分の内容の違法を理由に取り消されたときは、申請を再び認容することは拘束力に反することになり許されない。第2に、手続の違法を理由に取り消されたときは、改めて申請に対する処分を適正な手続によって行わなければならない（行訴33条3項）ことになる。

5　第三者の再審の訴え

　取消判決が、第三者に対しても効力を有する結果、第三者の権利を保護するため、判決の確定後においても第三者の再審の訴えが認められることになった。すなわち、処分または裁決を取り消す判決により権利を害された第三者で、自己の責めに帰することができない理由により訴訟に参加することができなかったため判決に影響を及ぼすべき攻撃または防御の方法を提出することができなかったものは、これを理由として、確定の終局判決に対し、再審の訴えをもって、不服の申立てをすることができる（行訴34条1項）。出訴期間は、確定判決を知った日から30日以内、知・不知にかかわらず、判決が確定した日から1年を経過したときは提起することができない（行訴34条2項・4項）。

┌─ さらに調べてみよう ─
・行政事件訴訟における和解を否定する理由は、何だろうか。📖 交告尚史「行政訴訟における和解」前掲『行政法の争点』132～133頁

第**18**章　取消訴訟以外の行政事件訴訟

本章のポイント

・無効等確認訴訟は、予防的訴訟と補充的訴訟に分けられるが、どのような訴訟だろうか。

・不作為の違法確認訴訟は、義務付け訴訟が法定されたのに残ったが、なぜだろうか。

・義務付け訴訟・差止訴訟の例と要件を理解しよう。

・当事者訴訟は、形式的当事者訴訟と実質的当事者訴訟に分かれるが、どのような例があるか確認しよう。

・住民訴訟の原告と対象を理解しよう。

1　無効等確認訴訟

(1)　無効等確認訴訟の意義

　無効等確認の訴えとは、処分もしくは裁決の存否またはその効力の有無の確認を求める訴訟をいう（行訴3条4項）。この訴訟の中心は無効確認訴訟である。

　無効の行政行為には公定力がなく、何人もその無効を主張しそれを無視することができることから、無効確認を求めなくとも、私人は処分の無効を前提として当事者訴訟や民事訴訟において自己の権利を主張することができる。すなわち、原告は、この当事者訴訟や民事訴訟（これを「現在の法律関係に関する訴え」という）により権利救済の目的が達成できるのである。

　そこで行政事件訴訟法は、無効確認訴訟の原告適格を制限し、無効確認訴訟によらなければ権利利益を保護されない場合にのみ、出訴できることにした（行訴36条）。例えば、免職処分の無効を主張する公務員は地位確認訴訟（当事者訴訟）を提起することができるし、また土地収用裁決の無効を主張する土地所有者は土地所有権確認の訴え（民事訴訟）を提起することができるのであり、このような「現在の法律関係に関する訴え」を提起することができる場合には、無効確認訴訟は認められない。このように現在の法律関係に関する訴えで

ある当事者訴訟や民事訴訟を提起することができない場合に限り、無効確認訴訟を提起することができるのである（無効確認訴訟の補充性）。

　最高裁判所は、下記のもんじゅ訴訟において、この無効確認訴訟の補充性について柔軟な解釈を示している。

> **判例** **最判平成4年9月22日：もんじゅ訴訟（無効確認訴訟の補充性）**
> 　事案については227頁の **判例** 参照
> 　高速増殖炉「もんじゅ」の周辺住民は、原子炉設置許可処分の無効確認訴訟とともに、原子炉の建設・運転の差止めを求める民事訴訟を提起したため、無効確認訴訟の補充性が問題となった。
> 　「現在の法律関係に関する訴え」によって目的を達することができない場合について、最高裁判所は、「処分の無効を前提とする当事者訴訟又は民事訴訟によっては、その処分のために被っている不利益を排除することができない場合はもとより、当該処分の無効を前提とする当事者訴訟又は民事訴訟との比較において、当該処分の無効確認を求める訴えのほうがより直截的で適切な争訟形態であるとみるべき場合をも意味する」と判示して、無効確認訴訟を適法と判断した。

(2)　無効確認訴訟の原告適格

　無効確認訴訟を提起できる者は、「当該処分又は裁決に続く処分により損害を受けるおそれのある者その他当該処分又は裁決の無効等の確認を求めるにつき法律上の利益を有する者で、当該処分若しくは裁決の存否又はその効力の有無を前提とする現在の法律関係に関する訴えによって目的を達することができないもの」（行訴36条）である。

　この行政事件訴訟法36条については、「現在の法律関係に関する訴えによって目的を達することができないもの」という要件が、「当該処分又は裁決に続く処分により損害を受けるおそれのある者」と「その他当該処分又は裁決の無効等の確認を求めるにつき法律上の利益を有する者」の両者にかかるとする解釈と、後者のみにかかるとする解釈がある。

　文理に則した解釈をとれば、前説のように、「現在の法律関係に関する訴えによって目的を達することができないもの」という要件は両者にかかるとみるべきであろう。しかし、立案者の意思に則した解釈としては、後説のように、かかる要件は後者のみにかかり、「当該処分又は裁決に続く処分により損害を

受けるおそれのある者」はそれだけですでに原告適格を満たしており、「現在
の法律関係に関する訴えによって目的を達することができないもの」という要
件は不要であるとするのである。

　例えば、課税処分に引き続き滞納処分が行われる場合、滞納処分による損害
を避けるため、課税処分の無効確認訴訟を提起することができるのであろう
か。前説をとれば、租税債務不存在確認の訴えという現在の法律関係に関する
訴えを提起することもできるので、無効確認訴訟は認められない可能性があ
る。しかし後説に立てば、無効確認訴訟が予防的訴訟として認められることに
なり、これについて執行停止による仮の救済も受けられることになる。最高裁
判所は、「納税者が、課税処分を受け、当該課税処分にかかる税金をいまだ納
付していないため滞納処分を受けるおそれがある場合において、右課税処分の
無効を主張してこれを争うとするときは、納税者は、行政事件訴訟法36条によ
り、右課税処分の無効確認を求める訴えを提起することができるものと解する
のが、相当である」（最判昭和51年4月27日）として、予防的訴訟としての無効
確認訴訟を認めている。

2　不作為の違法確認訴訟

(1)　不作為の違法確認訴訟の意義

　不作為の違法確認訴訟とは、行政庁が法令に基づく申請に対し、相当の期間
内に何らかの処分または裁決をすべきにもかかわらず、これをしないこと（不
作為）について違法の確認を求める訴訟をいう（行訴3条5項）。営業許可を申
請し相当の期間が経ったにもかかわらず、行政庁が何らの処分もしないのは違
法であるとの確認を求める訴訟である。この訴訟は、行政庁の申請に対する不
作為の違法を確認するだけで、行政庁に「なんらかの処分」を行なうよう促す
にすぎない。

　不作為の違法確認判決があった場合、その判決は、行政庁に対し拘束力を持
つ（行訴38条・33条）が、行政庁は申請に対する「なんらかの処分」をすべき義
務を負うだけで、申請を認めるとは限らない。行政庁が申請を拒否する処分を
した場合には、申請者はこの拒否処分の取消訴訟を提起しなければならないこ
とになる。

　2004年改正行政事件訴訟法により、申請に対し応答がない場合の義務付け訴訟が法定され（行訴3条6項2号）、不作為の違法確認訴訟と併合提起することとされた（行訴37条の3第3項1号）。これは、義務付け判決の本案要件が満たされていない場合に、不作為の違法確認判決により不作為庁に迅速な対応を促すことにも意義があるとして、不作為の違法確認訴訟も存置された。

(2)　不作為の違法の要件

　行政庁の不作為が違法となるには2つの要件がある。①法令に基づく申請に対する不作為がなければならない。法令に基づく申請とは、法令によって申請権が私人に与えられており、それに対する応答義務が行政庁に生じるような申請である（行手2条3号参照）。単なる要請や陳情は含まれない。申請権は法律上定められている場合に限られず、条理上申請権があると認められる場合を含む。②「相当の期間」が経ってはじめて行政庁の不作為は違法となる。相当の期間とは、一律に決定することはできず、社会通念上、その申請を処理するのに通常必要な期間である（行手6条参照）。

(3)　原告適格

　この訴訟を提起できるのは、処分または裁決について申請をした者に限られる（行訴37条）。「処分又は裁決について申請した者」とは、「法令に基づく申請」に関係なく、現実に申請をした者で足りる。法令に基づく申請権を有するかどうかは、本案の問題であり、原告適格の問題ではない。つまり、法令に基づく申請権のない者の申請に対しては、行政庁は処分の義務を負うものではないから、実体法上の違法の問題は生じないので、訴えを提起しても、理由がないとして棄却されることになろう。

3　義務付け訴訟

　義務付け訴訟とは、行政庁に対し一定の処分をなすよう命じる判決を求める訴訟をいう。2004年改正行政事件訴訟法により、この義務付け訴訟が法定された（行訴3条6項）。

(1)　義務付け訴訟の種類

　義務付け訴訟とは、行政庁が一定の処分または裁決をすべき旨を命じることを求める訴訟であり、①行政庁が第三者に対し一定の処分をすべきことを義務

づけるもの（非申請型の義務付け訴訟）と、②行政庁に対し一定の処分または裁決を求める法令に基づく申請または審査請求がなされた場合において、行政庁に一定の処分または裁決をすべきことを義務づけるもの（申請型の義務付け訴訟）、がある。

(2)　非申請型の義務付け訴訟

　この訴訟としては、原子力発電所や違法な高層マンション周辺の住民が、行政庁が電力会社や建築主に対して是正命令などの規制権限を行使するように義務づける訴訟などが考えられている。この義務付け訴訟は、申請権を前提としないため、申請型の義務付け訴訟よりも厳格な要件が課されている。

　㈠　訴訟要件　　訴訟要件は、①損害の重大性、②補充性、③原告適格＝法律上の利益である。すなわち、①「一定の処分がされないことにより重大な損害を生ずるおそれ」＝損害の重大性があり、かつ②「その損害を避けるため他に適当な方法がない」ときに限られること＝補充性である（行訴37条の2第1項）。「重大な損害」の判断には、執行停止（行訴25条3項）と同様、損害の回復の困難の程度を考慮するものとし、損害の性質・程度と処分の内容・性質を勘案するものとされ（行訴37条の2第2項）、柔軟な判断が求められている。

　義務付け訴訟の③原告適格は、取消訴訟、無効等確認訴訟と同様（行訴9条1項・36条）、「法律上の利益」を有する者に限り提起することができる（行訴37条の2第3項）。取消訴訟の原告適格に関する行政事件訴訟法9条2項が準用され、「法律上の利益」も柔軟に判断するものとされた（同条第4項、第**16**章I3参照）。

　㈡　本案要件　　本案要件は、「行政庁がその処分をすべきであることがその処分の根拠となる法令の規定から明らかであると認められ」、または「行政庁がその処分をしないことがその裁量権の範囲を超え若しくはその濫用となると認められるとき」である（同条第5項）。これは、前者が羈束行為の場合であり、後者が裁量行為の踰越・濫用の場合である。

　非申請型の義務付け訴訟が認容された例としては、出生届が受理されていない子の住民票作成を義務づけた＝東京地判平成19年5月31日があるが、その上告審＝最判平成21年4月17日は、区長が住民票に記載しないと応答したことの処分性を否定したため、義務付け訴訟の本案要件につき審理しなかった。

(3)　申請型の義務付け訴訟

　申請型の義務付け訴訟は、さらに、「当該法令に基づく申請又は審査請求に対し相当の期間内に何らの処分又は裁決がされないこと」（行訴37条の3第1項1号）＝不作為の状態が継続している場合と、「当該法令に基づく申請又は審査請求を却下し又は棄却する旨の処分又は裁決がされた場合において、当該処分又は裁決が取り消されるべきものであり、又は無効若しくは不存在であること」（同2号）＝申請または審査請求に対する却下または棄却の判断が示されている場合に分かれる（保育園入園承諾を義務づけた事例として、東京地判平成18年10月25日がある）。

　なお、この義務付け訴訟には、非申請型の要件である、「一定の処分がされないことにより重大な損害を生ずるおそれ」＝損害の重大性と、「その損害を避けるため他に適当な方法がない」＝補充性の要件（行訴37条の2第1項）が課されていない。

　(イ)　訴訟要件　　訴訟要件は、①原告適格＝申請者、②併合提起、③不作為または瑕疵の存在である。原告は、法令に基づく申請または審査請求をした者に限られる（行訴37条の3第2項）。

　さらに、申請または審査請求に対して応答がない場合に提起する義務付け訴訟（同条第1項1号）には、不作為の違法確認訴訟を併合提起しなければならない。申請または審査請求に対して却下または棄却の判断がなされた場合に提起する義務付け訴訟（同2号）には、取消訴訟または無効等確認訴訟を併合提起しなければならないこと（同条第3項）である。この併合提起の趣旨により、義務付け訴訟の審理と不作為の違法確認訴訟または取消訴訟もしくは無効等確認訴訟の弁論および裁判を分離することが禁止されている（同条第4項）。

　(ロ)　本案要件　　本案要件は、不作為の違法確認訴訟または取消訴訟・無効等確認訴訟に理由があること、かつ、行政庁に処分または裁決をするについて裁量がないと認められること、または処分をしないことが裁量権の踰越・濫用となると認められることである（同条第5項）。後者は、非申請型の義務付け訴訟の本案要件と同様に、覊束行為の場合か裁量行為の踰越・濫用の場合である。

　なお、裁判所は、審理の状況その他の事情を考慮して、併合提起された不作為の違法確認訴訟または取消訴訟もしくは無効確認訴訟についてのみ終局判決

をすることがより迅速な争訟の解決に資すると認められるときは、これらの訴訟についてのみ終局判決をすることができる。この場合に、不作為の違法確認訴訟または取消訴訟もしくは無効等確認訴訟の手続が終了するまでの間、当事者の意見を聴いて、義務付け訴訟の手続を中止することができる（同条第6項）。

申請型の義務付け訴訟が認容された例としては、①公立保育園の入園承諾の義務付け訴訟＝東京地判平成18年10月25日、②情報公開訴訟における開示決定の義務付け訴訟＝埼玉地判平成18年4月26日、③韓国在住被爆者につき被爆者健康手帳交付の義務付け訴訟＝長崎地判平成20年11月10日などがある。

⑷　仮の義務付け

義務付け訴訟が法定されたことに伴い、義務付け訴訟における仮の救済制度として、仮の義務付け制度が新設された。例としては、生活保護の申請許可を命じる義務付け訴訟を提起したが、本案判決を待っていては生活ができないような場合に、生活保護費の仮の支給を認めるものなどである（保育園入園承諾に関し仮の義務付けを認めた事例として、東京地決平成18年1月25日がある）。

仮の義務付けが認められる要件は、①義務付け訴訟の提起があった場合においてのみ認められ、②積極要件として「償うことのできない損害を避けるため緊急の必要があり、かつ、本案について理由があるとみえるとき」（行訴37条の5第1項）、さらに③消極要件として「公共の福祉に重大な影響を及ぼすおそれがあるとき」（同条第3項）である。

積極要件の「償うことのできない損害」は、「重大な損害」よりも厳格な概念である。これは、執行停止が処分の執行・手続の続行・効力の停止にとどまるが、仮の義務付けは処分または裁決があったのと同様の状態をもたらすことから、執行停止よりも厳格な要件を課したものとされている。

4　差止訴訟

⑴　差止訴訟の意義

差止訴訟は、行政権の行使によって権利・利益が侵害されるおそれのある場合、事前に、行政庁の侵害行為を予防することを目的とする訴訟をいう。学説は、事後的な取消訴訟では救済されないような例外的な場合に、差止訴訟を無名抗告訴訟として認めるものが多かった。しかし、最高裁判所は、差止訴訟が

認められる余地を示していたが（長野勤評訴訟＝最判昭和47年11月30日、横川川事件＝最判平成元年7月4日参照）、差止訴訟を認容したことはなく、2004年改正行政事件訴訟法がこれを法定したのである。

(2)　差止訴訟の要件

訴訟要件は、重大な損害を生ずるおそれがあること（損害の重大性）、その損害を避けるため他に適当な方法がないこと（補充性）である（行訴37条の4第1項）。「重大な損害」の判断には、執行停止（行訴25条3項）と同様、損害の回復の困難の程度を考慮するものとし、損害の性質・程度と処分の内容・性質を勘案するものとされ（行訴37条の4第2項）、柔軟な判断が求められている。

差止訴訟を提起する場合にも、取消訴訟、無効等確認訴訟、義務付け訴訟と同様に、「法律上の利益」を有する者のみが原告適格を有する（同条第3項）。差止訴訟の原告適格にも、行政事件訴訟法9条2項が準用され、「法律上の利益」を柔軟に判断するものとされた（同条第4項）。

本案要件は、「行政庁がその処分若しくは裁決をすべきでないことがその処分若しくは裁決の根拠となる法令の規定から明らかであると認められ」るとき、または、「行政庁がその処分若しくは裁決をすることがその裁量権の範囲を超え若しくはその濫用となると認められる」ときである（同条第5項）。これは、義務付け訴訟の本案要件と同様に、前者が覊束行為の場合であり、後者が裁量行為の踰越・濫用の場合である。

差止訴訟が認容された例としては、①鞆の浦訴訟＝広島地判平成21年10月1日、②国歌斉唱義務違反を理由とする懲戒処分の差止訴訟＝東京地判平成18年9月21日、③自衛隊機の夜間飛行差止訴訟（第4次厚木基地騒音訴訟）＝東京高判平成27年7月30日がある。なお、②の上告審＝最判平成24年2月9日は、損害の重大性と補充性は認めたが、処分の蓋然性がないとして、差止訴訟を不適法としている（262頁参照）。

差止訴訟を認容した例ではないが、第4次厚木訴訟の最高裁判決（最判平成28年12月8日）がある。これは、1審判決（横浜地判平成26年5月21日）が自衛隊機運行処分の差止訴訟は無名抗告訴訟によるべきとしたが、最高裁は、差止訴訟を前提に、重大な損害は認めたが、裁量権の逸脱・濫用はないとして棄却した事例である。

(3) 仮の差止め

差止訴訟が法定されたことに伴い、差止訴訟における仮の救済制度として、仮の差止め制度が新設された。これの想定される例としては、営業の秘密やプライバシーに係わる文書が情報公開によって公開されそうなため、情報公開の差止訴訟を提起し、仮の差止めを求める場合や、行政庁が監督処分や営業停止処分を公表しそうな場合に、その公表の差止訴訟を提起するとともに仮の差止めを求める場合などがある。

仮の差止めが認められる要件は、①差止訴訟の提起があった場合においてのみ認められ（行訴37条の5第2項）、②積極要件としては、「償うことのできない損害を避けるため緊急の必要があり、かつ、本案について理由があるとみえるとき」（同条同項）、③消極要件として、「公共の福祉に重大な影響を及ぼすおそれがあるとき」（同条第3項）である。

5 当事者訴訟

当事者訴訟とは、対等な権利主体相互間の法的紛争の解決を目的とするものであり、公権力の行使を争う訴訟ではない。行政事件訴訟法は、当事者訴訟を形式的当事者訴訟と実質的当事者訴訟に分けている（行訴4条）。

(1) 形式的当事者訴訟

「当事者間の法律関係を確認し又は形成する処分又は裁決に関する訴訟で法令の規定によりその法律関係の当事者の一方を被告とするもの」を形式的当事者訴訟という。現行法上認められているのは、土地収用法133条3項、文化財保護法41条、農地法55条のように損失補償請求訴訟などである。

例えば、収用委員会のなした土地収用裁決は、土地を収用する裁決（これは公権力の行使であるから不服があれば抗告訴訟を提起することになる）と土地に対する損失補償の額を内容とする。この損失補償額について、土地所有者に不服がある場合は起業者を被告として、起業者の側に不服がある場合は土地所有者を被告として、訴訟を提起することになる（土収133条3項）。ここで実質的に争われているのは収用委員会の裁決の内容であるが、形式上は、土地所有者と起業者の両当事者間の争いと考えることができる。これが、形式的当事者訴訟と呼ばれるゆえんである。

この場合、収用委員会は訴訟の当事者ではないが、訴訟に関与せしめる必要があるため、裁判所は、処分または裁決をした行政庁に通知するものとされ（行訴39条）、職権または申立てによりその行政庁を訴訟に参加させることができる（行訴41条1項・23条）。

(2) 実質的当事者訴訟

「公法上の法律関係に関する確認の訴えその他の公法上の法律関係に関する訴訟」を実質的当事者訴訟と呼んでいる。例えば、除名処分の無効を前提として議員の地位の確認を求める訴訟、免職処分の無効を前提とする公務員の給与の支払い請求訴訟などである。

免職処分が無効であれば、私企業の社員が解雇された場合と同様に民事訴訟で扱ってもよいかもしれないが、公務員の勤務関係は「公法上の勤務関係」とされることから、公法上の権利に関する訴訟である当事者訴訟で争う必要がある。なお、実質的当事者訴訟は、ほとんど民事訴訟の手続で行われている。

2004年改正法により、公法上の確認訴訟が明示され、当事者訴訟の活用を図ることになった。具体的には、抗告訴訟の対象とはならなかった行政指導、行政計画、行政立法の違法ないし無効確認訴訟の可否が検討されることになった。その例として、在外邦人の国政選挙権の確認訴訟（下記**判例**参照）がある。

判例 最大判平成17年9月14日：在外邦人の国政選挙権の確認訴訟

①平成10年改正公職選挙法以前に、衆議院・参議院議員選挙における選挙権の行使を認めないことが違法であるとの確認訴訟は、過去の法律関係の確認を求めるものであり、現に存する法律上の紛争の直接かつ抜本的な解決のために適切かつ必要な場合とはいえないから、不適法である。

②平成10年改正公職選挙法が、衆議院小選挙区・参議院選挙区選出議員の選挙における選挙権の行使を認めないことが違法であるとの確認訴訟は、次の③の確認訴訟の方がより適切であるため不適法である。

③在外邦人が次回の衆議院議員の総選挙における小選挙区選出議員の選挙および参議院議員の通常選挙における選挙区選出議員の選挙において、投票をすることができる地位にあるとの確認訴訟は、公法上の法律関係に関する確認の訴えとして適法である。

その後も、公立学校の教職員が国歌斉唱時に起立斉唱する義務のないことの

確認は、行政処分以外の処遇上の不利益を防止する確認訴訟として適法とした判決（最判平成24年2月9日）、改正省令によって医薬品（第3類を除く）のインターネットや郵便での販売が禁止されたが、改正省令施行後も医薬品の郵便等販売をすることができる地位にあることの確認を求める訴訟を適法とした判決（最判平成25年1月11日）がある。

6　民衆訴訟

　民衆訴訟とは、国または公共団体の機関の法規に適合しない行為の是正を求める訴訟で、選挙人たる資格その他自己の法律上の利益にかかわらない資格で提起するものをいう（行訴5条）。この訴訟は、自己の権利・利益の救済を目的とするものではなく、行政の客観的適法性の確保を目的とする客観訴訟であり、「法律に定める場合において、法律に定める者」（行訴42条）に限り提起できる。現行法で認められている例は、地方自治法上の住民訴訟（地自242条の2）、公職選挙法による選挙訴訟（公選203条以下）が代表である。

　ここでは住民訴訟を説明したい。住民訴訟を提起できる者は、住民監査請求（地自242条）をした者で、監査請求の結果・措置等に不服がある者に限られる（地自242条の2第1項）。住民訴訟の目的は、地方公共団体における財務会計上の違法の状態を是正することにある。この住民訴訟の対象である財務会計上の「行為」とは、公金の支出、財産の取得・管理・処分、契約の締結・履行、その他の債務負担行為と、公金の賦課・徴収や財産の管理を「怠る事実」である（地自242条1項）。

　このような行為と怠る事実については、以下の4種類の請求をすることができる（地自242条の2第1項）。①行為の全部または一部の差止めの請求（1号請求）、②行政処分の取消しまたは無効確認の請求（2号請求）、③怠る事実の違法確認の請求（3号請求）、④地方公共団体が被った損害や損失につき損害賠償または不当利得返還の請求をすることを執行機関に求める請求（4号請求）、である。

　このうち、④4号請求は、例えば、元市長が市に対して損害を発生させてしまったが、当該市が元市長に損害賠償の請求をしていない場合に、住民が現市長を被告として元市長に損害賠償の請求をするよう求める訴訟などである。

　住民訴訟の最近の例として、市が町内会に市有地を無償で神社の敷地として利用させている行為が憲法89条・20条１項に違反するとした、最大判平成22年１月20日がある。

7　機 関 訴 訟

　機関訴訟とは、国または公共団体の機関相互間における紛争についての訴訟をいう（行訴６条）。機関訴訟も客観訴訟であり、法律に明文の規定がある場合に、法律に定める者に限り、提起することができる（行訴42条）。

　現行法で認められている例は、地方自治法による長と議会の間の訴訟（地自176条７項）である。地方公共団体の議会の議決または選挙が、その権限を越え、または法令もしくは会議規則に違反すると認められるときは、地方公共団体の長はこれを再議に付し、または再選挙を行わせる。それがなお権限を越え、または法令もしくは会議規則に違反すると認められる場合には、総務大臣または都道府県知事に対し審査の請求をなし、その裁定を求める。裁定に不服のある長または議会が、裁判所に出訴できることになっている（地自176条４項以下）。その他、地方自治法には、法定受託事務に関する代執行訴訟（地自245条の８）や国の関与に関する訴訟（地自251条の５）がある（第 **6** 章Ⅲ**3・4**参照）。

　この例としては、辺野古訴訟（最判平成28年12月20日、これについては103頁 **判例** 参照。最判令和２年３月26日）がある。

8　争 点 訴 訟

　争点訴訟は、行政庁の処分もしくは裁決の存否またはその効力の有無が前提問題として争われる私法上の法律関係に関する訴訟、すなわち民事訴訟である（行訴45条）。例えば、農地の買収処分が無効であるとしてその農地の所有権確認を求める訴訟、租税の滞納処分としての公売処分が無効であるとしてその公売物件の所有権確認を求める訴訟などがある。

　争点訴訟は私法上の法律関係を訴訟物とする訴訟であるから、処分の無効等を争点とする公法上の当事者訴訟（例えば、免職処分の無効を理由として公務員の地位確認を求める訴訟）は争点訴訟ではない。

　争点訴訟は民事訴訟としての性格を持つが、実質的にみると、行政庁の処分

または裁決が無効か否かという点が争いの中心であり、むしろ無効確認訴訟に近いといえる。上述したように、無効確認訴訟は、現在の法律関係に関する訴えによっては目的を達することができない場合に限り、その提起が認められる（行訴36条）。ここでいう「現在の法律関係に関する訴え」とは、公法上の当事者訴訟と、私法上の法律関係に関する訴訟である争点訴訟をいう。ここでの訴訟物は私法上の権利であっても、この権利は先行する行政処分の効力の有無によって左右される。処分の効力が争われることから、行政事件訴訟法は、抗告訴訟に準じた取扱いをしている。

　まず、争点訴訟の提起があった場合、裁判所は、行政庁に訴訟参加の機会を与えるため、出訴の通知をなし（行訴45条1項・39条）、必要があると認めるときは、当事者もしくはその行政庁の申立てによりまたは職権で、その行政庁を訴訟に参加させ（行訴45条1項・23条）、争点に関しては職権証拠調べをすることができる（行訴45条4項・24条）。

──（さらに調べてみよう）──

・2004年改正行政事件訴訟法は、当事者訴訟の活用を図るものとしたが、その活用の例を検討してみよう。📖 岡本博志「当事者訴訟」『行政法の争点』（ジュリスト増刊、2014年）138〜139頁

第*19*章 警 察 法

本章のポイント

・「警察」という言葉を聞くと、警察署や警察官をイメージしてしまうが、行政法学上の警察概念は、それと一致するのだろうか。また、国家警察と都道府県警察の関係、警察の内部組織について理解しよう。
・警察作用は国民生活のどの領域で係わり、どのような手段で係わってくるのか、また、警察権の限界について理解しよう。

I 警察の概念と種類

1 警察の概念

　講学上、警察とは、公共の安全と秩序を維持するために、一般統治権に基づき、国民に命令、強制し、人の自然の自由を制限する行政作用であるとされてきた。この概念は、作用そのものの性質に着目して構成されたものである。したがって、警察作用を行う機関は、警察法上の警察機関に限られず、衛生、産業、建築などに関して安全と秩序を維持するために私人に命令し、強制する個別の行政機関を含むものである。これに対し、警察法2条1項は、「警察は、個人の生命、身体及び財産の保護に任じ、犯罪の予防、鎮圧及び捜査、被疑者の逮捕、交通の取締その他公共の安全と秩序の維持に当ることをもつてその責務とする」と定めている。この責務を遂行するのは、警察法が定める警察機関であるが、「犯罪の捜査、被疑者の逮捕」については、刑事訴訟法に基づく司法警察であるとして、行政法学上の対象から除外するのが一般的である。

　このように、講学上の警察概念と実定法上の警察概念は異なっているが、その原因は、旧憲法下において体系化された警察概念が現憲法下の実定法の動きに歩調を合わせていないことにある。

2　警察の種類

(1)　行政警察と司法警察

　行政警察とは、行政法学上の警察を意味する。これに対して、司法警察は、犯罪の捜査、被疑者の逮捕など、刑事司法権の補助的作用であって、検察官の指揮を受け、刑事訴訟法に従って行われるものである。したがって、司法警察は、行政法学上の対象とはされていない。

(2)　国家警察と地方警察

　明治憲法下においては、警察作用はすべて国家作用であるとされ、警察機関は国家機関であった。これに対して、戦後の民主改革の一貫として制定された旧警察法（1947法196）においては、市および人口5千人以上の町村には自治体警察が認められ、この自治体警察を設けることのできないところには国家地方警察が設置された。しかし、この制度は、1954年の警察法改正により廃止された。現警察法の下においては、国家警察と地方警察である都道府県警察が設置されている。

Ⅱ　警察の組織

1　警察法上の警察組織

　警察法1条は、「民主的理念を基調とする警察の管理と運営を保障し、且つ、能率的にその任務を遂行するに足る警察の組織を定めることを目的」とし、警察組織を国家警察機関と都道府県警察とで構成している。

(1)　国　家　警　察

　国家警察の管理機関として、国家公安委員会が置かれている。国家公安委員会は、内閣総理大臣の所轄の下に置かれ、国務大臣である委員長および5名の委員で構成される（警4条・6条1項）。

　国家公安委員会は、国の公安に係る警察運営をつかさどり、警察教養、警察通信、情報技術の解析、犯罪鑑識、犯罪統計および警察装備に関する事項を統轄し、ならびに警察行政に関する調整を行うことを任務とするが、この任務を遂行するために警察庁を管理する（警5条）。

　国家公安委員会の管理の下に、警察庁が置かれ、警察法上の警察事務（警5

図表19-1　国の警察機構図

内閣総理大臣
〈所轄〉

国家公安委員会
国務大臣たる委員長及び5人の委員
〈管理〉

警察庁
警察庁長官
次長

（内部部局）

長官房	生活安全局	刑事局		交通局	警備局			情報通信局
			組織犯罪対策部			外事情報部	警備運用部	
総括審議官								
政策立案総括審議官								
公文書監理官								
サイバーセキュリティ・情報化審議官								
審議官（7）								
技術審議官								
参事官（5）								
首席監察官								
総務課	生活安全企画課	刑事企画課	組織犯罪対策企画課	交通企画課	警備企画課	外事課	警備第一課	情報通信企画課
企画課	少年課	捜査第一課	暴力団対策課	交通指導課	公安課	国際テロリズム対策課	警備第二課	情報管理課
人事課	保安課	捜査第二課	薬物銃器対策課	交通規制課				通信施設課
会計課	情報技術犯罪対策課	捜査支援分析管理官	国際捜査管理官	運転免許課				情報技術解析課
給与厚生課	生活経済対策管理官	犯罪鑑識官						
国家公安委員会会務官								

（附属機関）

皇宮警察本部 ── 皇宮警察学校
科学警察研究所
警察大学校

（地方機関）

東京都警察情報通信部	北海道警察情報通信部	東北管区警察局	関東管区警察局	中部管区警察局	近畿管区警察局	中国四国管区警察局		九州管区警察局
		総務監察・広域調整部	総務監察部	総務監察・広域調整部	総務監察部	総務監察・広域調整部	四国警察支局	総務監察部
			広域調整部		広域調整部			広域調整部
		情報通信部	情報通信部	情報通信部	情報通信部	情報通信部	情報通信部	情報通信部
		県情報通信部（6）	県情報通信部（10）	県情報通信部（6）	府県情報通信部（6）	県情報通信部（5）	県情報通信部（4）	県情報通信部（8）
		東北管区警察学校	関東管区警察学校	中部管区警察学校	近畿管区警察学校	中国四国管区警察学校		九州管区警察学校

出典：警察庁HPより（http://www.npa.go.jp/koho1/sikumi.htm）

条2項各号）を処理すると同時に、5条3項の事務について国家公安委員会を補佐する（警17条）。警察庁の長は、警察庁長官として、国家公安委員会が内閣総理大臣の承認を得て、任免する（警16条1項）。

(2)　都道府県警察

都道府県には都道府県警察が置かれ、その管理機関として、都道府県知事の所轄の下に、都道府県公安委員会が置かれている（警36条・38条1項）。都道府県公安委員会は、5名（都・道・府・政令指定都市を包括する県の場合）または3名の委員で構成され、その任命要件は国家公安委員会の場合に準じて、知事が議会の同意を得て任命し、任期は3年、再任は妨げない（警38条2項・39条・40条）。

都道府県の警察組織としては、都警察本部として警視庁が、道府県警察の本部として道府県警察本部が設置され（警47条1項）、それらは、都道府県公安委員会の庶務を処理する（警44条）とともに、都道府県公安委員会の管理の下に、都警察あるいは道府県警察の事務を処理する（警47条2項）。

警視庁には警視総監を、道府県警察本部には道府県警察本部長が置かれ（警48条）、それぞれ、都道府県公安委員会の管理に服し、警視庁または都道府県警察本部の事務を統括し、各都道府県警察所属の警察職員を指揮監督する（同条2項）。また、都道府県の区域を分かち、各地域を管轄するために警察署が置かれ、警察署には署長が置かれている（警53条1項・2項）。さらに、警察署の下部機構として、交番その他の派出所または駐在所を置くことができる（警53条5項、交番については1994年の警察法改正によって、警察署の下部機関として正式に位置づけられた）。

(3)　国家警察と都道府県警察の関係

都道府県警察は、本来、地方公共団体が維持、管理する組織ではあるが、国家警察により様々な関与がなされている。

まず、都道府県警察は、警察庁の所掌事務につき警察庁長官の指揮監督に服し（警16条2項）、府県警察は、管区警察局の所掌事務につき管区警察局長の指揮監督に服する（警31条2項）。また、国家公安委員会と都道府県公安委員会は常に密接な連絡を保たなければならない（警5条4項・38条6項）。次に、警視総監は、国家公安委員会が都公安委員会の同意を得たうえ、内閣総理大臣の承

図表19-2 都道府県の警察機構図

（府警察および指定県の県警察）

東京都公安委員会	警視庁 / 警視総監	総務部 / 警務部 / 交通部 / 警備部 / 地域部 / 公安部 / 刑事部 / 生活安全部 / 組織犯罪対策部
		警視庁警察学校
	警察署	交番その他の派出所 / 駐在所
		警察署協議会

府県公安委員会	府県警察本部 / 府県警察本部長	総務部 / 警務部 / 生活安全部 / 地域部 / 刑事部 / 交通部 / 警備部
		市警察部
		府県警察学校
	警察署	交番その他の派出所 / 駐在所
		警察署協議会

注：北海道については、方面公安委員会が設置されている。
出典：警察庁 HP に基づき作成（http://www.npa.go.jp/koho1/sikumi.htm）

認を得て、任免し（警49条1項）、道府県警察本部長は国家公安委員会が道府県
公安委員会の同意を得て、任免する（警50条）。さらに、都道府県警察の職員の
うち、警視正以上の階級にある警察官は、国家公安委員会が都道府県公安委員
会の同意を得て任免し、その他の職員も、警視総監または警察本部長が、都道
府県公安委員会の意見を聞いて任免する（警55条3項）。これらのことから、都
道府県警察が、自治体警察としての性格を有しているとはいい難い。

2 警察法以外の警察組織

　警察作用は、警察法の定める警察組織のみによって行われるのではなく、そ
れ以外の他の行政機関もまた関連する警察法規に基づき警察作用を行ってい
る。国の組織としては、海上保安庁、消防庁、公安審査委員会、公安調査庁、
入国者収容所・地方入国管理局等があり、地方公共団体も、公共の秩序を維持
し健全な地域社会を形成するために、秩序違反行為その他社会的に好ましくな
い行為の取締りなどの規制を行っている。

Ⅲ　警察作用の領域と形態

1　警察作用の領域

　警察作用の領域は広く、その根拠法も多数存在する。ここではその主要なものを取り上げることにする（なお、分類の仕方もいくつかあるが、ここでは杉村敏正編『行政法概説各論〔第三版〕』（有斐閣、1988年）の「第三章警察および防衛」の分類よる）。

(1)　保 安 警 察

　保安警察とは、他の行政作用とは関連なくそれ自身独立して行われる警察作用である。

　(イ)　表現の自由を規制する警察作用　　集会・結社・思想表現を規制する法律として、破壊活動防止法（1952法240）がある。同法は、団体の活動として暴力主義的破壊活動を行った団体に対する規制措置を定めるものであり、その措置として、団体活動の制限と解散の指定を定めている。過去に、地下鉄サリン事件などを発生させたオウム真理教団への同法の適用の是非が問題となった。

　公安条例は、集会・集団行進・集団示威運動の事前抑制を主たる内容とするものであるが、その合憲性については疑問が提起されている。

　(ロ)　出入国の自由を規制する警察作用　　旅券法（1951法267）は、旅券の発給、効力その他旅券に関し必要な事項を定めるものであり、外務大臣は、「著しく且つ直接に日本国の利益又は公安を害する行為を行うおそれがあると認めるに足りる相当の理由がある者」に対して旅券の発給を拒否できると規定している（旅券13条1項7号）。

　(ハ)　営業の自由を規制する警察作用　　風俗営業等の規制及び業務の適性化等に関する法律（1948法122）は、風俗営業の営業時間、営業区域等を制限し、年少者をこれらの営業所に立ち入らせること等を規制している。その他営業の自由を規制する根拠法は数多い。近年では、いわゆるテレクラ規制条例や風俗案内所規制条例が各地で制定されている。

　(ニ)　災害に対処する警察作用　　災害対策基本法（1961法223）は、国土ならびに国民の生命、身体および財産を災害から保護するため、防災に関し、国、

地方公共団体およびその他の公共機関を通じて必要な体制を確立し、責任の所在を明確にするとともに、防災計画の作成、災害予防、災害応急対策、災害復旧および防災に関する財政金融措置その他必要な災害対策の基本を定めるものである（災害基1条）。

(2)　行　政　警　察

行政警察とは、他の行政作用に関連して行われる狭義の行政警察を意味する。

(イ)　交通警察　　道路交通法（1960法105）は、道路における危険防止・交通安全について定めており陸上交通警察法の中心をなすものである。その他、自動車の保管場所の確保等に関する法律（1962法145）、道路運送法（1951法183）などがある。

(ロ)　建築警察　　建築基準法（1950法201）は、建築物の敷地、構造、設備および用途に関する最低基準を定めるものであり、宅地造成等規制法（1961法191）は、災害防止のための規制に関する法律である。

(ハ)　衛生警察　　従来、この衛生警察の領域は、一般保健警察、医事警察、薬害警察、防疫警察などに分類されてきた。根拠法としては、大麻取締法（1948法124）、覚せい剤取締法（1951法252）、毒物及び劇物取締法（1950法303）などがある。

(ニ)　産業警察　　この産業警察の領域に関する根拠法は数多い。主なものとして、ガス事業法（1954法51）、電気事業法（1964法170）、鉱山保安法（1949法70）、砂利採取法（1968法74）などがある。

2　警察作用の形態

警察作用の形態としては、権力的手段と非権力的手段がある。以下、権力的手段としての警察下命、警察許可および警察強制、ならびに非権力的警察手段について述べる。

(1)　権力的手段

(イ)　警察下命　　警察下命とは、警察目的の実現のために、一定の義務を人に命ずる行為である。警察下命は、直接、法規の形式で行われる場合と、法規に基づく行政処分の形式で行われる場合とがある。この義務には、作為（建築物に対する措置命令、火災予防措置等の命令など）、不作為（無免許運転の禁止、風俗

営業者が年少者を営業所に客として立ち入らせることの禁止など）、給付（運転免許等に関する手数料の納付、代執行費用の徴収など）、受忍（営業所などへの立ち入り・調査、強制隔離など）がある。

　警察下命の効果は、特定または不特定の受命者に、国または地方公共団体に対する関係において、作為、不作為、給付、受忍の警察義務を負わせることにある。したがって、その義務が履行されない場合には、警察権者は、受命者に対し、法規に基づき強制執行を行いあるいは罰則の定めるところにより警察罰を科すことができる。

　㈿　警察許可　　警察許可とは、警察法規によって相対的に禁止されている事項を、一定の場合に、特定の者に解除する行政行為である。すなわち、ある行為そのものが直ちに公共の秩序と安全に対する障害または危険を生じさせるものではないが、その行為者、場所、設備、時期、方法などのいかんによっては警察事実を構成することが認められる行為を禁止し、一定の要件を具備している者にその禁止を解除し、適法にこれをなしうる自由を回復させることである。この警察許可の例としては、自動車運転免許、各種の営業許可などがあり数多い。

　警察許可は、申請に基づいて、行政処分の形式で行われるが、公証行為と一体化している場合が多い（例えば、自動車運転免許は免許証を交付して行う。道交92条）。警察禁止は、警察目的の実現のためになされる自然の自由の規制であるから必要最小限にとどめるべきであり、許可基準に適合した申請であれば、行政庁は許可をなすべく拘束を受ける。

　警察許可の効果としては、第1に、警察許可は、警察禁止を解除し、人の自然の自由を回復させるだけであって、相手方に権利あるいは能力を設定するものではない。第2に、警察許可は、当該警察法規による禁止を解除するものであって、他の行政法規による禁止をも解除するものではない。第3に、警察許可を要する行為を許可なく行えば、警察上の強制執行あるいは警察罰の対象となりうるが、その行為の私法上の法的効果を左右するものではない。

　㈢　警察強制　　警察強制とは、人の身体または財産に実力を加え、警察目的を実現する手段である。これには警察上の強制執行と即時強制がある。前者は警察上の義務の不履行を前提とし、後者は義務の履行を強制するためではな

く、目前・急迫の障害を除去するため、義務を命ずるいとまがないとき、または義務を命ずることによってはその目的を達しえない場合になされるものである。警察強制は、人の身体または財産に実力を加えるものであるから、法的根拠が必要であり、警察に関する個別法にそれぞれ具体的な定めがあるほか、一般法として、行政代執行法、警察官職務執行法がある。

　警察官職務執行法は、警察官が警察法に規定する個人の生命、身体および財産の保護、犯罪の予防、公安の維持ならびに他の法令の執行等の職務権限を忠実に執行するために、必要な手段を定めることを目的とし（警職1条1項）、その手段は、この目的のために必要最小限度において用いられるべきであり、いやしくもその濫用にわたるようなことがあってはならないと規定している（同条2項）。同法はその手段として、警察官による、質問（警職2条、ただし、質問を即時強制に含めることについては異論がある）、保護（警職3条）、避難等の措置（警職4条）、犯罪の予防及び制止（警職5条）、立入（警職6条）、武器の使用（警職7条）について規定している。

　その他、身体に対する即時強制（感染病予防法の定めによる健康診断の強制・強制入院など）、家宅に対する即時強制（消防法、食品衛生法などが定める家宅・営業所などへの立入など）、財産に対する即時強制（消防法の定めによる土地物件の使用・処分および使用の制限など）を定める個別法が数多くある。

(2)　非権力的手段

　警察作用は、前述したような権力的手段ばかりでなく、非権力的手段を通しても広く行われている。

　非権力的手段としては、指導、助言、勧告（消防組織37条・38条、水防40条・48条）、情報の提供（道交109条の2）などの行政指導がある。行政手続法は、行政指導はあくまでも相手方の任意の協力によってのみ実現されるものであり（行手32条1項）、その相手方が行政指導に従わなかったことを理由に不利益な取扱いをしてはならないと定めている（行手32条2項）。

Ⅳ　警　察　罰

　警察罰とは、警察法上の義務違反者に対して、一般統治権に基づき制裁とし

て科す罰である。警察罰は典型的な行政罰である。警察罰の種類としては、刑法に刑名（刑9条）のある刑罰と秩序罰たる過料がある。

1　警察罰の法的根拠

警察罰が義務違反者に対して制裁として科されるものである以上、法律の根拠が必要である。つまり、罪刑法定主義の原則が適用される。ただし例外がある。法律の特別の委任に基づいて政令その他の命令で罰則が規定される場合（憲73条6号、行組12条3項・13条2項）と地方公共団体の条例または規則に罰則が設けられる場合である。地方公共団体は、その条例中に、条例に違反した者に対し、2年以下の懲役もしくは禁錮、百万円以下の罰金、拘留、科料又は没収の刑又は5万円以下の過料を科す旨の規定を設けることができ（地自14条3項）、地方公共団体の長は、その定める規則中に、規則に違反した者に対し、五万円以下の過料を科する旨の規定を設けることができる（地自15条2項）。

2　警察罰を科する手続

警察罰として刑罰を科する場合は、裁判所が刑事訴訟法の定める手続に従い、裁判によってこれを科する。ただし、その例外として、交通違反事件に対する即決裁判制度（交通事件即決裁判手続法）と軽微な交通違反に対する交通反則金制度（道交125条以下）がある。

これに対し、過料を科す場合は、非訟事件手続法の定めに従って裁判所がこれを科す。地方公共団体の長等の定める規則違反に対して科される過料は、地方公共団体の長が行政行為の形式でこれを科す（地自255条の3）。なお、その他の制裁措置としては、行政行為の撤回（営業許可などの取消し、停止処分）、違反事実の公表などがあり、その効果は大である。

V　警察権の限界

法治国家における警察作用は、法律による行政の原則のほか、基本的人権の尊重・不可侵の原則、適正手続の保障、裁判所による救済の保障、民主主義の原則等に適うものでなければならない。従来、警察作用の根拠につき、わが国

の学説・判例は、警察作用は具体的な法律の根拠に基づき、その法の枠内での
み行使しうるものであるが、警察権の発動や行使には、条理上の限界があると
し、これを警察権の限界または警察権の条理上の限界と呼んできた。今日で
は、この限界理論は、憲法および法律に基づく裁量統制論として意義づけられ
ている。警察権の限界としては、次の4つの原則が挙げられてきた。

(1)　警察消極目的の原則

　この原則は、警察作用は、直接に公共の安全と秩序の維持に障害となる行為
あるいは状態を除去するという消極目的のためにのみ行われるべきであるとす
る。したがって、この消極目的に反する積極的目的のための作用は違法な警察
作用となる。

(2)　警察責任の原則

　この原則は、警察作用は、公共の安全と秩序の障害について責任を有する
者、つまり、警察違反の状態の発生に対する警察責任者に対してのみ行使する
ことができるとする。警察責任者の捉え方には、警察責任者を基準とする考え
方と原因を基準とする考え方がある。前者は、行為者の責任と支配者の責任に
分けられる。行為者とは、自然人であると法人であるとを問わず、また故意・
過失の有無も問わない客観的な責任である。支配者とは、他人の行為を支配す
る者や物を支配する者をいう。後者は、原因を行為に求める行為責任と物の状
態に求める状態責任に分けられる。

　ただし、この原則の例外として、緊急な場合に警察責任者以外の者にも警察
権が行使される場合があり、これを警察緊急権または警察急状権と呼んでいる。

(3)　警察公共の原則

　この原則は、警察作用は、公共の安全と秩序の維持のために行使されるべき
であり、およそ公共の安全と秩序の維持にかかわらない事項には行使しえない
とする。この原則は次の3つの原則に分かれる。

　①私生活不可侵の原則　　個人の私生活は、公共の安全と秩序の維持にかか
わらない限り警察権の対象とならない。

　②私住所不可侵の原則　　私的な住居には、警察権は行使しえない。映画
館、ホテルのロビー、駅舎など不特定多数の者が出入りする場所については、
公開中は私住所ではない。また、私住所内の行為であっても、それが外部から

公然と望見される場合は、警察権の対象となる（軽犯罪1条20号）。

　③民事上の法律関係不干渉の原則　　民事上の法律関係の紛争は、司法権により解決がはかられるべきであり、警察権の関与すべき事項ではない。

(4)　警察比例の原則

　この原則は、警察権の発動は、公共の安全と秩序の維持に必要な最小限度にとどめられなければならず、警察事実の程度に比例しなければならないとする。

　なお、警察作用と権利救済については、行政法総論の行政救済がそのまま当てはまるのでここでは立ち入らない。

判例　**最決平成6年9月16日：同行説得のため6時間半以上留め置いた事案**
　Xが運転する手配車両を停止させ職務質問をしたが、質問に応じず、さらに覚せい剤取締法違反の前歴が判明したため警察署への同行を求めたが拒み続けたため、6時間半以上現場に留め置き、説得を継続した。この措置について、最高裁は、被告人に対する任意同行を求めるための説得行為としてはその限度を超え、被告人の移動の自由を長時間にわたり奪った点において、任意捜査として許容される範囲を逸脱したものとして違法といわざるを得ないとした。

第*20*章　公　　物

本章のポイント

・公物という語は日常においては用いられていないが、これを管理する行政側に
とっても、またこれを利用する市民にとっても重要な物的手段である。公物とは
どのようなものか、また公物についてどのような法があるのかを理解しよう。
・公物の成立と消滅、公物に適用される法、そして公物に対する市民の権利につい
てしっかり押さえておこう。

I　公物の意義と種類

1　公物の意義

今日の行政は、公共の福祉の増進を目的として、生活の質を維持、保障する
ためにより積極的に、私人に対して各種のサービスを提供することが求められ
ている。

行政が提供するサービス（給付）には、生活保護など財貨のみならず、公的
な施設も含まれる。すなわち、行政が各種の活動をする場合には、物的な装備
（これを公物という）を法的に整備しておく必要がある。

代表的な公物は、道路、河川、ダム、公園、湖沼、海岸、港湾、そして官公
庁舎や国公立学校の敷地・建物などである。行政は、これらの公物を設置し、
管理することをとおして、国民生活の利便性向上のため様々な行政サービスを
提供している。近年は環境保全や環境整備も公物管理の目的として定められる
ようになってきている（河川1条、海岸1条）。

なお、公物という概念も、そして公物に関する法という意味での公物法とい
う概念も、講学上の概念であり、法令上用いられてはいない。

2 公物に関する法律

公物に関して統一的に定める法律は存在しない。ただし基本的な公物については、それぞれ法律が整備されてきている。例えば、道路法、河川法、港湾法、漁港法、海岸法、公有水面埋立法、特定多目的ダム法、高速自動車国道法、空港整備法、都市公園法などである。

また、地方自治法（244条以下）は、市民会館などの「公の施設」について管理条例を定めることを義務づけている（ただし「公の施設」の概念は、公物と完全に一致するものではない）。

これらの公物管理法とは別に、国や地方公共団体の財産（土地や建物）としての側面から、財産管理法が定められており、そこでは「行政財産」と「普通財産」とが区別されている（国財3条、地自238条～238条の7）。

財産管理法と個別の公物管理法との関係は複雑であり、国有財産法が一般法的規定と理解できる部分もあるが（例えば、公物について貸し付け・売り払い等の処分の制限や目的外使用の許可制。国財18条、地自238条の4）、具体的な公物管理のあり方については道路法や河川法などの公物管理法が独自に規定している。

3 公物の種類

公物は、一般に、「国または地方公共団体等により直接に公の目的のために供用されている有体物」と定義される。この定義を分説しながら、公物の種類について説明する。

(1) 「公の用に供されている」こと（公用物・公共用物）

公物は、ある物が公の目的（公用・公共用）のために提供されているものである。したがって、国や地方公共団体が所有しているだけの土地等（普通財産）は、公物ではない。この土地等はまだ公の用に供されていないからである。

「公の用に供されている」目的の違いから、公用物と公共用物とに区別される。官公庁舎やその敷地のように公用に，すなわち国や地方公共団体の使用に直接供されている公物を「公用物」といい、道路、河川、公園などのように一般公衆の利用に供されている公物を「公共用物」という。

(2) 「国・地方公共団体が有する」こと（自有公物・他有公物）

「有する」こととは「支配権」を意味する。典型的には、国や地方公共団体

が所有権を有することであるが、地上権、借地権など何らかの権原があれば足りる。

　誰が支配権を有するかという観点から、自有公物・他有公物という分類がなされる。国や地方公共団体が管理する公物について、国や地方公共団体が支配権を有する公物を「自有公物」（国有公物・公有公物）という。「他有公物」とは、公物の管理主体と所有権等の帰属する主体とが一致していないものをいう。例えば、私人が所有権を持つ土地であっても、市町村がこれを管理し、交通路として公衆の使用に供されているような場合である。このような土地（私有公物）については公物管理法や公物法の一般理論が適用される場合がある。

　私有公物は例外的なものではあるが、道路法４条や河川法２条あるいは国有財産法２条、地方自治法238条１項４号などで前提とされている。

　なお、私有公物については、所有権を別の私人に移転することも可能であるが、公物としての法的扱い（制約）は継続する（下記 **判例** 参照）。

> **判例** 最判平成８年10月29日：松山市公道確認等請求事件
>
> 　市が、道路用地としてＡから購入した土地について市道として整備し、道路供用開始決定を行ったが、登記を怠っている間に、Ａによって転売されてしまった事件である。この土地の所有権は市にあるのか、それとも最終的に購入したＹにあるのかという問題とは別に、最高裁は、Ｙの所有権が成立しているとしてもその土地は、道路法による各種の法的制限を受ける土地であるとした。（なお、最判昭和44年12月４日、282頁 **判例** も参照。）

(3)　「有体物」であること（人工公物・自然公物）

　有体物であるということは、何らかの形になっていることを指す。代表的なものは土地や建物のような不動産である。このほか、動産（例えば公立図書館所蔵の書籍など）も公物である。ただし、電波などの無体物、特許権のような無体財産は公物ではない。

　これに関連する公物の分類としては、人工公物・自然公物の区別がある。公物が人の手によって加工されて公の用に供されている公物を「人工公物」といい、道路、公園、堤防などがその例である。他方、公物が自然のままで利用され、すなわち公の用に供されているものを「自然公物」という。河川、海岸、

湖沼などがその例である。もっとも、両者の区別は相対的である。

　なお、国家賠償法 2 条は「公の営造物」という語を用いているが、これは公物を指す概念として用いられている。

⑷　法定外公共（用）物

　法律で規律されていない公物を法定外公共（用）物という。例えば、河川法によって規律される河川（一級河川、二級河川、準用河川）は、正式の手続を踏んだ上で法的に河川として位置づけられている。したがって実態は河川であってもこのような手続を踏まない限りは、河川法上の河川ではないことになる（このような河川を「普通河川」という）。これら個別の公物管理法の規律の外にあるものを総称して「法定外公共用物」とか「法定外公共物」という。

　従来、法定外公共（用）物は国有財産とされてきたが、2000年の地方分権改革の一環として国有財産法などが改正され、所有権を地方公共団体に譲与する手続が整備された。譲与された公物は、地方自治法上「公の施設」となり、それぞれの市町村が管理条例を定めて管理することになる（地自244条の 2 第 1 項。法定外公共物管理条例とか里道管理条例など）。

Ⅱ　公物の成立と消滅

1　公物の成立

　公物（特に公共用物）は、公衆の一般的利用に供されるものであるから、いつ公物が成立し、消滅するかは重要な問題である。

　公物の成立要件は、原則として、①その物が一般公衆の利用に供されるだけの形体的要素を具備していること、②これを一般公衆の利用に供する旨の意思表示があること、である。

　例えば道路法は、道路の供用開始の公示を公用開始行為としている（道18条 2 項）。公用開始行為の法的性質については争いがあるが、公衆（利用者）を名宛人とする行政行為（処分）であるとするのが通説・判例である。また公用廃止行為も処分とされている。

　なお、自然公物および公用物については特別の公用開始行為を必要としない。

　公物が成立するためには、その前提として国・地方公共団体は当該物につい

て一定の権原（所有権、地上権、賃借権などの支配権）がなければならない（例えば、道91条2項）。

判例　最判昭和44年12月4日：道路供用開始と公用制限

　市が公物として供用していた道路用地について登記を欠いていたため、登記を経た所有権者から損害賠償を求められた事件。最高裁は、道路管理者である市は登記を欠いているため、後にその用地の所有権を取得した第三者には対抗できないが、当該道路の廃止がなされない限り道路として供用することができるのであって、第三者は損害賠償を請求することができない、とした。

2　公物の消滅

　公物が公物としての性質を失うことを公物の消滅という。例えば台風等により橋が流され、橋の再建が不能になった場合のようにその物の形態が永久的に変化し、原状回復が不能の場合、または公物を消滅させる旨の意思表示があった場合（公用廃止行為という）のいずれかにおいて、公物は消滅する。

　公物の消滅により、公物にかかる公法上の制限（公用制限）が消滅する効果を有し、その物は私権の対象となる。

　なお、最高裁は、公物が黙示的に消滅する（公用が廃止される）場合があることを認めている（下記**判例**参照）。

判例　最判昭和51年12月24日：公物と取得時効

　国有地（水路）が古くから水田や畔に利用されていた事例について、最高裁は、公物が、長年の間事実上公の目的に供用されることなく放置され、公物としての形態、機能を全く喪失し、その物の上に他人の平穏かつ公然の占有が継続したような場合で、公物として維持すべき理由がなくなっているときは、黙示的に公用が廃止されたものとみなすことができる、として、これについて取得時効が成立しうると判示した。

3　公物の設置・廃止と市民参加

　近年、公物の設置・廃止に伴う事前手続が整備されつつある。例えば、一定規模以上の道路や空港等の人工公物の設置に当たっては、費用対効果に関する事前評価が義務づけられたり（行政機関政策評価9条）、また、事前の環境アセ

スメントが義務づけられている（環境影響評価12条）。今後は公物の設置にかかる計画策定手続や学校の統廃合などによる公物の廃止にかかる住民参加の手続を法的に整備することが求められる。

Ⅲ　公物に対する適用法規

　公物は、2つの側面を有する。すなわち土地、構造物といった財産的側面と、これらの物が公衆の用に供される目的を持ったものであるという公共的側面である。このような公物の性格からして、その財産的側面については原則として民事法の適用を受ける。しかし、公共的な目的を達成するために私法の適用が排除され、公法的（行政法的）な規制が加えられる場合がでてくる。

(1)　公物の融通性の制限（公物の不融通性）

　公物については、各種の民事法的な取引の対象となることが制限されている。これを融通性の制限という。例えば、河川法は河川の流水について私権（私的所有権）の対象とならないと定め（河2条2項）、道路法は、道路について原則として私権の行使を否定している（道4条）。また国有財産法は公物（行政財産）について処分等を制限している（国財18条。地自238条の4も同様）。

　ただし、融通性の制限は、各公物管理法の定めによるものであり、公物であるという属性から当然に融通性の禁止や制限が導かれるものではない。

(2)　公物に対する強制執行・土地収用の制限

　かつて公物については民事上の強制執行をすることができないとか、土地収用の対象にならない、といわれていたが、今日では、私有公物の存在を念頭に置くと強制執行は可能であると解される。ただし、これによって公物としての法的地位は失われるわけではないので、各種の公用制限が付随する（最判平成8年10月29日、280頁 判例 を参照）。

(3)　公物に対する取得時効

　公物を私人が長く占有したとしても、これを理由として取得時効による所有権の取得（民162条）は成立しないという考え方がかつて支配的であった。しかし、最高裁は、判例変更をして「黙示的に公用が廃止されたもの」として時効

による取得を認めた（最判昭和51年12月24日、282頁**判例**参照）。

　これに対しては、いつの時点で公用廃止があったとみなすのか不明確である、などの批判がある。

⑷　損　害　賠　償

　公物の設置・管理に瑕疵（欠陥）があったため国民に被害を生じたときは、民法717条によってではなく、国家賠償法2条に基づいて公物の設置・管理者に対してその損害賠償を請求することができる（第*13*章Ⅲ参照）。

Ⅳ　公物と国民の権利

1　公共用物の利用関係

　公物は、その本来の目的にそって公衆の利用に供されるものであり、ここに公物の管理者と利用者との間に法律関係が発生する。公共用物については国民の権利が、公用物については目的外使用が主として問題となる。

　公共用物の利用方法についての法的区別として以下の3つの分類が長らく用いられてきた。

　①自由使用（一般使用）　　これは、公衆は、公物管理者の許可がなくても公物を利用できる（権利がある）ことをいう。道路の通行、海岸での海水浴、公園の散策などがその例である。ただし、利用方法について法令等による制限がある（道交法による交通規制、公園管理規則による開園時間制限など）。

　②許可使用　　これは、社会・公共の安全と秩序の維持に障害を発生させるような公衆の使用については、法令等によって一般的に禁止されている中で、公物管理者からその禁止が解除されて（許可を受けて）、公物を使用できる形態である。マラソン大会開催、露天の設営、道路工事などに伴う道路使用許可（道交77条1項）がその例である。

　③特許使用　　これは、公物管理者から特別の使用権を設定されて公物を排他的に使用する形態である。例えば、道路に電柱を設置し、あるいは道路地下にガス管や水道管を埋設することなど、電力会社やガス会社等に一定の継続的利用が認められる（道32条など）。

　近年、許可使用と特許使用の区別を立てることに対して疑問が提示され、両

者は単に内容的に相対的な違いがあるにすぎないとする見解もある。

2　国民の権利の性質

(1)　自由使用と国民の権利

　道路の利用は自由使用の代表例であるが、国民の道路利用は国民の権利だろうか。すなわち、道路が何らかの事情により廃止されるとき、あるいは道路の使用が第三者によって妨げられたとき、道路の利用者はどのような権利を有するかという問題である。

　かつては、国民に道路の使用の自由を容認しているだけで、使用の権利を設定したものではない（反射的利益にすぎない）という理解であったが、近年、下級審では道路等の廃止により日常生活や日常業務に著しい支障が生ずる場合には、道路等の廃止処分の違法を争う原告適格を認めるものもある。

　また、自由使用が認められている場合に、第三者によりその使用が妨害されたときは、民法上の保護を受ける。すなわち、自由使用を妨害されたときは、不法行為の問題として処理され、またこの妨害が継続するときはその排除を求める権利を有する（最判昭和39年1月16日：村道供用妨害排除請求事件）。

　なお、道路の利用を私人によって妨げられる場合、道路管理者は、予防的妨害排除を請求することができる（最判平成18年2月21日）。

(2)　許可使用・特許使用と国民の権利

　公園の許可使用に対する国民の権利について、最高裁は、公園の利用が公共の用に供される目的に適うものである限り、管理権者の自由裁量に委ねられるものではなく、公園としての使命を十分達成するように適正に管理すべき義務があるとし、これに反して国民の利用を妨げることは違法であるとしている（最大判昭和28年12月23日：皇居外苑使用許可事件）。

　また、地方自治法は、「公の施設」について、利用者住民の平等利用権および正当な理由のない限り利用を拒否されない権利を規定している（地自244条。この規定の意味については、最判平成7年3月7日：泉佐野市民会館事件）。

　公共用物の許可使用・特許使用については、附款が付されることが多い。期限と負担が典型例である。比較的短期の期限が付されているときなど例外的な場合にあっては、使用権は、更新されることを予定したものと理解され、使用

者の保護が図られている（最判昭和49年２月５日：東京都卸売市場事件）。

なお、河川の流水（公水）使用権の性質について、最高裁は、このような権利は、河川の全水量を独占的に利用できる絶対不可侵の権利ではなく、使用目的をみたすに必要な限度の流水を使用できる権利にすぎないとしている（最判昭和37年４月10日）。

3 公用物（行政財産）の目的外使用

公用物について、国民は、それぞれの公物が有する特定の行政目的に反しない限り自由に使用できる。

公用物の管理については特別な管理法は制定されていないが、国有財産法と地方自治法は、行政財産（公用物と重なる部分がある）については、その用途または目的を妨げない限りにおいて、その使用を許可することができると規定している（国財18条６項、地自238条の４第７項）。これを公用物の目的外使用とか行政財産の目的外使用という。庁舎の建物の一部を、食堂や売店として使用させる例、公営バスや電車に企業広告を付ける例などがある。行政財産の有効利用をねらいとしている。

なお、国有財産法と地方自治法が2006年に改正され、庁舎等の余裕部分について、民法上の契約に基づく貸付け制度が追加された（地自238条の４第２項）。

判例 最判平成18年２月７日：呉市立中学校事件

公立学校の教職員団体が教育研究集会の会場として市内中学校の施設使用を市教育委員会が許可しなかったことが争われた事件において、本件使用は行政財産の目的外使用にあたり、学校管理者の裁量により判断されるものであり、学校教育上支障がない使用であっても使用を許可しないことができるとした（ただし、本件不許可は裁量権の逸脱・濫用であり違法とした）。

（さらに調べてみよう）

・道路やダムといった公物の設置は、他方で自然環境に負荷をもたらし、騒音や大気汚染を通じて生活環境に多大な影響を与える。近年公物管理と環境管理を統合する試みがある。調べてみよう。📖石塚武志「公物管理と環境管理」『行政法の争点』（ジュリスト増刊、2014年）228頁以下、三浦大介「公物法の課題」行政法研究20号（2017年）

第*21*章　公務員法

本章のポイント

・「全体の奉仕者」としての公務員法制の基本的な性格に着目しながら、公務員の権利および義務をみていこう。
・公務員の大部分を占める一般職の公務員の勤務関係について、民間企業の職員との異同に留意しながら、理解していこう。

1　公務員の意義

　行政活動は、行政機関によって行われるが、行政機関は自然人たる公務員によって、担われている。憲法は、国民に公務員選定・罷免権があることを確認し、公務員を全体の奉仕者と規定している（憲15条）。この公務員は、国や公共団体の公務を担当する者をいうが、一般職の公務員だけでなく、議員などの特別職の公務員を含んでいる。これに対して、国家公務員法や地方公務員法における公務員は、同法で個別に列挙した特別職の公務員（国では、内閣総理大臣、国会議員、裁判所職員など、地方では、知事、地方議会の議員、地方公営企業の管理者など）を除いた、一般職の公務員をいう。

2　公務員制度の沿革

　明治憲法下では、官吏は天皇により任免され（明憲10条）、位階勲等、恩給などの特権が与えられる反面、「凡ソ官吏ハ天皇陛下及天皇陛下ノ政府ニ対シ忠順勤勉ヲ主トシ法律命令ニ従ヒ各其職務ヲ盡スヘシ」（官吏服務紀律1条）とされた。このように、官吏は天皇に身分的に隷属し、無定量な勤務に服することとされ、前近代的な制度であった。

　戦後、日本国憲法下の公務員制度での、公務員は、国民主権の下、全体の奉仕者とされ、その任免は、国民の意思に基づき（憲15条）、公務員法制の基準は、原則として法律が定めるものとされた（憲73条4号）。これにより、国家公

務員法・地方公務員法が公務員の根本基準を定めている。公務員法は、「国民に対し、公務の民主的且つ能率的な運営を保障すること」（国公1条1項）を目的に、「平等取扱の原則」（国公27条）、勤務条件が社会の情勢に適応するように随時適当な措置を講じなければならないとする「情勢適応の原則」（国公28条）を基本原則としている。

　公務員法制は、近年、様々な改革が進められている。2008年、国家公務員制度改革基本法が制定された。国民本位の行政の実現を図るため、議院内閣制における国家公務員の適切な役割を再認識（閉鎖的といわれる官僚機構の是正）するとともに、能力・実績に応じた人事制度全般における改革や官民の人材の交流の推進などの基本方針が示された。これらを受けて、2014年、内閣総理大臣が、幹部職員の人事を一元的に管理（任用における適格性審査・幹部候補者名簿・任免協議）することになり、それらの事務を担当する機関として、内閣官房に内閣人事局が設置された。また官民人事交流法の改正により、官民人事交流の対象となる法人の拡大・手続の簡素化などが図られた。なお、2011年には、国家公務員の労働基本権の回復についての法案（「国家公務員の労働関係に関する法律案」やそれに伴う「公務員庁設置法案」など）が閣議決定され、国会に上程された。非現業公務員への協約締結権の付与や労働組合との間の労使関係制度の導入等を内容としていたが、結果的には衆議院の解散に伴い廃案となった。

　また、地方公共団体において、行政コストの削減や子育て・教育などの行政需要の多様化を背景に、地方公務員の臨時・非常勤職員数が増えている状況のなか、2017年、地方公務員及び地方自治法の一部を改正する法律により、その適正な任用や勤務条件を確保することとし、特別職の任用及び臨時的任用を厳格化し、一般職の非常勤職員である会計年度任用職員についての制度を整備した。

3　公務員の勤務関係

　公務員の勤務関係の法的性質については、特別権力関係説、公法上の勤務関係説、労働契約説がある。

　特別権力関係説は、本人の同意を前提とする任命行為に基づき、必要な限度で、法律によることなく、包括的な支配権に服従するとされる。しかし、公務

員法制が整備され、不利益処分の争訟も法定されていることから、一般的支配権とは異なる特別な権力、すなわち特別権力関係と理解する必要はない。公法上の勤務関係説は、公務の性質上、その勤務関係は法律の規律に服するものと理解し、具体的な解釈においても、制定法の趣旨・目的等を、規律内容に即して合理的に解釈していくものとされる。労働契約関係説は、公務員の勤務関係の実体を私企業の労働関係と異ならない労働契約関係であるとするが、職務の公共性から法令によって、規制を受ける特殊な労働契約関係と理解する。なお、判例は、公法上の勤務関係説にたつ（最判昭和49年7月19日参照）。

4　公務員の権利

(1)　分限（身分保障）上の権利（国公75条以下）

　国家公務員法は公務員が全体の奉仕者として公正に職務に専念できるように、法律または人事院規則に定める事由による場合でなければ、本人の意に反して、降任、休職、免職されることはないとしている（国公75条1項）。

　なお、公務員の身分保障の例外として、分限処分と懲戒処分がある。分限処分とは、公務の能率を維持するため、当該公務員に職務を遂行することが期待できない場合や職に従事していく適格性が欠ける場合（適格性欠如の要件につき最判平成16年3月25日参照）、または、公務の適正な運営を確保するため、廃職（職の廃止）や過員（定員超過）が生じた場合に、本人の意に反して行われる免職・降任・休職である（国公78・79条、地公28条）。また懲戒処分とは、当該公務員の義務違反や非行に対して、組織内部の秩序維持を目的として、制裁として課される（国公82条、地公29条、本章6①参照）。この点、分限処分は、懲戒処分と異なり、当該公務員の道義的責任を追及するものではない。

(2)　給与、退職金、公務災害補償等を受ける財産上の権利（国公62条以下・107条）

　公務員が、労務等の対価としての給与や、退職金、退職年金、公務災害補償等を受ける権利をいう（国家公務員退職手当法、国家公務員共済組合法、国家公務員災害補償法などがある）。給与法定主義により、国家公務員においては、法律及びこれに基づく給与の準則や給与表で定められ（国公63条以下、一般職の職員の給与に関する法律）、地方公務員においては、条例で定められる（地公24条6項）。

(3) **勤務条件に対する行政措置の要求権**（国公86条など）

　勤務条件を適正に確保していくため、給与、勤務時間、その他の勤務条件に関して、しかるべき措置をとるように、人事院、人事委員会または公平委員会に対して、要求できる権利である。

(4) **不利益処分に対する不服申立て**（国公90条）、**取消訴訟**（国公92条の2）
　　を提起する権利

　公務員が、分限処分や懲戒処分といった、本人の意に反する不利益処分を受けた場合に、救済のため、人事院や人事委員会などに対して、不服申立てを求めたり、裁判所に対して、処分の取消しを求めて提訴する権利である。

(5) **団結権、当局と交渉する権利**（国公108条の2・108条の5など）

　公務員は、憲法28条にいう勤労者に含まれると解され、労働基本権の保障を受けるが、その職務の公共性から、職種に応じて制限がある（**図表21−1**参照）。

5　公務員の義務

　職務の根本基準として、国家公務員法は、「すべて職員は、国民全体の奉仕者として、公共の利益のために勤務し、且つ、職務の遂行に当たっては、全力を挙げてこれに専念しなければならない」（国公96条1項）としている。この根本基準から、国家公務員法上、国家公務員の義務規定が置かれている。

(1) **職務上の義務**

　①服務の宣誓義務（国公97条、地公21条）　「職員は、政令の定めるところにより、服務の宣誓をしなければならない」（国公97条）。職員の採用にあたり、国家公務員としての服務を自覚させるために設けられた制度である。

　②法令および上司の命令に従う義務（法令遵守義務、国公98条1項、地公32条）
憲法99条では、いわゆる憲法尊重擁護義務を公務員に課し、行政の執行に際して、憲法をはじめとする諸法令の定めるところに従って行われなければならない（法律による行政）。

　また、公務員は、法令はもとより、行政目的を達成する上で、行政組織が一体となって、能率的に職務を遂行していく必要がある。そのため、組織の構成員たる公務員はその上司の職務上の命令に忠実に従わなければならない。職務命令に違法性がある場合でも、それが重大かつ明白な瑕疵がある無効な場合を

図表21-1　公務員の労働基本権

	労働基本権		
	団結権	団体交渉権	争議権
警察・消防職員等	×	×	×
現業公務員 行政執行法人	○	○ 一部例外事項あり	×
非現業公務員	○	△ 協約締結権なし	×

図表21-2　公務員の義務

職務上の義務	服務宣誓義務	国公97条、地公31条
	法令及び上司の命令に従う義務	国公98条1項、地公32条
	職務専念義務	国公101条、地公35条
職務外（身分上） の義務	争議行為の禁止	国公98条2項、地公37条
	信用失墜行為の禁止	国公99条、地公33条
	守秘義務	国公100条、地公34条
	政治的行為の制限	国公102条、地公36条
	営利企業等への関与の制限	国公103条、地公38条

除いては、服務義務があるとされる。

　③職務専念義務（国公101条、地公35条）　　公務員は、法律または命令の定めのある場合を除いては、その勤務時間および職務上の注意力のすべてをその職責を遂行するために用いなければならない（国公101条）。この義務の免除は、合理的理由を有し、公務への支障をきたさない範囲で認められる。例えば、公務員が職員団体（民間企業の労働組合に相当）の業務にもっぱら、従事することは禁止されるが、所轄庁の長の許可を受けた場合には、組合専従休暇が認められる（国公108条の6）。

(2)　職務外（身分上）の義務

　①労働基本権の制限（国公98条2項、地公37条）　　公務員法では、すべての公務員に対して争議行為を禁止しており（国公98条2項など）、争議行為を共謀し、あおり、その行為を企てた者にも刑事制裁を課している（国公110条1項）。

　この他の公務員の労働基本権の制限では、現業公務員（林野・印刷・造幣事業や公営鉄道・バス、水道事業等に勤務する職員）では、団結権（行政執行法人労働関係4条、地方公営企業等労働関係5条）、団体交渉権は保障されているが、管理運営事項は交渉の対象には含まれず、支出を伴う内容では、予算上の制約に服する（行政執行法人労働関係8条、地方公営企業等労働関係7条・10条）。または、非現業の公務員では、職員団体について団結権は保障されている（国公108条の5など）が、団体交渉権については、協約締結権が否定されている（国公108条の5など）。さらに、警察・海上保安庁・消防・刑事施設などの職員、自衛隊員は、その職務の特殊性から、団結権も否定されている（国公108条の2第5項など）。

　②信用失墜行為の禁止（国公99条、地公33条）　公務員は、その職務の信用を傷つけたり、職務全体の不名誉となるような行為をしてはならない（国公99条）。この信用失墜行為の禁止は、職務中ではなく、任命中に及ぶ。なお、国家公務員倫理法では、公務員の不適切な接待、贈与等、国民の信頼を損なうような行為の防止を図る目的に、本省課長補佐級以上の者に事業者等からの贈与、接待等の報告義務を課している（国公倫理6条など）。

　③守秘義務（国公100条、地公34条）　公務員は、職務上知ることができた秘密を漏らしてはいけない。その義務は退職後にも継続する（国公100条1項）。なお、対象となる秘密の範囲については以下の判例がある。

判例　**最判昭和52年12月19日：徴税トラの巻事件**

　税務署で課税事務に従事する職員が、表紙に秘扱の印刷がなされ、外部漏洩を注意した文書も添えてある課税事務の資料を地元商工団体連合会の幹部に貸与したことが、国家公務員法100条1項の守秘義務違反に当たるとして起訴された。最高裁は、同法の文言や趣旨から、同条項でいう秘密は、行政庁で指定された秘密（形式秘）では足りず、一般に知られていない事実（非公知）で、実質的に保護に値する秘密（実質秘）であると判示し、同資料は当時一般に知られておらず、公表すると脱税を誘発するおそれがあり、税務行政上の弊害が生じるとして、同法にいう秘密に該当するとした。

---

　④政治的行為の制限（国公102条、地公36条）　国家公務員は政治的行為が広

範に禁止または制限されており（国公102条、人事院規則14‐7「政治的行為」）、違反者には刑事制裁も予定されている（国公110条、下記 **判例** の他、勤務時間外の党紙配布につき、管理的地位や職務権限に裁量がないとして無罪となった最判平成24年12月7日社会保険事務所事件参照）。なお、地方公務員は所属する区域外での政治的行為は許されており刑事制裁は予定されていない（地公36条）。

判例 **最大判昭和49年11月6日：猿払事件**

　郵便局に勤務する国家公務員（郵政事務官）が、昭和42年の衆議院議員選挙に際して、勤務時間外に、支持する特定の政党の公認候補者の選挙用ポスター6枚を猿払村の公営掲示場に掲示したことなどが、国家公務員の政治的行為を制限する国公法102条1項及びそれを受けた人事院規則14-7に違反し、同法110条1項19号によって起訴された。

　最高裁は、政治的行為が憲法21条の保障する表現の自由の保障を受けることを承認するが、国家公務員法が保護する法益は、行政の中立的運営に対する国民の信頼の確保であるとして、その制限は、「合理的で必要やむをえない限度にとどまる」限り、憲法上認容されるとした。そして、本件の行為は、政治的行為の中でも党派的偏向が強い行動に属し、公務員の政治的中立性を損なうおそれが高いとして、憲法21条に違反せず、同法の定める刑罰も違憲ではないとした。

---

　⑤一定の営利企業・その他の事業に関与することの制限（国公103条・104条、地公38条）　国家公務員が在職中、一定の営利企業等に従事し、または関与することは、一定制限されている。これは職務専念義務や公務の公正な執行を確保し、国民の信頼を保持するために制限されるものである。すなわち、営利企業の役員等の兼職、または自ら営むことは禁止されている（国公103条）。しかし、この制限の目的に抵触しない場合には、所轄庁の申出により、人事院の承認を得ることで、例外的にこの禁止が解除される。また、報酬を得て行う非営利団体の役員等の兼業やそれ以外の営利企業を含むあらゆる事業・事務には、内閣総理大臣・所轄庁の長の許可を要する（国公104条）。離職後も、新たに退職者管理制度が創設され（国公18条の3～7・106条の2～27）、再就職（いわゆる天下り行為）に関する規制が導入された。これには、在職中の利害関係企業への求職の規制や職員による営利企業等に対する他の職員についての依頼・情報提供の規制、離職後2年間の再就職者による依頼等の規制がある。そして、こ

れらの規制を担保するため、内閣府に再就職等監視委員会が設置された。なお、離職後の再就職支援を一元的に実施するために、官民人材交流センターが設置されたが、離職に際しての離職後の就職援助は、組織の改廃等に伴う分限免職者を除き、行わないこととなった。

6　公務員の責任

公務員の責任とは、公務員がその義務を適切に履行しない場合に生ずる責任をいう。内部的責任としては、懲戒責任と賠償責任があり、外部的責任としては、刑事責任と民事責任がある。

①懲戒責任　　懲戒責任とは、公務員の義務違反に対し、任命権者による制裁（懲戒罰）を受ける地位を指す。内部規律や公務遂行の秩序義務を目的とする。

懲戒は、国家公務員法、国家公務員倫理法などに規定する事由に違反があった場合のほか、職務命令違反、その他の非行などにつき、免職・停職・減給・戒告の4種の処分がある（国公82条、地公29条）。

②賠償責任　　賠償責任とは、公務員の義務違反により、国または公共団体に対して与えた損害を賠償すべき地位を指す。具体的には、会計法などにより、出納官吏や予算執行職員に課される弁償責任をいう（会41条1項、物品管理31条、予算執行職員等責任3条2項、地自243条の2）。

③刑事責任　　公務員が、刑事責任を負う場合には、刑事罰責任と行政罰責任がある。刑事罰責任とは、公務員の義務違反が、刑事法が保障する一般法益を侵害したことに対して、責任を負うべき地位を指す。公務員職権濫用罪（刑193条以下）、収賄罪（刑197条以下）などがある。行政罰責任とは、公務員の義務違反が、公務員法などの行政法規の保障する法益を侵害したことに対して、責任を負うべき地位を指し、国家公務員法などに行政罰が規定されている（国公109条・110条、地公60条以下）。

④民事責任　　公務員が、その職務を行うに際して、故意または過失によって、他人に損害を与えた場合に、賠償する責任が生ずる。公務員個人が負う不法行為責任（民709条）や債務不履行による損害賠償責任（民415条）などがある。公権力の行使に該当しない点で、国家賠償とは異なる。

事 項 索 引

■執筆者紹介〔氏名、現職名、執筆分担　＊執筆順〕

ふじまきひで お
藤巻秀夫　札幌大学法・政治学系教授　第1章〜第3章、第7章Ⅰ・Ⅲ、第14章、第20章

き むらつねたか
木村恒隆　国士舘大学法学部講師　第7章Ⅱ、第9章、第21章

こばし　のぼる
小橋　昇　国士舘大学法学部教授　第11章、第15章〜第18章

まえ つ えいけん
前津榮健　沖縄国際大学法学部教授　第12章、第13章、第19章

※第4章〜第6章、第8章（第2版執筆：仲地博〔沖縄大学名誉教授〕）、第10章
（第2版執筆：三好充〔元国士舘大学大学院教授・博士（法学）〕）については、第3
版では藤巻秀夫が補訂した。

Horitsu Bunka Sha

ベーシック行政法〔第3版〕

2010年11月25日　初　版第1刷発行
2015年10月1日　第2版第1刷発行
2021年3月20日　第3版第1刷発行

著　者　　藤巻秀夫・小橋　昇
　　　　　前津榮健・木村恒隆

発行者　　田靡純子

発行所　　株式会社　法律文化社

〒603-8053
京都市北区上賀茂岩ヶ垣内町71
電話 075(791)7131　FAX 075(721)8400
https://www.hou-bun.com/

印刷：共同印刷工業㈱／製本：㈱新生製本
ISBN978-4-589-04130-2

©2021　H. Fujimaki, N. Kobashi, E. Maetsu,
T. Kimura Printed in Japan

北村和生・佐伯彰洋・佐藤英世・高橋明男著 **行 政 法 の 基 本**〔第7版〕 ―重要判例からのアプローチ― A 5 判・372頁・2700円	各種公務員試験受験者を念頭に重要判例から学説を整理した定番テキスト。最新法令・判例の追加を行うとともに、各章冒頭の導入部分や新聞記事、コラムなどを大幅に刷新し、行政法の現在の動向がわかるように工夫。
市橋克哉・榊原秀訓・本多滝夫・稲葉一将 山田健吾・平田和一著 **アクチュアル行政法**〔第3版〕 A 5 判・386頁・3100円	基本的な原理と仕組みをおさえたうえで、制度変化や担い手の多様化を視野にいれて、判例を中心に行政法運用について解説。行政法を「社会科学の『理論・枠組み』の中にいれた」視角で分析した骨太の教科書。
手島 孝・中川義朗監修／村上英明・小原清信編 **新基本行政法学**〔第2版〕 A 5 判・354頁・3300円	行政法令の重要な改正（行政不服審査法、マイナンバー法、文書管理法、行政手続法、地方自治法など）や重要判例の展開をふまえ、バージョンアップ。学生、公務員の標準テキストとして最適。
深澤龍一郎・大田直史・小谷真理編 **公共政策を学ぶための行政法入門** A 5 判・258頁・2500円	公共政策の策定・実現過程で行政法が果たす役割を丁寧に解説した入門教科書。入門編では、「法律による行政」や「行政裁量」など基礎的概念を解説。応用編ではごみ屋敷対策等、行政の現場で直面する応用課題を概説。条文の読み方、専門用語の解説や実務家の補論を掲載。
白藤博行・榊原秀訓・徳田博人・本多滝夫編著 **地 方 自 治 法 と 住 民** ―判例と政策― A 5 判・248頁・2500円	地方自治法と地方自治関連法の一般的・抽象的な理論の解説にとどまらず、判例をもとに行政領域ごとの政策課題を提示。学習課題や具体的判例・事例を掲げることで基礎知識の習得とともに、地方自治の政策立案力の涵養をめざす。

―――――――― 法律文化社 ――――――――

表示価格は本体（税別）価格です